서정시학 비평선 27

문학공간과 글로컬리즘

박덕규

서정시학

박덕규(朴德奎)

1958년 경북 안동에서 태어나 대구에서 성장했으며, 경희대 국문과를 졸업(학사, 석사)하고 단국대 대학원 문예창작과에서 박사학위를 받았다. 1980년 『시운동』 창간호에 시를 발표하면서 문단에 나왔고, 1982년 중앙일보 신춘문예 평론 부문에 당선되고, 1994년 『상상』에 소설로 등단했다. 평론집 『시의 세상 그늘 속까지』 『문학과 탐색의 정신』 『사랑을 노래하라』와 시집 『아름다운 사냥』, 소설집 『날아라 거북이!』 『포구에서 온 편지』, 장편소설 『밥과 사랑』 『사명대사 일본탐정기』 등 여러 장르의 작품집을 출간했다. 현재 단국대 문예창작과 교수로 재직 중이다.

서정시학 비평선 27
문학공간과 글로컬리즘

2011년 9월 20일 초판 1쇄 발행

지은이 · 박덕규
펴낸이 · 김구슬
펴낸곳 · 서정시학
편집 교정 · 최진자
인쇄소 · 서정인쇄

주소 · 서울시 성북구 동선동 1이 48 백옥빌딩 6층
전화 · 02-928-7016
팩스 · 02-922-7017
이메일 · poemq@dreamwiz.com
출판등록 · 209-07-99337

ISBN 978-89-94824-32-1 93810

값 23,000원

잘못된 책은 바꾸어 드립니다.

서정시학 비평선 27

문학공간과 글로컬리즘

박덕규 문학평론집

서정시학

머리말

문학공간과 글로컬리즘
Literary Space and Glocalism

　이 책에는 오래 전 1980년대 후반 글에서 가까이로는 올해 여름에 발표한 글까지 거의 25년의 시차를 둔 평설들이 함께 실려 있다. 1982년 비평 활동을 시작해 『시의 세상 그늘 속까지』(한겨레, 1988), 『문학과 탐색의 정신』(문학과지성사, 1992) 두 평론집을 이어 낸 뒤로 여러 유형의 평설집을 내기는 했지만, 그런 유의 책으로도 오랜만이거니와 이번 같은 본격적인 문학평론집이 아니면 다시 내놓기가 뭣한 글들이 이전부터 잦은 이사에도 따라다니다 이참에 다수가 천금 같은 기회를 얻었다. 1980년부터 시작 활동을 했고 이와 병행하면서 비평 활동을 왕성하게 한 것이 주로 1980년대 후반부터였다. 1990년대 들어 시는 더 쓰지 못하고 수년 동안 평설을 꽤 많이 썼고, 1994년 소설가로 나서면서 비평가의 자리마저 내 주기 시작해 2000년 전후로 강단 생활이 조금씩 몸에 익으면서는 현장비평으로부터 거의 발을 빼게 되었다. 대신 2000년대 중반부터 최근까지는 문학사적 평가나 문화 환경과 관련한 글을 많이 쓴 편이다. 그런 동안 시인으로 소설가로 또는 다른 창작가로 장르이동을 했고, 대학이나 학회, 연구소, 문화단체에서 원하는 연구와 기획, 국제교류 등을 하기도 해서, 그런 경험이 자연스레 문학 평설과 연계되기도 했다. 해서 이 책은 20세기 종반과 2010년에 이르는 시기의 내 문학적 궤적 전체를 담고 있다고 할 수 있다.

같은 시기 우리 사회의 문화 환경에 상당한 변화가 있었고, 그것이 현재진행형일 뿐 아니라 점점 속도가 빨라지고 있는 중이라 이 책의 글과 그 시대 배경과의 관련을 설명하면 좋겠는데 그게 그리 단순하지 않다. 21세기의 시작을 전후로 명료해진 사실 하나는 이 세계가 하나의 시스템으로 연결된다는 의식, 즉 글로벌리즘(Globalism)이 팽배해진 현실에 우리가 살고 있다는 점이다. 인터넷의 보급과 FTA의 발효 등이 이를 거침없는 대세로 만들어 놓았다고 할 수 있다. 문명의 이기가 닿지 않았으리라고 짐작되는 어느 조그만 마을 뒷동산의 바위에 써 놓은 사소한 낙서 하나도 세계인이 주목하는 기호가 될 기회가 열려 있으며, 그 이전에 이미 그것의 필기도구며 필체 또한 글로벌한 기업의 제품이거나 브랜드 인지도가 높은 사람의 흉내였을 가능성이 크다. 이 책의 한 글에서 희화적으로 다루어지지만, 요원한 줄 알았던 한국인의 노벨문학상 수상이 수년 전부터 한껏 가까워져 있다는 확연한 느낌을 가지게 된 것도 이런 정세 변화와 밀접한 상관이 있다. 예술품과 시청각 콘텐츠가 서로 큰 구획이 없어 보일 만치 가까워진 현상 역시 마찬가지다. 예술은 e북과 스마트폰을 타고 세계로 간다. 덕분에 선택받은 어느 작품이 광장의 환호에 떠받들어지는 일이 잦아지면서 밀실의 고독에 자부심을 느낄 예술은 이 땅에서 완전히 사라졌다.

그러나 글로벌리즘이 세계를 하나로 획일화하는 데 따른 여러 가지 병폐를 두고 그것에 대한 '우리 것이 좋은 것이여'식 거부가 지극히 시대착오적인 일이라는 것을 모르는 사람은 없을 것이다. 우리가 놓치지 말아야 할 일은 그 '좋은 우리 것'의 탄력적인 갱신이고, 그것은 또한 세계와 교류하는 통로를 열어둔 채여야 한다는 점이다. 굳건한 정체성으로 내부를 다지되 밖과 통하는 문을 열어두는 일, '글로벌한 언어'로 설명해서 '글로벌리즘을 품은 로컬리즘(Localism, 지역중심주의)', '로컬리즘을 옹호하는 글로벌리즘'이 글로벌리즘이 만연된 세상의 새로운 대안이 된다는 얘기다. 글로벌리즘과 로컬리즘의 관계를 이분법적으로 이해하는 자체가 이미 모순인 시대에 우리가 살고 있는바, 그 둘이 지니는 한계를 극복하고 조화로운 관계의 세계 질서를 수립하려는 의도는 둘의 합성어인 이른바 '글로컬리즘(Glocalism)'으로 이미 실천되고 있다. 시대의 흐름과 달리 변하지 않았기 때문에 소외되던 어떤 것이 같은 이유로 새롭게 각광받기 시작했다면 그 과정에 글로컬리즘이 개입되었다고 할 수 있다. 뻔한 예 같지만, 같은 이유에서 우리는 영어를 잘 구사해야 하지만 그것에 진정한 우리 것을 찾아 실을 수 없는 처지라면 그 유효성은 전혀 확신할 수 없게 된다.

한국문학은 급진적인 산업화와 민주화의 성취 과정에서 한 정점에 올랐다가 시청각매체를 무기로 한 대중문화의 물결 앞에 상대적 결핍에 시달려 왔다고 할 수 있겠는데, 이 책은 이런 시대를 배경으로 한 국내 작가의 개별 작품에 대한 다수의 분석문을 기반으로 한다. 넓게는 해방 이후부터 현재까지 문학작품에 반영된 한국인의 삶의 내용이나 작가의 의식을 연대별로 조망한 글, 한국문학의 세계화 문제나 문학제도의 현황과 개선안을 밝힌 글 등을 포함하면서 우리 문화에 내재되어온 '로컬리즘적인 폐쇄성'과 '글로벌리즘의 획일성'에 대한 극복 대안으로서의 글로컬리즘을 지향하고 있다. 시비평을 모은 2부는 현실의 체험과 그것을 서정적으로 인식하는 것을 함께 고려하면서, 소설비평을 주로 모은 3부는 한국식 자본주의의 비판적 거울로서의 소설작품의 통시적 맥락과 그것의 21

세기적 가능성을 조망하면서 봐 주었으면 한다. 1부에는 문학작품이 그 작품이나 작가와 연계된 실제 공간과 어우러져 오늘 우리의 현실에서 글로컬리즘의 실효를 낸다는 의도를 구체화한 글을 실었다. 1부의 대상 작품을 비롯, 이 책의 비평 대상이 된 여러 작품의 경우 책의 영역을 넘어 눈앞에서 실제의 공간으로 재현되고 그것이 독자들에게 새롭게 체험되는 스토리텔링 과정에 내가 줄곧 조력하고 있다는 특별한 경험의 쾌감이 있다.

1990년 제1회 김달진문학상 수상기념 문예지로 연 1회 발간하는 '서정시학'을 내면서부터 꽤 여러 해 실무를 맡은 사람으로서 그것이 계간지가 되고 '서정시학사'까지 겸한 지 오래 되었는데도 제대로 동참할 여력이 없었다가 이번에 목록으로나마 한 줄 들어가게 되어 감개무량하다.

2011년 가을 문턱에서

박덕규 씀.

차 례

머리말 / 5

제1부 문학공간과 지역문화

문학공간의 명소화(名所化)와 문화산업화 문제 …… 13
6·25 피난 공간의 문화적 의미 - 황순원의 「곡예사」 외 3편을 중심으로 …… 40
문학공간의 문학관 조성과 지역문화콘텐츠 - 이문구와 김주영의 문학을 중심으로…… 63

제2부 몸의 체험과 서정의 영역

탐색하는 정신과 새로운 서정적 인식 - 정신주의 시와 젊은 세대 시의 정신주의적 가능성
 …… 81
중얼거리는 허깨비 …… 97
몸속에서 몸 비우기 - 정진규의 '몸詩' …… 109
미련과 체념 사이의 긴장 - 김명인의 시 …… 120
한산시(寒山詩), 바쇼[芭蕉], 정신주의 - 최동호가 동쪽으로 간 까닭은? …… 128
반추, 또는 허망 - 이영춘 시집 『네 살던 날의 흔적』 …… 141
단절과 영속, 또는 낡음과 새로움 - 김백겸 시집 『비를 주제로 한 서정별곡』 …… 150
분노의 새로운 변용 - 이승하 시집 『폭력과 광기의 나날』 …… 159
붙박음의 터전에서 - 황학주의 시 …… 169

세우고, 버려서 더욱 빛낼 소멸 미학 - 박형준 시집 『나는 이제 소멸에 대해서 이야기하련다』
...... 180
낙엽의 무게로 깊어진 세계 - 박라연 시집 『생밤 까주는 사람』 188
중심을 찾아 이탈한 자의 전율 - 김중식 시집 『황금빛 모서리』 196

제3부 맥락과 확산

한국인 첫 노벨문학상 수상작가 점치기 211
동아시아 작가의 '초자아' 문제 - 모옌(莫言)을 중심으로 219
혼돈이라는 정체성 - 터키에서 오르한 파묵을 만나며 227
1990년대 남북한 정세와 통일지향의 소설문학 239
개발독재기의 한국소설의 표정 - 1970년대 소설을 중심으로 252
역사적 필연을 말하는 당당한 통속 - 이병주의 「삐에로와 국화」를 내가 다시 읽는 이유
...... 262
문학강의실에서 가르치는 전상국 소설들 270
압록강 월경(越境)과 간도 디아스포라 체험 - 김주영 대하소설 『야정』을 중심으로 279
쫓고쫓기는 인간사의 유전으로 보여주는 인간 존중의 길 - 이청준 장편소설 『인간인』
...... 283
뿌리 찾기와 민족 화합의 당위성- 이동희의 『단군의 나라』에 부쳐 288
척박한 자본주의 시대의 순박한 직업인의 표정 - 이채형과 이경만의 소설 293
자본주의의 감옥을 부순 자는 누구인가 - 이순원 장편소설 『그곳엔 비상구가 없다』 302
화합, 투쟁, 변신 - 전후작가 소설 3편으로 보는 근대사의 한국인 306
작가는 어떻게 탄생되는가 313

제1부 문학공간과 지역문화

문학공간의 명소화(名所化)와 문화산업화 문제
6·25 피난 공간의 문화적 의미 – 황순원의 「곡예사」 외 3편을 중심으로
문학공간의 문학관 조성과 지역문화콘텐츠– 이문구와 김주영의 문학을 중심으로

문학공간의 명소화(名所化)와 문화산업화 문제

1. 문학공간과 지역사회

시나 소설 등 문학작품에는 어떤 사연이 내재되기 마련이고, 그 사연은 또한 어떤 공간을 무대로 펼쳐져 있기 마련이다. 문학작품 속의 이러한 공간은 집, 학교, 사무실 등 실생활 공간일 수도 있고, 산, 들, 바다, 언덕 같은 자연적 공간일 수도 있으며, 마음속, 사람들 사이, 피안의 세계, 아득한 시원 등 임의의 공간일 수도 있다. 그곳은 순천의 바닷가 마을(김승옥의 「무진기행」), 평창의 봉평 산길(이효석의 「메밀꽃 필 무렵」), 김해의 진영 장터(김원일의 「어둠의 혼」), 지리산(이병주의 『지리산』), 부천의 원미동 골목(양귀자의 「원미동 사람들」 연작)처럼 과거에 실재했거나 지금 실재하는 장소도 있고, 고창의 바닷가 마을(서정주의 시편), 평안도 지역의 산촌(김소월의 시편), 전라남도 바닷가 시골 마을(김영랑의 시편)처럼 작가의 탄생이나 거주 이력과 관련해 작품 전반에 두루 나타나는 포괄적인 작품 무대도 있다. 이들은 문학작품에서, 스토리 전개상 "배경과 행동이 실현되는 장소"1)이기도 하고, 바슐라르 식으로 말해 '사상이 공간화되는 실체'이기도 하며2), 블랑쇼 식으로 말해 "사물들을 번역하는 공간"3)이기도 하다.

문예미학의 언어 관습으로는, 문학작품에서 작중인물이 활동하는 무대이거나 사상이 실체화되는 구체적인 현장을 '문학공간'이라는 말로 표현하고 있다. 나아가 이 문학공간에 대해 명료하게 인식하는 일은, 한 연구자가 말한 바와 같이 '문학적 텍스트를 본질적으로 규명하는 출발선에 서는 것'과 같은 학문적 가치를 부여받기도 한다.4) 한편, 문학공간이 구체적으로 작가의 활동 지역이나 작품의 실제 무대와 관련한다는 점을 중시해 이를 지역의 문화적 명소로 새롭게 조성하려는 움직임이 날이 갈수록 활발해지고 있다. 1995년 지방자치제 실시 이후 많은 지방자치단체가 문학공간이 지역의 문화적 자긍심을 높이고 지역경제에 실익을 제공하는 문화관광지가 될 수 있다는 전제에서 문학작품과 그것을 낳은 문학인을 기념하면서 '문학공간의 명소화'를 추진해 왔다. 명소화된 문학공간은 이제, 지역의 관광자원 정도에 머물지 않고 다양한 양태의 문화적 생산물을 파생시키면서 실익을 극대화할 수 있는 문화적 생산 거점이 될 수 있다고 이해되는 추세다. 각종 문화예술과 관련된 문화콘텐츠 산업이 확실한 신성장동력으로 자리잡고 있는 이즈음 문학공간 또한 '굴뚝 없는 공장'5)의 아주 유망한 신종 상품일 수 있다는 인식도 당당해졌다.

---

1) 미케 발, 한용환·강덕화 옮김, 『서사란 무엇인가』, 문예출판사, 1999, 173쪽 참조.
2) 가스통 바슐라르는 어떤 심오한 형이상학이라도 사상을 공간화하는 기하학에 뿌리박고 있다고 설명한 바 있다(가스통 바슐라르, 곽광수 옮김, 『공간의 시학』, 동문선, 2003, 356쪽 참조).
3) 모리스 블랑쇼는 릴케가 후기 시 중 한 작품 속에서 '내면의 공간은 사물을 번역한다'고 말한 것을 주목해, 궁극적으로 열린 세계를 지향하는 시의 기원을 설명한 바 있다(모리스 블랑쇼, 박혜영 옮김, 『문학의 공간』, 책세상, 1998, 192~193쪽 참조).
4) 저서 『서사공간과 소설의 역학』(전남대학교출판부, 2009) 등을 통해 서사공간에 대한 논의를 전반적으로 정리하고 조망하고 있는 장일구는 「소설 공간론, 그 전제와 지평」에서 "문학적 텍스트는 본질적으로 공간론의 대상이다"라고 단언한다(한국소설학회 편, 『공간의 시학』, 예림기획, 2002, 13쪽).

이 글은 문학작품의 주요 문학공간을 지역사회와 연관해 새롭게 명소화하면서 유형 무형의 실익을 극대화하려는 21세형 문화산업 형태를 점검하고 몇 가지 주목할 만한 사례를 통해 그것의 진정한 실현 가능성을 구체적으로 제시하는 데 목적을 둔다.

2. 문학공간에서 문학테마파크로

　문화산업의 핵심 품목인 문화콘텐츠는 흔히 〈표 1〉과 같은 내용으로 분류되어 왔다.

〈표 1〉 문화콘텐츠 유형[6]

	형식	주요 콘텐츠
1	문자	책, 잡지
2	전시	그림, 공예품
3	공연	연극, 뮤지컬
4	청취	노래, 음원
5	영상	영화, 드라마, 광고
6	디지털	컴퓨터 게임, 모바일 콘텐츠
7	캐릭터	인형, 문구, 기념품

---

5) 생태환경을 고려하는 '녹색산업'이 중시되는 이 시대에 문화산업이 태생적으로 생태환경을 오염시키지 않는 '녹색산업'이라는 뜻을 내포하는 비유적인 통용어다.
6) 최혜실, 『문화콘텐츠, 스토리텔링을 만나다』(삼성경제연구소, 2006); 박덕규, 「지역문화 스토리텔링의 활성화를 위한 시론(試論)」(『한국문예창작』 통권 제13호, 한국문예창작학회, 2008)을 참조해 새롭게 분류했다.

| 8 | 체험형 | 테마파크 |

위 표의 콘텐츠들은 그 자체로 의미 있는 생산물로 기능하는 것들인데, 한편으로 그것이 자체적인 영역에 그치지 않고 여타의 문화콘텐츠를 생산하는 원천 콘텐츠(Source Contents)로 작용하는 사례가 자주 목도되고 있다. 쉽게 말하면, 책의 내용(콘텐츠 1)이 영화(콘텐츠 5)로 만들어지는 사례 같은 것 말이다. 보다 구체적인 사례 하나를 들어보자. 조선시대 광해군 때 창작된 소설 「홍길동전」은 처음에 책(콘텐츠 1)으로 읽혀지다가 만화, 영화, 노래, 캐릭터 등(콘텐츠 2~5, 7)으로 제작되어 인기를 누렸고, 역사적 실존인물 홍길동의 생장지인 전남 장성군에 '홍길동 테마파크'(콘텐츠 8)로 조성되었다.7) 1)의 콘텐츠에서 촉발되어 2)~8) 등으로 확산되는 이런 양상은 주로 문학작품의 문화산업화 과정에서 확인되거니와 「홍길동전」이나 「춘향전」, 「심청전」, 또는 『삼국지』 같은 고전문학의 예는 말할 것도 없고, 현대작품으로 이미 세 차례 대하드라마로 방영되고 영화로도 제작된 『토지』(박경리)나 '전지구적' 베스트셀러로 평가되는 『해리포터』 연작 등도 대표적인 사례가 된다. 하나의 뚜렷한 1)의 콘텐츠가 2)~8)의 콘텐츠로 확산되는 이런 양상을 '원소스 멀티유즈(One-Source Multi-Use)'라는 말로 설명한다는 사실은 익히 알려진 바다. 이제, 이 문제를 최근 테마파크 유형으로 확대 생산된 황순원의 단편

---

7) 「홍길동전」은 조선 선조, 광해군 재위 때 살았던 문신 허균(1569~1618)의 창작이라 알려진 우리나라 최초의 한글소설이다. 작중 시대적 배경은 조선 세종대인 데 반해 실제 모델이라 할 수 있는 홍길동은 그보다 반세기 뒤인 연산군 때 활동한 도적이다(『조선왕조실록』 연산군 6년 10월 22일 기사 참조). 「홍길동전」은 1967년 신동헌 감독이 제작한 애니메이션을 비롯, 다양한 형식의 만화, 캐릭터로 재창조되어 왔고, 작가 허균의 생장지인 강원도 강릉과 실존인물 홍길동의 생장지인 전남 장성에서 서로 홍길동에 대한 연고권을 내세우며 홍길동 관련 명소화 사업을 추진해 오고 있다. 장성의 홍길동 테마타운은 2002년 생가 복원을 시작으로 2004년 1차 조성이 완료되었고 이후 지금까지 추가 조성사업을 벌이고 있는 중이다.

소설 「소나기」를 중심으로 다시 살펴보자.8) 10대 초반 소년과 소녀의 사랑과 실연을 담은 연애담 소설 「소나기」는 1953년 『신문학』에 처음 공식 발표된 뒤 1959년 영국의 『인카운터(Encounter)』지 단편 콩쿠르에 입상하는 등 호평을 받았으며, 1966년 제2차 교육과정 개편 때 중학교 국어 교과서에 게재된 이후 올해까지 한 해도 누락되지 않고 우리나라 성장기 청소년들이 애독한 '국민소설'의 지위를 얻어왔다. 그러는 동안 고영남 감독의 영화(1979), MBS-TV '베스트셀러극장' 단막 드라마(1989), 연극 「황순원의 소나기, 그리고 그 이후」(2000년 '독립극장', 2001년 '극단 짚시'), '소나기 아트 커뮤니케이션' 제작의 창작 뮤지컬(2004, 2008년 「황순원의 소나기」), 장진 감독의 영화(「소나기는 그쳤나요?」, 2004), KBS-TV 의 'HDTV 문학관' 단막 드라마(2005), 탁계석 극본의 오페라(2008) 등 공공 매체나 공식 공연장을 통해 영화, 텔레비전 드라마, 만화, 연극, 뮤지컬 등으로 제작 발표되어 거듭 화제를 모아왔다9). 그 밖에도 곽재용 감독의 영화 「엽기적인 그녀」(2001), 「클래식」(2002)이나 황순원문학촌 조성 초기 단계에서부터 시행해온 황순원문학제10)의 입상작 등과 같이 다양한 매체, 다양한 장르, 다양한 기법의 소설 「소나기」 패러디 작품이 양산되어 왔다.

---

8) 황순원(1915~2000)은 10대 후반에 시를 발표하고 20대 초반에 시집 두 권을 내는 시인으로 활약하다가 1937년 7월 『창작(創作)』 제3집에 단편소설 「거리의 부사(副詞)」를 발표하면서 소설가로 등단한 이후 공식적으로 총 단편 104편, 중편 1편, 장편 7편을 발표했다. 간결하고 세련된 문체와 현대소설의 다양한 서사기법으로 한국인 특유의 전통 정서와 인류 보편의 휴머니즘 정신을 드러낸 그의 작품은 20세기 한국소설사에서 가장 높은 수준의 미학적 성과를 이룬 것으로 평가되고 있다.
9) 『소나기』의 다양한 콘텐츠 양상에 대해서는 김종회·최혜실 편저, 『황순원 '소나기 마을'의 OSMU & 스토리텔링』, 랜덤하우스, 2006 참조.
10) 황순원문학제는 문학촌 조성 초기 단계인 2004년부터 사이버 공간(황순원사이버문학관 www.soonone.com)을 기반으로 '황순원 소설 다시 쓰기', '황순원 소설 그림 그리기', '황순원 소설 플래시 애니메이션' 등의 부문별 공모전을 개최해 해마다 1회씩 수십 편의 다채로운 패러디 콘텐츠를 생산해 왔다. 2009년 제6회 대회는 6월 13일 문학촌 개장식 현장에서 황순원 문학을 모티브로 한 백일장과 사생대회로 치러져 역시 수십 편의 입상작을 낳았다.

이처럼 「소나기」는 원래 〈표 1〉의 분류상 매우 확고한 1)의 콘텐츠였다. 그 후 3), 4), 5) 유형에서 볼 수 있는 연극, 뮤지컬, 영화, 드라마, 애니메이션 등으로 재현되면서 2), 6), 7) 유형의 콘텐츠로 확산되어 왔다. 이러한 성과를 바탕으로 다른 문학 콘텐츠와는 유달리 작품 「소나기」를 소재로 한 문학테마파크 개념의 공간을 조성하기에 이르렀고, 그 결과 2009년 6월 13일 「소나기」의 작중 부대의 한 지역인 경기도 양평군에 '양평군 황순원문학촌 소나기마을'이 들어서게 된 것이다. 우리나라의 문학콘텐츠의 경우 1)의 콘텐츠가 2)~8)의 콘텐츠로 지속적으로 두루 확산되어온 온전한 사례는 흔치 않은바, 특히 소나기마을 같은 8)의 콘텐츠로 재생산된 뚜렷한 예를 찾기는 쉽지 않다.

8)의 콘텐츠 단계에 이르지는 않았지만, 그동안의 사례에서 이와 유사한 형태의 콘텐츠는 각 지역에서 기념박물관 형태로 건립되어 온 문학관이라 할 수 있다. 즉, 여태껏 문학공간의 명소화 과정에서 가장 두드러진 성과는 문학관 건립이었다.[11] 소나기마을의 경우 그 이름부터가 이들과 차이가 있다. 전국의 문학관은 대개 '아무개문학관' 식으로 작가 이름을 직접 앞세우거나, 경남문학관이나 마산문학관처럼 특정 지역 이

---

11) 문학공간을 지역의 의미 있는 문화적 공간으로 명소화하는 간편한 사례도 말할 수 있다. 대표적으로 표징 작업이다. 우선 현장에 안내판을 세우거나 표징 기념비를 세우는 정도가 이에 해당하겠다. 예산 형편이나 원형 보존 상태 등의 여건 때문에 그 공간의 복원이나 재현 또는 재조성 등이 쉽지 않을 경우 각 지역에서는 문학공간을 대개 이런 수준으로 의미화해 둔다. 부천의 변영로 생가 표징비, 목포의 김진섭 고향마을 표징비, 제주시 칠성동의 계용묵 표징비 등이 좋은 예다(지역 문학기념사업의 변화 양상에 관해서는 권정희,「지역의 문학기념사업을 통한 문학 확장의 의미 연구」, 『지방사와 지방문화』 제12권 1호, 516~517쪽, 역사문화학회, 2009 참조). 이 표징 작업을 토대로 문학 공간의 명소화에 박차를 가해 더욱 의미 있게 명소화하는 사업으로 이어가는 사례도 늘고 있다. 이문구의『관촌수필』의 실제 공간인 충남 보령의 '관촌'은 처음에 안내판 설치로 시작해서 기념비 건립이 이어졌고, 작가의 사후 그곳을 거점으로 문학관 조성 사업이 전개되고 있다(박덕규,「문학 공간의 문학관 조성 방안과 문화산업화 전략」, 『한국문예창작』 통권 제10호, 한국문예창작학회, 2006; 이 책 제1부 셋째 글 참조). 2000년 생가 표징 작업을 하고 2005년 생가터 매입, 생가 복원에 이어 그 이듬해 문학관 건립까지 마친 김달진 기념사업(경남 진해)도 또한 좋은 예다.

름을 밝혀 쓴다. 작가 김유정을 기념하는 김유정문학촌 같은 '문학촌' 이름이 있기는 한데, '양평군 황순원문학촌 소나기마을'은 특별히 '양평군'이라는 지역 이름과 황순원 작가의 대표작인 「소나기」를 표나게 내세우면서 지역사회의 실제 장소에서 문학공간을 구체적으로 재현해 보여준다는 의미를 담았다고 할 수 있다. 이름만 흉내를 내보면 '춘천시 김유정문학촌 동백꽃마을'이나, '평창군 이효석문학촌 메밀꽃 피는 마을' 식이 되겠는데, 소나기마을로서는 단순히 이름만 이런 게 아니라 실제로 이런 이름을 달만 한 필연성이 분명해 보인다.

소나기마을은 보통의 문학관과 같은 '문학관'을 포함하고 있는데, 전용 면적과 실제 활용 범위로서도 그 이상의 콘텐츠를 포괄하고 있다. 문학촌의 전체 부지가 66,000m^2(2만 평)가 넘고 그 중 실시설계 범위만 37,315m^2(11,287평)이다. 문학관은 이 중 건평 731.12m^2(170평) 규모라, 이 문학촌은 문학관의 전시물을 중심으로 콘텐츠를 구성하는 일반적인 형태의 문학관과는 다를 수밖에 없다. 무엇보다 중학교를 다닌 우리나라 국민 대다수가 기억할 소설 「소나기」를 자연 속에서 떠올리고 체험하면서 황순원 문학 전반을 실제 피부로 느낄 수 있는 공간으로 꾸몄다는 점에서 위에서 밝힌 바대로 우리나라에서는 보기 드문 8)유형의 문화콘텐츠가 되어 있다.[12] 방문객들은 문학촌 입구에서부터 「소나기」의 소재를 이용한 개울물, 징검다리 등을 걷거나 건널 수 있고, 원두막, '수숫단 오솔길', '고백의 길' 등에서 소설의 서정적인 분위기나 고향 마을의 정취를 느낄 수 있다. 또 너와 나만의 길(단편 「너와 나만의 시간」 활용), 목넘이고개(단편 「목넘이마을의 개」 활용), 학의 숲(단편 「학」 활용), 고향의 숲(장편

---

[12] 경북 청송에 작가 김주영의 대하소설 『객주(客主)』를 테마로 한 '객주문학테마타운'이 조성되고 있고(『객주문학 테마촌 조성을 위한 타당성 검토 및 기본구상』, 청송군, 2008.12. 참조), 경남 남해군의 노도 섬을 '문학의 섬'으로 지정해 새로운 문학테마파크로 삼는다는 얘기도 들려오지만, '양평군 황순원문학촌 소나기마을'은 아직 우리나라에서 문학이라는 이름을 단 시설 중 가장 규모가 큰 공간이다.

「카인의 후예」 활용), 송아지 들판(단편 「송아지」 활용), 해와 달의 숲(장편 「일월(日月)」 활용), 별빛마당(단편 「별」 활용) 등을 산책하며 작가의 여러 작품을 음미할 수도 있다. 작가가 안치된 평분식 묘소도 이 문학촌에서만 볼 수 있는 특징이다.

평분식 묘소 옆으로 자리한 문학관은 전 3층으로 구성되어 있다. 1층은 수장고와 기세실 등으로 배치되었다. 2층은 작가의 생애와 문학세계 전반을 연대별, 주제별로 다채롭게 보고 만지고 즐길 수 있게 구성한 전시 체험 공간이다. 2층의 1전시실은 작가의 집필 공간을 재현하면서 자연스레 작가의 일상과 생애 전반을 두루 살펴볼 수 있게 했다. 2전시실은 작가의 대표 시, 대표 단편소설(「별」, 「독 짓는 늙은이」, 「목넘이마을의 개」, 「학」), 장편소설(「카인의 후예」, 「나무들 비탈에 서다」, 「일월」, 「움직이는 성(城)」)을 디오라마 형식 등으로 구성해 실감나게 '문학 되읽기'를 경험할 수 있게 했고, 3전시실은 단편 「소나기」를 집중적으로 느끼고 이해할 수 있는 전시공간으로 마련했다. 같은 2층에 마련된 영상관에는 「소나기」를 새로운 애니메이션 작품으로 제작해 시청할 수 있게 했으며[13], 역시 같은 층에 마련되는 문학카페는 컴퓨터를 통해 '황순원 문학 퀴즈', '내가 쓰는 「소나기」' 등으로 관람객이 직접 참여하면서 쉬어 가는 공간으로 구성했다. 3층에는 세미나실과 관리사무실 그리고 전망대가 있다.

이 글에서 소나기마을을 남다르게 점검하고 있는 것은 단순히 문학작품(1의 콘텐츠)이 보기 드물게 2)~8)의 콘텐츠로 확산되는 과정을 살피기 위함이 아니다. 더구나 소나기마을은 2009년 7월 현재 개장한 지 겨우 1개월을 넘기고 있어서 '문학공간의 명소화'라는 점에서나 '문화산업의 거점'이라는 점에서 아직 그 성패를 가늠할 수 없다. 중요한 것은 소나기마

---

13) 황순원문학관 영상실에서 상영되는 '황순원 문학 애니메이션'은 소설 「소나기」의 뒷이야기를 상상한 스토리로 황순원 문학작품에 나타난 여러 이미지들을 통합한 새로운 작품 「그날」이다.

을이 문학관이 아니라 8)의 콘텐츠가 됨으로써 그간의 1)의 콘텐츠에서 8)의 콘텐츠에 이르는 전 과정을 확대 반복시킬 수 있는 거점이 되는 한 사례를 보여준다는 사실이다. 문학공간이 문학테마파크로 명소화되면서 그 공간은 그 자체로 하나의 다성적인 콘텐츠가 되었거니와 동시에 지역 사회에서 다양한 양태의 문화적 생산물을 파생시키는 문화적 생산 거점이 될 수 있다는 믿음을 가시화해 준다. 우리는 이미 하나의 콘텐츠가 가공, 변형을 거쳐 새로운 콘텐츠로 확대 재생산되는 '원소스 멀티유즈' 개념을 이해하고 있거니와 원소스 멀티유즈 과정이 원활해질수록 관련 콘텐츠들은 필연적으로, 새롭게 파생된 각각의 콘텐츠가 다시 새로운 콘텐츠를 생산해 내는 '멀티소스 멀티유즈(Multi-Source Multi-Use)' 과정에 놓이게 된다는 사실을 또한 체득할 수 있다. 작품「소나기」를 모태로 한 소나기마을은, 문학작품의 산물인 문학공간이 궁극적으로는 멀티소스 멀티유즈를 가능하게 하는 거점 콘텐츠로 기능함으로써 지역사회의 명소화 사업의 목표에 이르게 하는 한 사례가 된다.14)

3. 문학관의 현실과 열린 가능성

소나기마을과 같은 테마파크형 문화콘텐츠의 등장으로 문학공간 명

---

14) 이 문학공간의 명소화 문제를 최근 도시개발이론에서 말하는 '장소 마케팅(Place Marketing)' 개념과 연관해 이해해도 좋을 것이다. 지역의 특정 장소를 문화적 전통, 천정 생태 등 관광객이나 주민이 선호하는 이미지로 특성화하면서 그 자체의 상품 가치를 높이는 전략을 장소 마케팅이라 하는바, 문학공간 또한 많은 이들이 선호하는 이미지가 될 수 있을 뿐더러, 그에 파생되는 다양한 상품을 개발해 상품성을 높이는 일 또한 가능할 것이다.

소화의 방법과 범위가 그만큼 가시적으로 다양하게 확장되고 있지만, 지역사회에서 현실적으로 우리가 주목해야 할 것은 문학공간 명소화의 가장 두드러진 결과물인 문학관이다. 2009년 7월 현재 전국의 문학관은, 한국문학관협회 가입 회원 문학관 40개소를 비롯해 총 48개소가 건립 운영되는 것으로 조사되고 있으며, 이어 김환태문학관(전북 무주), 이문구문학관(충남 보령), 홍명희문학관(충북 괴산), 노작홍사용문학관(경기 화성), 김주영 객주문학테마타운(경북 청송), 남해유배문학관(경남 남해) 등 현재 건립중이거나 시공이 예정된 문학관을 감안하면 2010년에 이르러 최소 60개소를 상회할 것으로 추산된다(〈표 2〉참조).

〈표 2〉 건립 운영되고 있는 전국 문학관 현황(2009년 7월 9일 현재, 가나다순)[15]

	문학관	위치	성격	개관연도
1	경남문학관	경남 진해	지역	2001
2	구상문학관	경북 칠곡	작가	2002
3	김달진문학관	경남 진해	작가	2005
4	김삿갓문학관	강원 영월	작가	2003
5	김유정문학촌	강원 춘천	작가	2002
6	농민문학기념관	충북 영동	테마	2005
7	동리・목월문학관	경북 경주	작가	2006
8	마산문학관	경남 마산	지역	2005
9	만해기념문학관	경기 광주	작가	1998
10	만해문학체험관	충남 홍성	작가	2007
11	목포문학관	전남 목포	지역	2007
12	문학의집서울	서울	기타	2001

---

15) 이형호, 「우리나라 지역문학관 현황 및 발전방안」(김윤식 외, 『전집 완간 기념과 문학관 건립을 위한 이문구 문학 세미나』, 명천이문구기념사업회, 2006)과 2004년 창립된 한국문학관협회(www.munhakwan.com)의 2009년 7월 현재 자료를 바탕으로 추가 조사해 분류 집계함.

13	미당시문학관	전북 고창	작가	2001
14	박재삼문학관	경남 사천	작가	2008
15	백담사만해마을	강원 인제	작가	2003
16	백수문학관	경북 김천	작가	2008
17	상록수문화관	충남 당진	작가	1997
18	서종문학박물관	경기 양평	기타	2009
19	세계여성문학관	서울	테마	2000
20	아리랑문학관	전북 김제	작가	2003
21	영인문학관	서울	기타	2001
22	오장환문학관	충북 보은	작가	2006
23	요산문학관	부산	작가	2006
24	원서문학관	충북 제천	기타	2003
25	이병주문학관	경남 하동	작가	2008
26	이육사문학관	경북 안동	작가	2004
27	이주홍문학관	부산	작가	2002
28	이효석문학관	강원 평창	작가	2002
29	정지용문학관	충북 옥천	작가	2005
30	조병화문학관	경기 안성	작가	1993
31	조태일시문학기념관	전남 곡성	작가	2003
32	지촌문학관	경북 안동	기타	1998
33	채만식문학관	전북 군산	작가	2001
34	청류재수목문학관	경기 안성	테마	1993
35	청마기념관	경남 거제	작가	2008
36	청마문학관	경남 통영	작가	2000
37	최명희문학관	전북 전주	작가	2006
38	추리문학관	부산	테마	1992
39	충주문학관	충북 충주	지역	2007
40	태백산맥문학관	전남 보성	작가	2008
41	토지문화관	강원 원주	작가	1999
42	평사리문학관	경남 하동	작가	2004

43	한국가사문학관	전남 담양	테마	2000
44	한국문인인장박물관	충남 예산	테마	2000
45	한국현대문학관	서울	기타	1996
46	한무숙문학관	서울	작가	1993
47	혼불문학관	전북 남원	작가	2004
48	황순원문학촌	경기 양평	작가	2009

〈표 2〉에서 알 수 있듯이 조사된 전국의 48개 문학관의 대부분은 2000년대 들어 건립되었다. 이는 지역사회의 문화 향수층이 양과 질에서 그만큼 확대되었다는 사실을 방증하거니와 실제로 정부도 문화콘텐츠산업 육성과 지역문화 개발 차원에서 이들 대다수 문학관의 건립에 예산을 지원해 왔다. 지방자치제 실시 이후 각 지역사회에서는 이를 계기로 지역 이미지를 제고하고 나아가 문화산업적 효과를 얻고자 하는 실리주의를 표방하면서 문학관 건립에 힘을 쏟고 있다.

이 중에서 작가와 문학작품을 중심으로 구성된 문학관이 32개소다. 이들은 대부분 작가의 탄생, 성장, 거주, 유택 등에 근거해 건립되었다고 할 수 있다.[16] 가령, 김달진문학관이나 조병화문학관은 각각 그 앞에 생가가 자리해 있고, 토지문화관은 『토지』의 작가 박경리가 『토지』 집필을 완료한 곳에, 상록수문화관은 작가 심훈이 장편소설 『상록수』를 집필하던 집 '필경사' 앞터에 건립되었다. 작가의 주 성장·거주지와는 관련성이 크지 않지만 주요 작품의 무대로서 문학관이 건립된 경우도 있는데 조정래의 대하소설 『아리랑』의 무대가 된 전북 김제의 아리랑문학관, 『토지』의 작중무대인 경남 하동의 평사리문학관 등의 예가 그렇다. 한

---

16) 문학공간 명소화와 관련해 문학관과 더불어 차후에는 문학인 생가의 명소화 문제도 심도 있게 연구할 필요가 있다. 가령 전남 강진의 영랑생가(시인 김영랑 탄생지) 같은 경우 이미 그 자체로 수많은 관람객들이 방문하는 명소가 된 '문학공간'이라 할 수 있다.

작가가 두 개소 이상의 문학관을 낳은 경우도 있고(박경리: 토지문화관, 평사리문학관. 조정래: 아리랑문학관, 태백산맥문학관. 최명희: 최명희문학관, 혼불문학관), 특별히 고전문학을 대상으로 한 문학관(김삿갓문학관, 한국가사문학관)과 아동문학가를 대상으로 한 문학관(이주홍문학관)도 있다.

그 밖에 경남문학관, 마산문학관, 목포문학관, 충주문학관 등 지역문학인들을 두루 기념한 문학관이 4개소다. 특정 테마를 앞세워 건립된 문학관은 추리문학관(추리문학), 농민문학기념관(농민문학), 세계여성문학관(여성), 청류재수목문학관(자연), 한국가사문학관(가사문학) 한국문인인장박물관(문인인장) 등 6개소다. 한국현대문학사를 일별할 수 있는 자료 전시를 주로 하고 있는 한국현대문학관, 문인들의 초상화나 애장품 전시를 주로 하고 있는 영인문학관, 문학인을 위한 기념행사·전시 등을 해 오고 있는 문학의집서울 등 수시로 이벤트 행사를 진행하고 있는 문학관이 6개소다(이상 〈표 3〉 참조). 대부분의 문학관은 자료 전시, 영상물 상영, 문학 강좌, 낭송회, 세미나, 백일장, 기타 특별 이벤트 등의 행사를 주로 해오면서 지역민의 참여와 외래 참관객의 방문을 꾀하고 있다. 백담사만해마을, 지촌문학관, 토지문화관 등 3개소는 특별히 문인들이 숙박하면서 집필할 수 있는 공간을 제공하고 있다.

〈표 3〉 문학관의 성격별 분류

	성격	개소
1	작가와 문학작품 기념	32
2	지역 대표	4
3	특정 테마	6
4	기타	6

이들 문학관 중에는 당초 기대대로 지역 이미지를 제고시키고 지역경

제를 활성화하는 성과를 올리는 예도 있다. 대표적으로, 이효석의 명단편「메밀꽃 필 무렵」이 지닌 브랜드를 지역문화축제(효석문화제. 일명 메밀꽃축제)와 연계해 방문 기회를 높이고 지역의 브랜드 가치를 높이는 역할을 톡톡히 하고 있는 것으로 평가되고 있는 이효석문학관이나, 다양한 체험형 콘텐츠로 내방객을 늘리고 내방 시간을 연장시킴으로써 결과적으로 지역경제에 이익을 안겨주고 있는 김유정문학촌은 그 대표 사례로 꼽힌다. 그러나 실은 많은 문학관이 지원 예산에 의존해 예상 가능한 운영 프로그램에 안주해 지역문화의 새로운 거점이 될 기회를 놓치고 있다고 할 수 있다. 50개소에 육박하고 있는 전국의 문학관이 지역사회를 위해 제대로 기능하고 있는지에 대해서 아직 시원스런 보고를 할 수 없는 것이 현 실정이다.

그 원인은 다양하다. 우선, 문학관 조성의 초기 단계부터 문학관 운영의 기본 방향을 설정하지 않은 채로 주로 건물 완공에만 초점을 맞추어 건립을 추진하는 지자체(또는 건립 추진 주체)의 관행에서 그 원인을 찾을 수 있다. 문학관 조성에 대한 정부나 지자체의 예산 지원 또한 직접적인 건물 완공 그 자체에 초점이 맞춰져 있는 편이다. 이에 따라 입찰 등의 과정을 거쳐 시공회사를 선정해 건립을 추진해 놓고 정작 그 이후에 유효적절하게 예산과 인력을 투입을 하지 못해 운영에 애로를 겪는 사례가 많다. 결국 지역의 많은 문학관은 새로운 시대에 부응하는 운영 시스템을 갖추지 못한 채 전문성 부족, 지역 특성 무시 등의 한계를 드러내면서 획일적인 운영 프로그램을 남발하는 수준에 그치고 있다.

사실 이 같은 지적은 문학관 조성과 활용에 국한되는 내용이 아니다. 지역사회에 양산되고 있는 무수한 문화시설이나 문화행사가 이와 유사한 모순을 드러내고 있다. 건물을 유지 보수하는 데 대부분의 예산을 소비하는 문화예술회관이나 어느 곳에서나 유사한 유형으로 진행되는 천편일률적인 지역문화축제 등에 대한 비판이 연례적으로 행해지고 있는 상황이 이를 잘 증명해 준다. 문학관은 한편으로는 지역의 문화시설이나 행사와 상생적 협조관계를 유지하는 한편으로 문학관만의 독자적인 기획 운영으로 지역민은 물론이고 외래 방문객들에게 의미 있는 재방문 기회를 제공하면서 그 지역 문화의 거점이자 새로운 문화의 생산지로 자리 잡아야 한다.

문학관이 지역민을 비롯해 외래 방문객들에게 각인될 수 있는 지역 명소가 되자면 문학관의 조성 단계에서부터 우선 다음 세 가지 구체적인 제안을 고려할 필요가 있겠다.

첫째, 문학관이 문학작품과 문학인의 문학공간에서 배태되는 만큼 문학에 대한 전문성을 잃지 않아야 한다는 점이다. 문학에 대한 전문적 소양과 문학작품에 대한 치밀한 분석력이 결여되면 문학신비화 경향이나 문학권력화 현상이 나타나 겉치레 기획이 남발되거나 아니면 반대로 지역 성향을 무시한 문학인만의 잔치를 되풀이하는 결과가 빚어지고 만다. 따라서 지역 문학관은 기획 단계에서부터 그 지역 거주자와 출향인 또는 연고자 중에서 문학 전문가를 선발해서 활용하거나, 자문이나 용역의 형태로 전문 연구 집단의 도움을 받거나 해서 그 전문성을 최대한 확보하고 견지해야 한다.

다음으로, 문학관은 반드시 지역사회와 지역민과의 관계를 탄력적으로 유지하면서 조성과 운영이 이루어져야 한다는 점을 뚜렷하게 인식해야 한다. 조성의 행정 주체기관인 지자체의 경건하고 굳건한 의도와 의지, 그리고 예산과 환경 조건 변화 등의 현실적인 상황에 대한 순발력 있는 대응력도 요청된다. 또한 문학공간과 관련된 그 지역의 역사, 문화, 전통, 관습을 문학관의 기획과 운영에 구체적으로 반영하도록 애를 써야 한다.

그 다음으로 위의 문학적 전문성 유지와 지역적 특성과 정서에 대한 배려라는 두 가지 차원을 탄력적으로 연계해 이를 기획에 반영하고 프로

그램화할 수 있는 총체적 능력을 유지해야 한다. 즉 문학과 지역을 두루 알고 이를 연계시키는 힘이 문학관에 내재되어 있어야 한다는 것인데, 그 힘은 결국 사람에게서 나온다. 그 사람은 문학전문가일 수도 있고, 지역문화에 정통한 사람일 수도 있으며, 지자체 등에서 활동한 행정전문가일 수도 있다. 문학관 조성과 운영에는 여러 가지 행·재정적 문제가 선결되어야 하지만, 문학관의 성패는 결국 이들 관련 기획자와 행정 실무자들의 활약에 달려 있다.

4. 문학관 스토리텔링과 문화산업

오늘날 시청각시대, 나아가 디지털시대에 소통되는 많은 문화예술적 표현물이나 각종 상업적 콘텐츠들의 원천에 '스토리'가 자리한다는 사실에 대해서는 이미 무수한 사례와 설명이 증명해 왔다. 이 스토리는 인간 사회의 오락과 정보의 집합체인 우화, 신화, 경전, 패설, 전래동화, 소설 등은 말할 것도 없고, 인간이 겪고 듣고 쓰고 상상한 모든 실제적 가상적 이야기까지를 의미한다. 그 중에서 이미 독자라는 실제의 수요층에게 직접 전달된 경험을 쌓은 바 있는 이야기는 당연히 새로운 시대가 원하는 문화적 콘텐츠로 수용될 가능성이 높아진다. 독자가 좋아한 이야기와 '스토리 라인'은 문자시대에서뿐 아니라 감각 융합적인 매체와 시스템 아래 새롭게 각광받을 가능성이 충분하다.

모두 아는 바와 같이 한국은 지난 5천년 동안 평화와 혼란, 지속과 변화, 유지와 혼종 등 다양한 경험을 하면서 공동체적 역사를 이어왔다.

오늘날 우리 한반도의 국경을 정착시킨 조선 시대로 거슬러 올라가 보더라도, 이전 5백년 왕조를 이은 고려를 발판으로 해서 구축과 혁신, 내홍과 외침, 쇄국과 개방 등의 과정으로 겪으며 다시 5백년 역사를 이었다. 20세기 들어 36년간 일본에 강제 점령을 당한 뒤, 1945년 일본의 강점에서 해방된 한국은 좌우가 혼탁하게 대치한 시기를 거치고 1950년대 초 6·25전쟁을 겪은 뒤 남북이 분단된 채 60년 세월을 보내고 있다. 그동안 혁명, 쿠데타, 시민항쟁이라 명명되는 다수의 격변도 경험했고, 개발독재체제가 이끄는 급진적인 산업화시대도 겪었다. 이러한 한국사의 부침을 바탕으로 20세기 격동기의 실제적 삶의 현장을 그려 고평된 작가들은 작품을 발표한 당대에도 그렇지만, 그들 사후 스토리산업이 각광을 받게 된 이 시대에도 여전하고도 새로운 지위를 점하고 있다. 그들의 작품은 원작의 위력을 바탕으로 이미 다양한 스토리콘텐츠가 되어 왔다. 앞서 예로 든 소나기마을의 주인공 작가 황순원만 하더라도 작품「소나기」뿐 아니라 많은 작품이 이미 영화, 드라마 등에 원작을 제공했다.17) 즉 그의 작품은 이미 스토리산업의 중요한 콘텐츠를 제공하는 소스 콘텐츠였던 것이며, 소나기마을에서 이미 확인할 수 있듯이 앞으로도 새로운 문화콘텐츠를 생산하는 '콘텐츠 공장'이다.

여기서 우리는 20세기를 대표하는 또 하나의 작가 김동리(1913~1995)를 통해, 기존의 그의 서사문학이 2006년 건립된 문학관18)의 운영 내용과 더불어 앞으로 어떻게 다양한 문화콘텐츠를 양산할 수 있을지를 '스토리텔링'해 볼 수 있다. 김동리는 1930년대부터 주목 받는 소설을 발표

---

17) 앞서 황순원 문학에 대해서는 소략한 바 있지만, 「소나기」외에도 그의 많은 작품은 영상으로도 그 가치를 드러낸 바 있다. 「카인의 후예」(1983.5), 「필묵장수」(1983.10), 「신들의 주사위」(1986.11) 등은 KBS-TV의 TV문학관 단막 드라마로, 「일월」(이성구 감독, 1967), 「카인의 후예」(유현목 감독, 1968), 「독 짓는 늙은이」(최하원 감독, 1969) 등은 영화로 제작 상영되었다.
18) 김동리와 같은 고향 출신의 유명 시인인 박목월을 함께 기념하는 '동리목월문학관'. 2006년 개관.

한 이후 20세기 전후반을 아울러 한국문학사에 문학의 절대 명제라 할 수 있는 인본주의의 가치를 뚜렷하게 각인시켜온 대표적인 작가다. 특히 그는 사회주의 이데올로기에 맞서는 민족주의 문학 진영을 이끌어 분단 이후의 한국문학사의 한 축을 담당함으로써 한국문학의 형성과 변화에 지대한 영향을 미쳤다. 또 기독교 등 외래 사조에 퇴패하는 전통적 가치, 인간의 순수한 내면과 이념 간의 갈등 등을 형상화하면서 문학의 형이상학적 주제 구현에도 선도적인 역할을 했다. 「화랑의 후예」, 「황토기」, 「바위」, 「무녀도」, 「역마」, 「등신불」 등 그의 많은 작품이 중고교 교과서에 게재되어 왔으며, 영화 「역마」(김강윤 감독, 1967), 「까치소리」(김수용 감독, 1967), 「무녀도」(최하원 감독, 1972), 「을화」(변장호 감독, 1979), KBS-TV의 TV문학관 단막 드라마 「을화」(1980.12), 「수학여행」(1983.7), 「저승새」(1984.11), HDTV문학관 단막 드라마 「역마」(2005.5), 「등신불」(2006.10) 등으로도 그 가치가 이어졌다.

동리문학관에는 이미 전시물, 영상물 등 성공적인 콘텐츠가 많다. 특히 대표작 「황토기」 애니메이션은 관람객들의 시선을 끄는 재미있는 동영상물이다. 문예창작대학 등 교육프로그램도 활성화되어 있고, 자료실도 여느 도서관 못지않다. 여기에 주요 작중인물이나, 김동리를 비롯한 주요 주변인물의 캐릭터 작업과 캐릭터 상품 개발, 김동리의 글씨와 그림을 활용한 문화상품 개발[19], 그리고 독자가 그린 김동리 소설 명장면 전시 등이 보태지면 좋을 것이다.

김동리의 고향은 천년 신라의 고도 경주이고 실제로 많은 작품이 경주를 무대로 펼쳐지고 있다. 가령, 그가 살던 성건리 동네는 다음과 같이 묘사된다.

---

19) 관람객이 김동리 작품의 한 장면을 필기하면 김동리 글씨체로 출력되는 시스템 같은 것, 나아가 김동리 글씨체를 개발 보급하는 것도 고려할 수 있다.

우리 집에서 서쪽으로 조금 나가면 맑은 시냇물(西川:형산강 지류)이 흐르고 있었는데, 그 시냇물을 건너면 다시 모랫벌이 되고, 그 시냇물을 지나면 산기슭으로 이어졌다. 산 이름은 송호산(松湖山)이라 했는데, 산의 한쪽은 김유신 장군의 묘소로 되어 있었고, 아래쪽은 우리 동네 사람들의 공동묘지로 되어 있다.[20]

이에 따라 신라의 명장 김유신의 묘가 있는 송호산 기슭의 고향 마을을 거점으로 출신교인 계남소학교, 「무녀도」의 무대가 된 예기소, 「황토기」의 무대가 된 금장마을 등을 잇는 문학지도를 만들고, 그 문학공간마다 표징 작업을 하는 일이 요긴하다. 더 나아가, 맏형 김범부를 찾아가 머물며 「황토기」를 집필한 경남 사천의 다솔사, 그리고 최인욱, 허민 등 문학가들과 교유한 경남 합천의 해인사 등지가 역시 빼놓을 수 없는 김동리 문학공간이다. 동리문학관이 이러한 문학공간을 독자들이 쉽게 연계해서 체험할 수 있는 거점으로 기능한다면 지금보다 한층 '브랜드화된' 문학관이 될 것이다.

경주는 신라 유적이 넘쳐나는 곳이다. 신라의 역사와 그 유적 자체가 이미 거대한 문화콘텐츠이자 그 문화적 거점이라 어쩌면 그만큼 상대적으로 문학공간이라는 의미를 부각하기 어려운 상황이라고도 할 수 있다. 신라의 아들 김동리 또한 신라의 역사와 인물을 주인공으로 하는 역사소설을 여러 편 남겼는데, 그 중 16편은 『소설 신라열전』[21]으로 출간돼 있다. 석탈해 등 왕에서부터, 귀부인(수로부인, 원화), 학자(왕거인, 강수 선생), 악사(우륵), 문관(김명, 최치원), 화랑, 무관, 평민에 이르는 각편의 주인공들의 사연은 비록 열전식이지만 신라의 삶의 실상을 잘 느끼게 해

---

20) 김동리, 「부엉듬 골짜기의 고독」, 『김동리 문학앨범』, 웅진출판, 1995, 135쪽.
21) 이 책은 『김동리 역사소설 - 신라편』(지소림, 1977)을 원본으로 문흥술・박덕규 엮음 (청동거울, 2001)으로 개판된 것이다.

준다. 이런 점들에 착안해서, 김동리 문학과 신라 또는 경주의 역사를 연계할 필요가 있다. 예를 들어, 이 『신라열전』을 텍스트로 해 김동리문학의 신라인물 캐릭터와 신라지도를 만들고, '동리문학과 함께 하는 신라역사 기행' 또는 '동리문학과 함께 하는 삼국유사, 삼국사기 답사' 등의 프로그램을 만들 것을 제안한다.

대표작「무녀도」는 우리나라 무속춤 재현 사업과 관련, 무용극이나 무용을 주조로 한 뮤지컬로 제작할 수 있는 대표적인 작품이다. 또 김동리 문학의 크고 깊은 세계 때문에 잊고 있는 어린이용 소설들[22]을 캐릭터화하는 작업도 필요할 것으로 본다.

5. 지역 문학관을 거점으로 하는 문화산업

문학작품의 남다른 서사성과 관련, 문학관이 건립되면서 문화콘텐츠 생산의 지속적이고 새로운 거점으로 부각될 가능성이 큰 작가로 이병주(1921~1992)를 예로 들 수 있다. 이병주는 한국 현대사의 굴곡과 예민한 이념적 갈등을 해박한 정보와 시대를 꿰뚫어 보는 세계사적 통찰, 세계명작과 통속적 멜로드라마 유형을 넘나드는 거침없는 스토리 전개와 인간적 매력이 넘치는 인물 설정 등으로 소설화해서 장안의 지가를 올린 작가이다. 반공과 경제개발을 쌍두로 하는 사회체제 아래 드라마와 영화에서 이미 다양한 형태로 문화콘텐츠화의 선례를 보이기도 했다. 그의 대표작『지리산』은 1972년 9월『세대』지에 연재하기 시작해서 우여곡절

---

22) 김동리,『농구화』, 다림출판사, 1999 참조. 어린이들이 읽을 만한 책으로 특별히 선별해 엮은 이 소설집에는「농구화」「저승새」등 5편의 짧은 소설이 실려 있다.

을 겪으면서 1985년 전 7권의 단행본 출간되어 화제를 모았고, 1989년 KBS-TV 주간 드라마로 제작 방영되어 인기를 끌었다. 또한 KBS-TV의 TV문학관 단막 드라마 「누가 백조를 쏘았는가」(1983.4), 「천망」(1984.2), 「백로선생」(1984.2), 「그 테러리스트를 위한 만사」(1984.4), 「쥘부채」(1984.4), 「망명의 늪」(1984.7), 「예낭풍물지」(1985.5), 「변명」(1985.7), 「달빛이 무서워」(1985.8), 「저 은하에 내 별이」(1987.8) 등이 그의 작품을 원작으로 활용하고 있다. 또 1978년 「망명의 늪」이, 1982년 「삐에로와 국화」가 각각 김수용 감독의 영화로 제작되었다. 이병주 문학은 이처럼 20세기 후반의 한국인들에게 이미 그 수용 정도가 검증된 이야기와 스토리 라인을 내재하고 있다. 이를 바탕으로 앞으로도 영화, 만화, 드라마, 공연, 게임, 캐릭터 등으로 개발될 가능성이 충분하다고 하겠다.

한국의 명산 지리산 산하의 한자락에 자리한 경남 하동의 북천면에 이병주문학관이 건립되면서(2008년 개관) 이 방대하면서도 '스토리성' 강한 이병주 문학은 문화산업적 가능성이 그만큼 커지게 되었다. 경남 하동은 지난 10년 간 인구가 6만 명 이상인 적이 거의 없었던 군 단위 고을로, 그 인구 중 65세 이상의 고령인구가 2008년 6월 현재 20퍼센트가 넘는 1만 3천여 명에 달하고 있고, 농가 인구가 3만 명이 넘는다. 즉 급격한 산업화로 빚어진 수도권 인구 집중 현상에다 저출산 풍토로 고령화와 인구 감소를 겪고 있는 여느 농어촌 자치단체의 사정과 크게 다를 바 없는 곳이다. 반면 지역의 역사와 전통, 지역 여건이 고려되지 않은 관주도형으로 문화시설을 마구 지었다거나 특성 없는 지역축제를 벌인다거나 하지 않는다는 점에서 여타 지자체에 비해 비교적 발전적인 지자체로 부각돼 있다. 이병주의 문학은 따라서 문학관을 거점으로 고향 하동과 연계하는 지역문화 콘텐츠가 됨으로써 지역사회의 실제적인 가치 창출에 기여할 수 있게 된다.

총 100권이 넘는 이병주 문학이, 그러나 그가 살던 문자매체 시대와는 달리 급속하게 달라지고 있는 디지털 환경에 적응해 수시로 '원소스 멀티유즈'를 실현하거나, 날로 열악해지는 지역 환경에서 지역문화의 활성화를 꾀할 거점 콘텐츠로 자리잡게 되거나 하는 일이 마냥 쉽다고는 할 수 없다. 시청각 매체가 주도하는 이즈음 문화소비 환경에서도 장점이 될 만한 이병주 문학의 특징에 대해서는 앞에서 밝혔지만, 반면에 그 못지않은 약점도 지니고 있다는 점을 감안해야 한다. 우선은, 주요 작품이 아주 방대한 대하소설류인 데다 일반 사람들이 당장 즐기기 어려운 굴곡 많은 현대사를 주요 소재로 삼고 있고, 또 숱한 철학적 관념적 지식과 정보가 때로는 스토리라인 구축에 방해 요소가 되기도 한다는 점에서 그렇다. 이병주 문학을 즐길 수용자는 역사와 시대에 대한 일정 수준의 교양과 상식을 필요로 한다. 오늘날 역사에 대한 인식과 지식이 얕을 수밖에 없는 대중들이 이병주 문학을 수용하기 위해 그 같은 교양과 상식을 미리 쌓고 있을 리 만무하다. 이런 점에서 이병주 문학은 상당한 능력을 가진 이들의 스토리텔링 작업을 필요로 한다. 그런데 이즈음의 그런 능력자들이 또한 이병주 문학만을 위해 대기하고 있을 리 없다. 이런 점에서 이병주 문학이 다른 장르로 재탄생하거나 문학관을 중심으로 지역문화 활성화를 위한 거점 콘텐츠로 활용되기 위해서는 몇 가지 준비되는 내용이 있어야 한다.

우선은 말할 것도 없이 100권 이상의 이병주 문학 전체 텍스트를 확보하고 확정해야 한다. 2006년 새롭게 편찬한 이병주 전집은 전 30권에 머물렀고[23], 『바람과 구름과 비』 등 소문난 대작을 비롯 여러 편의 역사 전기소설 등을 포함하고 있지 않다. 다작과 대작이 특징인 이병주 문학은 등단 초기부터 작고할 때까지 여러 층의 독자들의 사랑을 받아왔다. 임권택이라는 고집스런 장인 감독이 이청준 문학에서 '서편제'를 되찾아 '멀티유즈'를 촉발시켜 우리 문화의 폭을 한껏 넓혀 놓은 예에서 보듯 이

---

23) 이병주, 『이병주 전집』 30권, 한길사, 2006.

병주 문학에도 그런 우직한 숨은 독자들이 있을 수 있다. 그런 독자층이 사라지면 다수의 이병주 문학이 기억 속에 묻힐 확률이 높다.

따라서 그 텍스트들을 서둘러 모두 요약된 스토리로 정리하는 작업이 크게 요청된다. 당장 『관부연락선』, 『지리산』, 『실록 남로당』, 『산하』, 『그해 5월』로 이어지는 이병주의 대작 현대사 연작을 일목요연하게 설명할 자료는 일부 전문가에게 말고는 없다.24) 이병주 문학은 주인공이 대개 실제의 현대사를 몸으로 직접 겪어내고 있어서 문체미학이나 서정성이 강조되는 한국의 대표적인 소설에 비해 특히나 굵직굵직한 스토리라인을 자랑한다. 그러나 독자로서는 그 시대 배경이 되는 역사적 사실과의 관계를 기억하며 그 작품을 떠올리는 일이 용이하지 않다. 우리의 현대사가 그만큼 복잡하기도 하고, 이병주 문학의 당당함이 그 현대사의 맥을 어느 것 하나 놓치고 있지 않아서이기도 하다. 따라서 그 긴 소설을 읽는 동안 스토리 파악에 전전하게 하는 일은 그리 바람직하지 않다. 더욱이 새로운 장르로 거듭남에 있어 스토리텔링에 임하는 능력자를 위해서도 이 같은 스토리 요약은 필수적이라 하겠다.

작중 등장인물의 성격을 시대적 행적과 그 공간적 배경을 아울러 연계해 정리한 '이병주 문학 캐릭터 사전'을 만들 필요가 있다. 이병주 문학 곳곳에는 실재했을 법한 인물들이 수시로 등장하는바, 그들 중 다수는 누구나 부러워할 만한 능력의 소지자이다. 등단작「소설 알렉산드리아」에서부터 아주 이국적인 장소를 배경으로 다수의 매력적인 인물들이 활동한다. 고국의 감옥에 갇힌 '고독한 황제'인 형, 이집트의 도시 알렉산드리아에 와 있는 '프린스 김'(나), 대규모 학살사건의 피해자인 '사라', 게슈타포 피해자인 '한스' 등이 모두 그렇다. 마찬가지로 『관부연락선』에서 실종된 지식인 유태림, 『지리산』의 인간적인 빨치산 지도자 하준규나

---

24) 이병주 문학의 주요 작품에 대한 전문적인 이해를 돕는 자료는 김윤식 외, 『역사의 그늘, 문학의 길- 이병주 문학연구』, 한길사, 2008 참조.

박태영, 『바람과 구름과 비』의 이색적인 영웅 최천중 등은 더 말할 바 없겠고, 「삐에로와 국화」의 간첩 박복영이나 「그 테러리스트를 위한 만사」의 테러리스트 정람, 「변명」의 독립운동가 탁인수, 「망명의 늪」의 지독한 허무주의자 '나' 등등 어떤 소설이고 대충 뽑아봐도 독특하고 신비로움을 품은 역사적 인물이 어김없이 모습을 드러낸다. 이병주 문학이 드라마, 영화, 만화, 게임 등 캐릭터가 차지하는 비중이 매우 큰 분야의 스토리텔링을 위해서 이들 인물을 중심으로 한 '이병주 문학 캐릭터 사전'은 그만큼 절실한 셈이다.

이 연장선에서 이병주 문학을 하동의 대표적인 명소인 '지리산'과 연계하는 프로그램을 펼쳐 보일 수 있다.25) 즉 소설 『지리산』의 주요 인물들의 행적을 조사해 그 행적을 따라가는 지리산 등반 코스를 만드는 일이다. 이는 문학이 읽고 즐기는 데서 직접 가서 걷고 만지고 체취를 맡아보는 대상으로 변해 가는 이 시대 문화체험 유형의 한 사례를 만드는 일이라 할 수 있다. 하준규와 박태영 등이 입산해서부터 최후의 순간을 맡기까지 거치고 머물던 지리산 곳곳을 이어가는 행로는 지역문화를 풍성하게 하고 지역사회의 활성화를 꾀하게 하는 또 하나의 문화콘텐츠가 될 수 있다. 그럴 때 문학관은 그 출발지요 귀향지로서 무엇보다 뚜렷한 거점이 된다. 이는 또한 문학이 지역과 연계를 맺는 모범적인 한 사례가 되기도 할 것이다.

이병주 문학이 문학관을 거점으로 지역사회의 브랜드가 되고 지역 문

---

25) 한국인에게 지리산이 지니는 상징적 의미는 유다른 바 있지만, 문학에서도 이 지리산은 그 어느 공간보다 중요한 콘텐츠라 할 수 있다. 해방 전 작가 김동리의 피신처였던 다솔사도 지리산 자락에 있거니와 이병주의 경우 『관부연락선』에서부터 선명한 의미를 지니게 된 지리산은 대하소설 『지리산』에 오면 작중의 핵심 배경이 될 뿐 아니라 나아가 작품의 정신적 뿌리로 부각된다. 이러한 이병주 문학을 박경리의 『토지』나 최명희의 『혼불』, 조정래의 『태백산맥』 등의 작중 핵심 무대인 지리산에 연계해 한국문학의 핵심 콘텐츠로 함께 개발할 수 있을 것이다. 이 '지리산 대작들'의 관계에 대해서는 김윤식, 「능소화, 또는 산천의 미학 – 박경리의 『토지』와 이병주의 『지리산』」, 이병주기념사업회, 『2008 이병주 문학 학술세미나 발제집』, 2008 참조.

화산업의 핵심 콘텐츠로 자리잡는 과정에서 또 하나 염두에 두어야 할 것이 있다. 이병주 문학은 선이 굵은 남성의 서사요, 게다가 어린 아이의 심성이 개입할 수 없는 어른들의 서사가 주를 이룬다. 지역사회에서는 어린이와 주부를 중심으로 한 가족들이 가장 확실한 지역문화 소비자요 또한 창조자가 된다고 할 때 이병주 문학은 이들을 위한 놀잇감으로서도 정서적 위안거리로도 적절하지 못한 감이 있다. 이럴 때 이병주 문학에 등장하는 숱한 책과 작품, 그리고 그로부터 구사되는 빼어난 명구들이 놀이 기능을 새롭게 수행할 수 있다. 이를테면 이병주 소설에 등장하는 동서고금의 명저와 명작들에 대한 해설집, 또는 명구 모음집 같은 것은 어린이와 주부들에게 즐거운 교양 학습자료로서 손색이 없을 것이다. 저 유명한 "역사는 산맥을 기록하고 나의 문학은 골짜기를 기록한다"(『지리산』 헌사)나 "일광에 물드면 역사가 되고 월광에 바래면 신화가 된다"(『산하』 헌사) 등의 이병주 특유의 잠언을 흉내내는 언어 놀이 같은 것도 흥겨운 프로그램이 될 수 있겠다.

6. 멀티소스 멀티유즈의 거점으로서 문학공간

국내에서 문학작품이나 그 작품을 낳은 작가와 관련한 문학공간을 명소화하는 일은 지역의 이미지를 고양하고 관광자원을 확대하는 차원으로 진행되어 왔고, 그 대표적인 형식은 문학관 건립이었다. 이제, 각종 문화예술 관련 표현물이 기업이나 지역, 나아가 국가의 신성장동력으로 부각되고 있는 이즈음에는 명소화된 문학공간 또는 문학관이 21세기형

문화산업의 신종 문화콘텐츠라는 인식이 크게 부각되어 있다. 문학관 건립에 머물던 문학공간 명소화 작업은 최근 들어 '양평군 황순원문학촌 소나기마을'이나 '김주영 객주문학테마타운' 등의 문학테마파크 유형으로까지 변화, 확장되는 추세다. 이에 따라 문학관 건립에 주력하던 종래의 관습으로 문학공간 명소화 작업을 추진해온 지역사회도 인식 전환이 필요한 때다.

우선, 문학공간의 명소화 작업은 이전 방식의 문학관 건립과 운영 형식으로는 실효를 거두기 어렵다는 사실을 명심할 필요가 있다. 특히 21세기형 문화산업에서 핵심적인 방법론인 스토리텔링 기법을 명소 조성 단계에서부터 도입해 명소의 설립과 운영에 적극적으로 활용해야 한다. 그러기 위해서는 해당 작가나 작품에 대한 철저한 조사와 분석을 기반으로 스토리텔링 작업을 진행할 능력을 키워야 하고 또 그러한 능력이 발휘될 수 있는 시스템을 갖추어야 한다. 이 글에서는 특별히 소나기마을의 실례와 김동리, 이병주의 문학의 활용 방안을 통해 이 문제를 구체적으로 제시해 보았다.

또한 문학관이나 문학테마파크 등 명소화 과정에 놓이는 문학공간이 그 자체로 하나의 다성적인 문화콘텐츠가 된다는 사실을 인식해야 한다. 문학작품의 주인공이자 실제 역사의 인물인 '홍길동'이 우리 현실에서 두 도시(강릉, 장성)의 브랜드 가치를 상승시키는 콘텐츠로 거듭 재생산되고 있는 사례나, 소나기마을의 예에서 보듯이 그것은 원래 하나의 콘텐츠로서 다른 여러 콘텐츠를 낳으면서 다양한 실익 효과를 발생시켜 왔을 뿐 아니라, 이제 명소화된 그 공간의 탄생과 더불어 그러한 산업적 효과를 확대 재생산하는 거점이 되고 있다고 할 수 있다. 이 거점이, 문학작품이 원래 그 자체로 하나의 생산물로서 다른 다양한 생산물을 낳으며 이익을 발생시키는 이른바 원소스 멀티유즈에서, 문학공간 명소화의 새로운 실현으로 이미 새롭게 파생된 각각의 콘텐츠가 다시 새로운 콘텐츠를 생산해내는 멀티소스 멀티유즈로 확장되는 현장이 된다. 각 지역에서 문학관, 문학촌 등으로 탄생된 문학공간이 멀티소스 멀티유즈가 진행되고 있는 실제의 현장이 된다는 인식이 제대로 구축될 때, 지역마다 문학공간을 효과적으로 명소화하고 나아가 그 명소의 문화산업화가 원활해질 수 있는 구체적이고 다양한 실행 방안이 마련될 것이다. (2009)

6·25 피난 공간의 문화적 의미
- 황순원의 곡예사 외 3편을 중심으로

1. 6·25전쟁과 한국 분단소설의 양상

전쟁은 둘 이상의 국가나 국가급 집단 간에 일어난 무력 충돌을 뜻한다. 그 충돌 정도에 따라 많은 사람이 죽거나 다치고, 가옥과 재산이 유실되고, 건물과 유적이 파괴되고, 가족이 뿔뿔이 흩어져 살게 되거나 기아에 허덕이고, 전염병이 창궐하거나 치안 부재·인플레이션 등의 사회경제적 혼란이 발생한다. 인간의 희로애락을 담는 문학은 근대에 이르러 극한 상황에 처한 인간의 실제적인 모습을 주목했고, 20세기 들어 1, 2차 세계대전을 겪으면서 전쟁을 겪는 인간의 실상을 다룬 작품들을 양산하게 되었다.[1] 이후 1950년대의 한국전쟁(6·25), 1960~70년대의 베트남전쟁, 1990년대부터 최근까지 연계되고 있는 걸프만전쟁과 이라크전

---

[1] 전쟁을 겪는 인간의 이야기를 다룬 작품은 흔히 '전쟁문학'으로 명명되고 있다. 에리히 레마르크의 『서부전선 이상 없다』, 쥘 로맹의 『선의의 사람들』, 어니스트 헤밍웨이의 『무기여 잘 있거라』, 도스 패소스의 『세 병사』 등은 1차 대전을, 앙드레 말로의 『희망』, 어윈 쇼의 『젊은 사자들』, 노만 메일러의 『사자와 나자』, J. 존스의 『지상에서 영원으로』, 알렉산드르 파제예프의 『젊은 친위대』 등은 2차 대전을 배경으로 하는 전쟁문학으로 손꼽히고 있다. 정봉래, 「전쟁문학론」, 『비평문학』 제5호, 한국비평문학회, 1991, 355쪽 등 참조.

쟁 등 세계사적인 전쟁 또한 문학작품에 많은 소재를 제공해 왔다.

6·25는 1950년 6월 25일 한국에서 북한의 침략으로 발발해 3년 동안 전개된 남북한 두 동족 분단국 간의 무력 충돌을 지칭하는 약어로 6·25사변, 6·25동란, 한국전쟁 등으로 불린다.[2] 이 전쟁으로 남북한 인구 2천5백만여 명 중에 300만 명 이상이 죽거나 다치고 1천만 명 이상이 이산가족이 되었으며, 국토 80% 이상이 파괴되었다.[3] 1953년 7월 휴전협정을 하고도 상당 기간 가족 상실과 이산, 기아, 실향 등의 후유증에 시달렸으며, 이후 21세기에 접어든 현재까지도 여전한 양 체제 대치 상태에서 교전, 침투, 이념 갈등, 주민 이탈과 유입 등의 혼란을 겪고 있다. 이러한 국가적, 민족적 갈등과 재난 또한 한국을 비롯한 관련 국가의 문학작품에 중요한 소재를 제공해 주었다.[4]

6·25 이후 한국문학사, 특히 한국소설사는 전쟁과 분단을 주제와 소재로 한 작품이 거대한 축을 이루며 형성되어 왔다고 평가된다.[5] 이러한 작품군을 통상 '분단문학', '분단소설'로 불러왔다.[6] 6·25 전쟁기에

---

[2] 북한을 합법적인 국가로 인정하지 않은 종래의 관습에서 보면, 1950년 6월 25일 북한의 군사도발 사태로 빚어진 남북한 전투는 국가간의 전쟁이라 할 수 없지만, 남북한뿐 아니라 중공과 국제연합(UN)이 개입해 장기간 전투가 벌어졌다는 점에서는 전쟁이라 할 수 있고, 남북한을 제3자의 관점에서 보는 '한국전쟁(Korean War)'이라는 용어도 틀렸다고 보기 어렵다. 이 글에서는 통상적인 의미로 '6·25' 또는 '6·25전쟁'이라는 용어로 기술한다.

[3] 6·25의 피해 규모를 정확하게 집계하고 있는 문헌은 보기 드물다. 인명피해의 경우 『한국전쟁과 한국사회변동』(한국사회학회 편, 풀빛, 1992, 66쪽, 〈표 1, 2〉 참조)은 정부 발표와 국제연합군사령부 비공식발표 자료를 참조해 남한 129만(민간인 99만, 군인 30만), 북한 249만(민간인 268만, 군인 61만)으로 집계하고 있고, 김동춘은 『전쟁과 사회』(돌베개, 2006, 390쪽)에서 남한 50만, 북한 250만 이상으로 집계하고 있다.

[4] 분단이 한국문학에 끼친 영향의 지대함에 대해서는 더 말할 필요가 없을 정도다. "해방 이후 소설사에서 분단은 인간 개개인으로부터 가족과 사회, 민족과 국가에 걸쳐 있는 거대한 환부이자 산문적 현실"(유임하, 『분단 현실과 서사적 상상력』, 태학사, 1998, 15쪽)이다.

[5] 이재선은 6·25는 "현대소설사에서 결코 간과해 버릴 수 없는 발생론적 기반"이라 말하고 있다. 『현대 한국소설사 1945~1990』('제2장 전쟁과 분단의 인식: 6·25 한국전쟁의 소설적 의미망'), 민음사, 1991, 81쪽.

[6] 분단소설은 "남북분단의 원인과 고착화 과정 그리고 이것이 오늘의 삶에 미치는 영향

발표된 것을 비롯, 이들 소설은 가장 구체적인 소재적 기원인 6·25 체험을 다양한 형태로 변주하고 있다. 그 내용을 작품의 시대적 배경과 관련해 다음과 같이 확인할 수 있다.

1) 전쟁기: 6·25전쟁을 중심으로 광복 후 좌우익의 대립이 첨예해지던 때부터 1953년 휴전 조인 후 직접적인 전쟁 후유증에 시달리던 시기까지를 배경으로 한 분단소설들이 일군을 이룬다. 여기에는 실제 전쟁에 참전했거나, 상대에 붙잡혀 포로 생활을 했거나, 상대를 이롭게 하는 일에 가담했거나, 아니면 전쟁을 피해 멀리 이동해 살았거나 한 경험이 적극적으로 반영되고 있다. 또 6·25를 배태한 좌우익 대립이나 6·25 직후의 극심한 사회 혼란상을 형상화한 소설도 이 범주에 넣을 수 있다. 최인훈의 『광장』(1960)은 광복 후 남북한 체제를 겪고 6·25전쟁에 참전했다 포로가 된 체험을, 조정래의 『태백산맥』(1986~1989)은 광복 직후부터 6·25 전쟁기까지 좌익 유격과 전투 과정을 극렬하게 묘사한 대표적인 소설이다.

2) 분단 심화기: 휴전 후 수십 년에 걸쳐 남북 대치 상태가 지속되고 분단이 고착된 1980년대까지를 배경으로 한 분단소설 또한 한국소설을 두텁게 해 왔다. 특히 반공을 국시로 하는 남한 체제에서, 어린 시절에 전쟁을 겪은 세대의 사회 진출과 전쟁 미체험 세대의 성장이 두드러지면서 6·25를 객관적 시각에서 해석하려는 노력이 얹어져 다양한 형태의 분단소설이 낳아졌다. 이산가족 문제, 좌익 집안 후손들의 연좌제 피해, 간첩 침투, 미군 기지촌의 탈법적 생태, 반공독재 권력의 폐해 등의 분단 현실을 수용한 소설들이 이 시기를 배경으로 하고 있다. 6·25를 유소년기에 겪은 작가들이 쓴 소년 주인공의 6·25 체험 소설들이 부각된 것도 이 시기다. 전상국의 「아베의 가족」(1979)은 6·25전쟁 중에 흑인병

등을 종합적으로 다룬 소설"로 설명되고 있다. 한용환, 『소설학 사전』, 고려원, 1992, 188쪽.

사에게 능욕당해 낳은 혼혈 정신지체아 '아베'를 버린 가족의 죄의식을 그리고 있고, 임철우의 「아버지의 땅」(1984)은 6·25 때의 유복자로 태어나 좌익 아버지를 증오하며 성장한 아들의 고뇌와 새로운 각성을 묘사한다.

3) 분단체제 와해기: 구 소련과 동구권 등 사회주의 국가들의 체제 붕괴와 같은 세계사적인 격동이 일어나 남북한이 교류의 물꼬를 트게 된 1990년대 이후 분단소설은 세계화 시대라는 시대 조류와 조우하면서 그 범주를 한층 더 크게 넓혀 왔다. 사회주의 이념과 공산체제에 대한 부정과 환멸, 북한을 이탈하는 주민의 남한 정착이나 남북 이산가족의 상봉 등 통일 조짐을 반영하는 주제와 내용이 이 시기를 배경으로 하면서 등장한다. 이문열의 「아우와의 만남」(1994)은 남북한에 나뉘어 반세기를 살아온 이복형제의 만남을, 정도상의 『찔레꽃』(2008)은 돈을 벌기 위해 북한을 이탈한 탈북자가 여러 나라를 전전하며 푸대접당하며 살다가 고통스럽게 남한에 이주하는 과정을 묘사한다(이상 〈표 1〉 참조).

〈표 1〉 분단소설의 시대적 배경과 체험 내용의 예

	시대적 배경	작 품	체험 내
1	전쟁기 (1945년 해방~1953년 휴전 직후)	최인훈 『광장』 등	참전, 포로, 피난, 부역 등
2	분단 심화기 (1950년대 중후반 ~1990)	전상국 「아베의 가족」 등	이산, 연좌, 침투 등
3	분단체제 와해기 (1990~2010년대)	이문열 「아우와의 만남」 등	교류, 탈북, 원조 등

2. 6·25 전쟁기 체험과 피난 공간

　반세기 이상 대치 상태에 놓여 있던 남북한은 20세기 종반 들어서부터 세계사적 역학 구도의 변동에 따라 답보 상태에 있던 통일 가능성을 크게 열어 왔다. 한편으로 전쟁 발발 위험성 역시 여전한 크기로 잠복된 상태가 현재까지 이어지고 있다. 이런 모순의 현실을 직시하는 인문학적 태도는 이 같은 상황의 역사적 배경을 냉정하게 재인식하는 데서 찾아진다. 20세기 후반 한국의 상황이 6·25를 기점으로 한 남북분단의 위험하고 불안한 토대 위에 구축된 것이라 할 때, 20세기 문학의 가장 두드러진 장르라 할 수 있는 분단소설 중에서도 그 역사적 시발점에 해당하는 위 1)의 전쟁기를 배경으로 한 소설에 대한 관심은 더욱 예각화할 필요가 있다고 본다.
　주지하다시피 6·25는 한국인 전체에 직접적으로 영향을 준 대규모의 전쟁이었다. 전쟁에 직접 참여하거나 크고 작은 교전에 관여된 사람과 그 가족은 말할 것도 없고 그 밖의 사람들도 체제를 이탈하거나 피난을 가면서 빈곤한 삶을 살아야 했고, 피난을 가지 않은 사람들도 점령군 치하에서 불안하게 지내야 했으며, 또 상당수가 가족끼리 흩어져 지내야 했다. 전쟁 후에도 집으로 가지 못하는 등 갖가지 사회 혼란을 겪으며 전쟁 후유증에 시달리기가 보통이었다. 이런 내용은 실제 소설을 통해서 다음 일곱 가지 유형의 체험으로 설명된다.
　1) 광복 이후 남북이 각기 다른 군정체제로 분리 유지되고 있을 때의 체제 갈등 체험이다. 예를 들어, 손창섭의 「역로(歷路)」(1946)는 광복을 하고도 북한과의 대립과 미군의 섭정 체제로 독립국가 수립의 전망을 가지지 못한 남한의 현실이, 현기영의 「순이 삼촌」(1978)은 1948년 소위

4·3사건 때 좌우익이 번갈아 점령하는 지역에서 겪은 주민들의 수난이 묘사된다.

2) 전쟁터에서 적과 대치하고 있는 참전자들의 전쟁 체험이다. 예를 들어, 오상원의 「유예(猶豫)」(1955)에는 상대편에 잡혀 총살 위기에 처한 참전자의 내면이, 선우휘의 「단독강화(單獨講和)」(1959)에는 전선에서 벗어나 우연히 동거하게 된 남북 두 병사의 화해에 이은 비극이 그려진다.

3) 전쟁에 참전했다 붙잡혀 포로가 된 체험이다. 장용학의 「요한시집」(1955), 강용준의 「철조망」(1960) 등에는 포로가 되어 수용소에 수용되어 지내는 참전자들의 극한 생활이 묘사되고 있다.

4) 전쟁을 피해 피난 생활을 한 체험이다. 이호철의 「탈향(脫鄕)」(1955)에는 1·4후퇴 때 북한에서 월남해 부산으로 피난 간 사람들의 궁핍한 생활이, 김이석의 「동면(冬眠)」(1958)에는 6·25 때 평양에서 서울로 월남했다가 1·4후퇴 때 황급히 '대구 피난 가 겪은 일'[7]이 세세하게 그려진다.

5) 피난을 가지 못한 채 점령군 치하에서 자진 협조나 어쩔 수 없는 부역으로 연명하거나 아니면 은둔하거나 붙잡혀 화를 입거나 한 체험이다. 곽학송의 「철로(鐵路)」(1954)는 6·25가 발발해 북한군에 점령당한 역에서 자기 직업에 충실한 철도 전신원이 수복 후 부역죄로 몰리는 부조리한 현실이, 박완서의 『그 산이 정말 거기에 있었을까』(1995)에는 6·25를 당해 피난을 가지 못하고 서울에 남아 양식을 도둑질하며 연명하는 주민의 모습이 그려진다.

6) 대대적인 침략이나 이에 맞서는 정규적인 전투와는 달리 비정규적인 조직 상태에서 전개된 유격전과 그 피해 체험이다. 윤흥길의 「장마」(1973)는 좌익 빨치산이 출몰하는 지역에서 빚어지는 가족간의 이념 대립과 그 화해 과정이, 이병주의 『지리산』(1972~1978)에는 6·25 때 빨치산

---

7) 김용성, 『한국현대문학사탐방』, 현암사, 1984, 434쪽 참조.

이 되어 활동하다 죽어가는 좌익 유격대원들의 비극이 그려진다.

7) 전쟁으로 파헤쳐진 땅에서 가족을 잃었거나 내·외상에 시달리며 살아가는 사람들의 일상이다. 송병수의 「쑈리킴」(1957)에는 기지촌에서 미군을 상대로 구두닦이로 살고 있는 고아 소년의 비극이, 이범선의 「오발탄」(1959)에는 서울에 정착한 월남민 가족의 파탄이 그려진다(이상 〈표 2〉 참조).

〈표 2〉 6·25 전쟁기 소설과 작중 체험 공간

	체험 내용	주요 공간적 배경	대표 작품
1	이념 대립의 피해	주거지	채만식 「역로」, 현기영 「순이 삼촌」 등
2	전쟁	전쟁터	오상원 「유예」, 선우휘 「단독강화」 등
3	포로	포로수용소	장용학 「요한시집」, 강용준 「철조망」 등
4	피난	피난지	이호철 「탈향」, 김이석 「동면」 등
5	점령군 치하 생활	미피난지	곽학송 「철로」, 박완서 『그 산이 정말 거기 있었을까』 등
6	유격	빨치산 활동지	윤흥길 「장마」, 이병주 『지리산』 등
7	전쟁 후유증	수복지, 새 정착지	송병수 「쑈리 킴」, 이범선 「오발탄」 등

6·25는 엄청난 인명과 재산의 피해를 낳는 등 전국민적으로 삶의 기반과 생활 체계를 뒤흔들어 놓았다. 이런 결과는 전쟁 그 자체보다는 전쟁 지역의 변화에 따라 국민의 다수가 살아온 집과 생활 터전을 두고 다른 지역으로 이주하게 되면서 야기된 혼란과 직접적인 관련을 맺는다. 6·25 발발 초기와 1·4후퇴 때 등 두 차례에 걸친 대규모의 피난은 그 대표적인 사례를 제공해 준다. 처음에 전쟁 발발과 더불어 시작된 피난

은 서울을 중심으로 남한 전 지역에서 지근거리, 근거리, 원거리로 그 이주 범위가 급작스럽게 확장되어 갔다.8) 두 번째 대규모의 피난은 북진하던 유엔군에 대해 중공군이 개입해 남진을 하게 된 그 해 10월부터 일어난다. 이를 역사에서는 6·25 발발 이듬해 중공군과 북한군에 서울이 재함락된 1월 4일을 기준으로 1·4후퇴라 칭한다. 1차 피난이 9·28 수복 때까지 대체로 수 개월 정도에 그친 데 비해 이때는 규모도 크고 형태도 보다 계획적이었으며 기간도 장기적이었다.9) 이 외에, 그 이전 북한에서 8·15 광복 후에 행한 개혁과 6·25전쟁 전후로 일어난 월남이나, 9·28 수복을 계기로 전면화된 유엔군의 북진에 따른 북한 주민들의 피난 등 크고작은 형태의 피난도 있다. 또한, 6·25가 발발하고 나서 서울이 함락된 상황에서 피난 갈 기회를 놓친 다수의 한강 이북 주민을 비롯한 미피난자들 대부분도 공출, 생필품 부족, 부역, 폭격, 처벌, 강제 동원 등을 겪으며 불안정한 주거 생활을 영위한 경우가 대부분이었다.

6·25 때 피난민들이 가장 많이 몰린 곳은 북한군이 침범하지 못한 부산을 중심으로 한 경상 남북부 일원이었다. 특히 부산은 임시수도로 많은 피난민들이 몰려와 살았고, 그만큼 애환이 깊은 곳이 되었다. 당연히 이를 무대로 한 6·25 피난 관련 소설도 적지 않다. 이때의 피난민의 애환을 그린 소설을 '피난민소설'이라 명명하기도 하는데10), 그 중에서

---

8) 6·25 발발 당시 서울 시민 144만 명 중 40만 명이 인민군의 서울 점령 직전에 피난 갔다고 설명된다. 중앙일보사 엮음, 『민족의 증언 2』, 중앙일보사, 1983, 75쪽.
9) 이때의 피난은 6·25 발발 당시 대책 없이 이루어진 피난 때와는 달리 일반인 대다수가 통치 주체의 교체에 따른 처벌을 피하기 위한 '생존을 위한 피난'이라 설명된다. 김동춘, 같은 책, 173쪽.
10) 이기윤은 보고서 「한국 전쟁소설의 유형 분류와 주제의식에 관한 연구」(육군사관학교 화랑대연구소, 1993.12)에서 6·25전쟁을 다룬 1950년대 전쟁소설을 전투소설, 포로소설, 피난민소설, 후방소설로 분류했고, 이어 「한국 전쟁소설의 유형론적 연구 – 피난민소설을 중심으로」(이기윤 외 엮음, 『한국전쟁과 세계문학』, 국학자료원, 2003, 95~130쪽)를 통해 '피난민소설'의 예로 「목숨」(최인욱, 1950), 「두 개의 심정」(김송, 1952), 「6·25」(조진대, 1952), 「광풍 속에서」(김이석, 1956), 「낙인」(이명온, 1956) 등 1950년대에 발표된 5개 작품을 들었다.

도 실제 부산 일대에 피난해 살던 작가들이 자신이 겪은 피난 체험을 바탕으로 피난민의 모습을 형상화한 소설은 현장성과 구체성이라는 측면에서 특별히 주목을 요한다. 「귀환장정」(김동리, 1950), 「곡예사」(황순원, 1951), 「제3인간형」(안수길, 1952), 「밀다원시대」(김동리, 1953), 「비 오는 날」(손창섭, 1953) 등은 피난 중의 작가가 부산 피난지에서의 체험을 피난 현지에서 쓰고 전시의 지면에 발표한 대표적인 피난민소설이라 할 수 있다11)(이들 작품과 작중의 피난 현실에서 구체적인 공간적 배경이 된 무대는 〈표 3〉으로 정리할 수 있다).

〈표 3〉 부산 피난민 작가들의 피난 체험 소설과 작중 무대

작가	대표작	발표(창작)연도	주요 무대	인근 지역
황순원	「곡예사」	1951	경남중학교 뒤	토성동, 남포동, 자갈치시장
안수길	「제3인간」	1953	송도 아랫길	충무로, 부민관
손창섭	「비 오는 날」	1953	동래 전차 종점	동래
김동리	「밀다원시대」	1953	광복동 밀다원	광복동 로터리

이 가운데 황순원의 「곡예사」 외 3편은 6·25를 다룬 황순원의 다른 소설, 또는 다른 동시대 '피난민소설'에 비해 피난민이 된 작가가 실제로 자신과 가족들이 겪은 피난 모습을 자전적으로 형상화해 당시 지면에 발표했다는 점에서 의미가 각별하다. 보기 드물게 이 소설들에는, 작가가 서울을 떠나 대구를 거쳐 부산에 임시 정착하는 과정을 바탕으로, 피난

---

11) 피난 작가들의 일부는 피난지에서 작품을 창작하고 발표했을 뿐 아니라 전시 상황에서 피난민 체험을 담을 소설을 주로 모은 개인 창작집을 발간하기도 했다. 「귀환장정」 등이 포함된 김동리 단편집 『귀환장정』은 1951년, 「곡예사」 등이 포함된 황순원 단편집 『곡예사』는 1952년 각각 부산에서 발간되었다.

지에서 이 집 저 집 전전하며 살던 절박한 피난 체험이 아주 구체적으로 형상화되고 있다. 따라서 이에 대한 통찰은 전쟁 가능성이 여전한 한국의 현실에서는 물론이고, 전 지구가 손쉽게 교통하는 이즈음과 같은 국제화 시대에도 언제나 전쟁과 같은 극한 상황에 대비해야 하는 현대인들에게 매우 유효한 교훈을 줄 수 있을 것이다.

3. 황순원의 피난 체험과 소설적 형상화

작가 황순원(1915~2000)은 20세를 전후해 시와 소설을 발표하면서 작품 활동을 시작해서 작고할 때까지 시 104편, 중・단편소설 105편, 장편소설 7편을 남긴 작가다.[12] 「별」(1941), 「목넘이마을의 개」(1948), 「독 짓는 늙은이」(1950), 「곡예사」, 「소나기」(1952), 「학」(1953) 등의 서정적인 단편소설과 『일월』(1965), 『움직이는 성』(1973), 『신들의 주사위』(1982) 등 한국인의 근원을 탐색하면서 인간 본성의 휴머니즘을 옹호하는 장편소설들은 질과 양의 면에서 그의 이름을 20세기 한국소설을 대표하는 자리로 올려놓았다. 그 역시 생애 중반에 6・25를 겪었고, 그 시기를 살아온 다른 작가들 못지않게 전쟁과 관련한 많은 작품을 창작했다. 6・25로 표상되는 분단의 비극이 어디서 연유하는가를 확인하고 있는『카인의 후예』(1954), 전쟁의 폭력성을 고발하고 그 상처의 극복 가능성을 인간애에서 찾고 있는『인간접목』(1955), 『나무들 비탈에 서다』(1960) 등 장편을

---

12) 이에 대해서는 황순원의 전생애의 문학적 이력을 살피고 있는 김종회의 「문학의 순수성과 완결성, 또는 문학적 삶의 큰 모범」,『문학과 예술혼』, 문학의 숲, 2007, 88쪽 참조.

비롯해서 전쟁기를 배경으로 하거나 전쟁 후유증을 다룬 단편을 다수 싣고 있는 단편집 『곡예사』(1952), 『학』(1956), 『너와 나만의 시간』(1960) 들이 그 예다.13)

같은 분단소설 계열이라 할 수 있는 작품 중에서도 「참외」(1950), 「아이들」(1950), 「메리 크리스마스」(1950), 「어둠속에 찍힌 판화」(1951), 「곡예사」, 「부끄러움」(1954) 등 6편은 작가 황순원이 자기 가족의 피난 생활을 직접 다루고 있는 작품인데, 이 중 휴전 이듬해 발표한 「부끄러움」을 제외한 나머지 5편은 실제 피난을 경험하던 당시에 창작하고 발표한 작품이다. 「참외」는 처음 6·25가 발발해 점령군 치하가 되었을 때 먼저 광주 일원리(현 서울 강남구 일원동)로 피난 가 있던 어머니가 아직 피난 전인 작가의 집을 찾아온 사연을 담고 있다. 이에 반해 나머지 「곡예사」 외 3편은 모두 1·4후퇴 때 피난 간 대구 또는 부산을 무대로 하고 있는 소설이다(〈표 4〉 참조).

〈표 4〉 황순원의 피난 체험 소설과 작중 무대

작 품	발표(창작)일	피난지
「아이들」	1950.12	부산
「메리 크리스마스」	1950.12	대구역
「어둠속에 찍힌 판화」	1951. 2	대구 공평동
「곡예사」	1951. 5	부산 토성동 경남중학교 뒤(거주), 보수동(직장:학교), 자갈치시장

「아이들」은 부산에 피난 가서 처음 바다를 본 한 아이의 천진한 소감, 아버지의 종군 기념 전리품인 철모와 권총으로 무장하고 미군 보초에게

---

13) 장현숙은 황순원의 문학을 연대별로 크게 제5기로 나누고 있는데, 6·25와 관련된 깊은 작품들이 주로 제2기(1950~1955)에 발간된 작품집에 게재되어 있다고 설명하고 있다. 『황순원 문학연구』, 푸른사상, 2005. 156쪽 참조.

"손들어" 하고 고함을 쳐서 웃음을 준 한 아이의 재미있는 행동 등 피난지에서 경험한 "사랑스러운 어린애들의 구김살없는 생활"을 서술한 짧은 소설(원고지 6장 분량)이다. 전쟁과 피난으로 각박한 환경에 처한 친구(김형, 오형)네 집 아이들이 보인 철없는 언행을 연민의 감정으로 기술하며 잠시나마 위안을 찾는 같은 피난민인 작가의 심리가 그대로 드러나고 있다.

「메리 크리스마스」는 1·4후퇴(실제로는 1950년 12월 중순) 때 피난 간 가족들 뒤를 따라 부산으로 간 작가가 가족이 도중에 내려 정착했다는 대구로 가서 크리스마스 새벽을 맞은 체험을 담고 있다. 부산에서 서울 가는 군용버스를 얻어 타고 경주, 영천을 거쳐 하양에서 1박을 하고 새벽 일찍 대구에 당도한 작가는 목적지인 공평동을 찾기 위해 대구 역 앞으로 간다. "역건물 담을 끼고 피난민들이 쭈욱 자리잡고 있는 것"을 보며 역 광장을 가로지르던 작가는 광장 한가운데에 찬란한 크리스마스 트리가 꾸며져 있는 것을 보고 감동한다. 이때, 크리스마스 트리 밑 뒤쪽에서 갓 낳은 아기와 거적때기를 깔고 자리한 채 트리 아래 펴놓은 솜눈을 긁어 거적때기 속으로 밀어 넣고 있는 산모를 보게 된다. 극한 상황에서 출산까지 한 여인의 본능적인 생명력과 모성 앞에서 충격과 죄책감에 젖은 작가의 내면이 잘 드러난 3천 자 분량의 짧은 소설이다.

「어둠속에 찍힌 판화」는 대구에서 피난살이를 시작한 작가가 먼저 살던 어느 '변호사댁 헛간'을 비워주고 가까운 집 '한간짜리 뜰아랫방'에 이사와 지낼 때 주인집 사내와 술 대작을 한 체험을 담고 있다. 사냥꾼 출신 집주인은 자신의 사냥 체험을 화제로 삼은 술자리를 즐기면서 작가에게 자기 부부의 특별한 관계를 들려준다. 데려온 아이 하나밖에 없는 부부가 아이를 갖지 못하게 된 것이 사내의 동물적인 수렵 습성에 대한 안주인의 거부감이 커진 탓이었고, 그 때문에 아내가 사내의 사냥 도구를 모두 내다버린 상황이다. 그러나 주인은 사냥 총알을 보관하는 남색

상자만을 숨겨두었다가 매번 아내 몰래 다른 은닉처를 찾는 중이다. "한 사람의 중년사내가 조그만 상자 하나를 안고 그것을 감출 적당한 장소를 찾아 이리저리 헤매고 있는 한 장의 판화"로 각인된 피난지에서의 한때를 스토리화해서 거주할 곳 없이 거리를 헤매는 피난민 신세의 자기 처지를 암시하고 있는 단편소설이다.

「곡예사」는 대구에서 화재로 뼈와 가죽만 남은 재판소 옆 모 변호사 댁 헛간 생활로 시작한 수삼차의 남의 집 생활을 마감한 작가의 가족이 부산으로 옮겨서는 작가의 가족이 세 부류로 흩어져 살게 된 피난 체험을 다루고 있다. 큰 화양식 저택에 딸린 다다미 여섯 장 방에 "애 셋인 처제네"에 "애 둘을 가진 부인네"가 동거하는데 "끝의 두 애와 아내"만을 들여넣고, "큰애 둘은 한간방에 여섯 식구가 들어있는 외가집으로 보내고", 작가 자신은 다다미 열 장 방에 부모를 포함 "두합 식구가 무려 열아홉"인 집에서 지내는 '이산가족' 상황이 되었는데, 곧바로 처제네 방을 비워야 하는 절박한 상태가 되어 있었다. 아무런 대책도 마련하지 못하고 식구들은 일상처럼 가족 상봉을 하고 있고, 어두운 밤길을 함께 걷는 아이들이 낮 동안 미군들한테 불법으로 행상한 일을 흉내 내며 떠벌리다 노래를 다투어 부른다. 식구들의 이런 서글픈 '곡예'를 이끄는 가장인 작가는 자신의 신세를 '곡예단의 단장'이라 빗대며 독자를 향해 짐짓 '내일의 곡예'를 기대하라고 눙친다. 이 단편소설은 전쟁을 당해 자기 가족을 책임질 수 없게 된 피난민 가장의 비참한 형편을 해학적으로 그려내면서 아이들의 순진무구한 심성을 통해 극한 상황을 극복하는 '희망의 가능성'을 제시한 작품으로 평가받는다[14](이상에서 " "는 작중에 서술된 말임. 아래도 같음).

---

14) 유종호, 「겨레의 기억과 그 전수」, 『동시대의 시와 진실』, 민음사, 316쪽. 이 글에서 유종호는 "신변의 경험담을 대폭적인 허구적 윤색 없이 담담하게 적고 있는" 위 「곡예사」 외 3편 같은 작품도 황순원의 경우에는 '소홀치 않음'을 평가하면서 특히 「곡예사」는 "이런 계열의 작품 가운데서 가장 감동적인 완벽한 단편"이라 상찬하고 있다.

「참외」를 포함, 위 작품들은 황순원의 피난 체험을 실제적으로 파악하게 해 준다. 물론 위 작품들은 자전소설이라 해도 어디까지나 픽션이므로 얼마간 허구가 가미될 수밖에 없었을 것이다. 그런데 황순원은 이례적으로 「곡예사」 외 3편 등을 함께 수록한 소설집 『곡예사』 말미에 '책 끝에'(전집2, 251~252쪽)라는 이름으로 수록작들에 대한 창작 소회를 밝히고 있다. 이를테면 「메리 크리스마스」는 1·4후퇴 때 기차로 피난하는 중에 "눈 비 섞어 내리는 어슬막"에 "한 여인이 기차 지붕 위에서 애를 낳"는 걸 보았고, "크리스마스날 새벽, 대구 역전에서 크리스마스트리를 대하자" 기차 지붕 위에서 본 해산을 '크리스마스트리' 밑에서 일어난 일로 상상한 것이라 밝히고 있다. 또 「어둠속에 찍힌 판화」에 등장하는 주인 사내가 사냥꾼이고 "막걸리 잔을 사이에 놓고" 6·25전쟁 얘기나 사냥 얘기를 나눈 일이며, 그 집에 아이가 없다는 것 등은 사실의 일인데, 실제 작품을 쓰게 된 것은 그 사내가 친구와 어린 노루 한 마리를 쏘아 온 것을 보고 나서라고 밝혔다. 또한 「곡예사」에서도 "변호사댁 헛간에서 쫓겨난 우리 초라하기 짝이없는 황순원 가족 부대는 대구 시내를 전전하기 수삼차 드디어 삼월 하순 부산으로까지 흘러내려오게 되었다" 식으로 작가 자신이 실제 겪은 일을 작중 상황으로 전개하면서 실명 황순원을 드러내고, 작중 작가의 자녀들 이름을 실제 이름(1남 동규, 2남 남규, 1녀 선혜, 3남 진규)에서 각각 앞 한 글자를 따 '동아, 남아, 선아, 진아'라 작명해 두었다. 이 「곡예사」에 대해서는 "이것을 쓰면서 나는 나 개인의 반감, 증오심, 분노 같은 것을 억제하기에 저으기 노력해야만 했다"라는 창작 소회를 달았다. 이런 여러 상황을 고려할 때 이들 작품에 나타난 작가 가족의 피난 행로는 작가 황순원의 실제 상황 그대로라고 해도 무리가 없다고 할 수 있다.

「참외」에 따르면 황순원은 6·25가 발발했을 때 처음에는 피난을 가지 않았다. 그러다 경기도 광주 일원리의 제자 집으로 "부모님과 둘째동생네 식구와 셋째동생", 그리고 "큰놈 둘쨋놈도 같이 따라 보냈다"(전집 3「참외」참조). 그해 9월까지 동안에 작가 자신이 실제로 피난 간 것은 「참외」의 작중 상황 이후에 일로 추정된다. 본격적인 피난은 역시 1·4 후퇴 때 경험한다. 그해 12월 중순, 둘째 처남댁과 함께 처와 자식(3남 1녀)을 트럭에 태워 부산으로 피난 보낸 황순원은 며칠 뒤 기차로 부산으로 따라간다. 그러나 약속과는 달리 피난 도중에 대구에 내린 식구들을 찾아 부산에서 다시 대구로 가게 된다. 아래 인용문은 그렇게 시작된 석 달여의 대구 생활과 이어진 부산 이주 과정을 세세하게 알려준다.

> 내가 찾아가는 곳은 공평동이라는 데였다. 거기에 서울서 먼저 피난 내려보낸 아내와 애놈들이 와있는 것이다. 서울서의 약속은 부산서 만나기로 한 것인데 아내가 대구까지 가 본즉 모든 물가가 부산은 대구에 비겨 곱이나 된다는 바람에 생각한 끝에 예서 내렸다는 것이다. 이것을 나는 며칠 뒤에 기차로 부산까지 와서 그때 아내와 같은 트럭으로 내려온 둘쨋처남댁한테 전해 들었다.
> ─「메리 크리스마스」, 전집 2, 184쪽[15]

> 서울서 먼저 가족들을 내려보내고 뒤떨어져 부산에 와 보니, 내 직속 가족들은 대구서 떨어졌다는 것이다. 대구가 부산보다 물가가 싸다는 것으로 해서. 크리스마스날 나는 대구로 올라갔다. 그때 아내와 애들이 들어있는 곳이, 화재로 인해 뼈와 거죽만 남은 재판소 옆, 모 변호사댁이었다. 굉장히 큰 저택이었다. 이 저택을 둘러싸고 있는 또 상당히 넓은 뜰 한구석에 끼어있는 헛간이 내 사랑하는 아내와 귀여운 자식들의 방이었다.
> ─「곡예사」, 전집 2, 197쪽

---

[15] 『황순원전집』 권2(문학과지성사, 1989)에 수록된 작품을 뜻하며, 이 글에서는 모두 이와 같은 방식으로 출처를 밝힘.

우선 이사가는 곳이 가까워서 다행이었다.
그만하면 방도 깨끗한 편이었다. 한간짜리 이 뜰아랫방이 먼젓번 변호사댁 헛간보다도 작은 것이 좀 안됐다. 그러나 할 수 없는 일이다. 그리고 이 방에는 전등을 끌어들인 흔적이 없었다. 그것도 별수 없는 일이다. 헛간에서 살 때와 마찬가지로 해 있어 저녁을 해치우면 그만인 것이다.

— 「어둠속에 찍힌 판화」, 전집 2, 187쪽

(…전략…) 생각다못해 우리는 분산해서 숙박하기로 결정을 했다. 나는 다다미 열 장 방에 세 가구(그 도합 식구가 무려 열아홉명)가 들어있는 부모가 계신 남포동으로가 어떻게든 끼어 자기로 하고, 큰애 둘은 한간방에 여섯 식구가 들어있는 외가집으로 보내고, 끝의 두 애와 아내는 하는수없이 그냥 처제네 방으로 갔다.

— 「곡예사」, 전집 2, 201~202쪽

식구들을 따라 부산으로 간 작가가 다시 식구들이 있는 대구로 가기 위해 서울 가는 군용트럭을 얻어 타고 대구에 닿은 것이 크리스마스 새벽이다. 식구들이 산다는 공평동의 위치를 알기 위해 대구역으로 간 작가는 대구역 광장에 세워져 있던 크리스마스 트리 아래 거적때기를 깔고 갓난아기와 지내던 산모를 본다. 이 체험을 쓴 소설이 「메리 크리스마스」이다.

황순원은 대구에서 "수삼차" 집을 옮겨다녔다. 처음 머문 모 변호사 집 헛간에서는 식사와 빨래에 배변까지도 시·공간을 제약당하는 불편을 겪으며 지낸다. 이런 체험은 「곡예사」에서 식솔을 거느리고 부산으로 옮기기 전 상황으로 기술되어 있다. 부산으로 옮기기 전 대구에서 수삼차 옮겼다는 집 중의 하나가 「어둠속에 찍힌 판화」에 작중 배경이 된 사냥꾼 사내 집이다. 이후 다른 집 한두 곳을 더 전전한 뒤에, 부산으로 옮긴 것이 1951년 삼월 하순이다. 이 이후 가족이 세 집에 흩어져 살며 "반감, 증오심, 분노" 같은 것을 견딘 주서 체험이 「곡예사」에 석나라하게 담겨 있다.

이들 작품을 통해 밝힐 수 있는 작가 황순원의 피난 일정은 〈표 5〉에서 보는 바와 같다.

〈표 5〉 작중에 나타난 황순원의 피난 일정

일 자	체험내용
1950. 7~8.	부모 형제 먼저 경기도 광주 일원리로 피난, 이후 일시 피난 합류 추정
1950. 12. 중순	서울에서 처자식들, 둘째처남댁 식구와 트럭으로 부산 향발
1950. 12. 중순	며칠 뒤 황순원이 기차로 부산 향발
1950. 12. 중순 이후	그 사이 처자식들 대구에 정착
1950. 12. 25. 새벽	부산에 닿은 황순원이 처자식을 찾아 대구로 감, 대구역 광장 크리스마스 트리 밑에서 지내는 산모를 봄.
1951. 1.	대구 공평동 재판소 옆 어느 변호사댁 헛간에서 식구들 기거
1951. 1.	변호사 집에서 "쫓겨나" 가까운 전직 사냥꾼 집 한 간짜리 뜰아랫방에 기거
1951. 3. 하순	여러 집 거쳐 부산으로 이사
1951. 3. 하순	남포동 부모가 기숙하는 집(황순원), 토성동 경남중 뒤 모 변호사 집 처제네가 기숙하는 집(아내와 아래 1녀 1남), 외가(위 2남) 등으로 가족 이산
1951. 3. 하순 이후	보수동 보수공원 임시 교사(서울중)에서 교사 생활

4. 문학공간 의미화의 예

  주지하다시피 황순원은 1915년 평양에서 가까운 평안남도 대동군에서 태어나 성년이 될 때까지 평양 일대에서 살며 성장했고, 일본 동경에서의 유학 생활(1934-1939년, 만 24세까지), 평양과 서울에서의 교사 생활(1939~1946년, 만 31세까지; 1946-1957년, 만 42세까지)과 교수 생활(1957년부터 20세기말까지) 등으로 삶을 이어갔다. 남북 분단이 고착되면서 서울살이를 할 때는 회현동 → 남현동 → 잠실 → 여의도 → 안양 → 청량리 → 대림동(안양은 경기도, 다른 지명은 모두 서울) 등이 주 거주지였다. 만 85세 인생 전반을 놓고 보면 1/3은 평양 일대에서 2/3은 서울 일원에서 거주했다고 볼 수 있다. 이 중 동경 생활 3년과 대구, 부산에서의 피난 생활 3년이 특기할 만한 공간적 체험이라 하겠다.

  이들 황순원의 소설(단편 104편, 중편 1편, 장편 7편)의 작중 무대는 서울, 북한 지역, 3·8선 지역 등 다양하다. 대표적으로 장편 『신들의 주사위』, 『움직이는 성』 등의 무대는 서울, 장편 『카인의 후예』, 단편 「목넘이마을의 개」 등의 무대는 평양 등 평안도 일원, 단편 「학」, 「목숨」 등의 무대는 3·8선 지역 등이라 할 수 있다.

  1952년 10월 피난지 부산에서 창작, 이듬해 5월 발표, 1956년 소설집 『학』에 수록, 1966년 제2차 교육과정 국어 교과서에 게재된 후 2011년 현 제7차 교육과정 국어 교과서에까지 지속적으로 수록 등의 이력을 쌓아 '교과서 정전'의 지위를 얻고 있다[16]고 평가되는 「소나기」에 작중 무대에 대해서는 특별히 짚고 넘어가야 할 사연이 적지 않다. 이 작품은 산업화 이전 우리나라 산골 마을을 무대로 하고 있는데, 그 무대를 실재

---

16) 김동환, 「초본(初本)과 문학교육 - 「소나기」를 중심으로」, 『문학교육학』 제26호, 한국문학교육학회, 2008.8, 280쪽.

하는 어떤 구체적인 장소라고 지정해서 이해하는 것이 작품의 본질적인 해석에 큰 도움을 준다고 보기는 어렵다. 한 연구자에 따르면, 작가가 생전에 「소나기」의 배경이 된 개울이 실제 고향의 어느 마을에 있던 것이라 밝혔다고 한다.17) 반면, 작중인물의 대화투, 특히 소년 부모의 말투를 통해 보면 그 농촌은 서울 경기권의 시골이라 짐작할 수 있다. 또한, 작중에 명기된 특정 지명 '양평읍'은 이 작품의 무대를 새롭게 유추하게 한다.

윤초시네 증손녀인 '소녀'와 농부 아들인 '소년'이 며칠 동안 맺은 사랑의 인연을, 주로 소년의 자리를 통해 묘사하고 있는 「소나기」에서 '양평읍'이라는 지명이 명기된 대목은 다음과 같다.

> 소년은 갈림길에서 아랫쪽으로 가 보았다. 갈밭머리에서 바라보는 서당골 마을은 쪽빛 하늘 아래 한결 가까워 보였다.
> 어른들의 말이, 내일 소녀네가 양평읍으로 이사간다는 것이었다. 거기 가서는 조그마한 가겟방을 보게 되리라는 것이었다.
> ― 「소나기」, 전집 3, 20쪽

윤초시 손자(소녀의 아버지)가 서울에서 사업에 실패하고 고향에 와 있다가, 이번에는 고향집마저 내놓게 되어, 양평읍으로 이사를 가게 된 사정이 드러나고 있는 대목이다. 여기에 표기된 '양평읍'을 실제 우리나라 지역에서 당장 떠올릴 수 있는 중부권의 지명은 현 경기도 양평군에 속한 양평읍이 유일하다. 그렇게 되면, 소녀네가 양평읍으로 이사 가기 직전 상황인 소설상에서 현재적 공간은 양평군 관내의 어떤 작은 면 마을

---

17) 장현숙은 같은 책 175쪽에 스승 황순원의 강의 시간(1980.5)에 작가에게 "「소나기」에 나오는 '개울'은 내 고향에 있는 농머리(龍머리)를 배경으로 한 것"이며 피난 중에 "「곡예사」에서 보여주던 전쟁의 상처와 갈등에서 벗어나고 싶어서 쓰게 된 작품"이라는 말을 들었다고 밝히고 있다.

로 해석될 수도 있다.

「소나기」의 작중 무대가 '양평읍'을 인근에 둔 서울 근교의 농촌 마을이라는 이러한 해석을 근거로 실제 경기도 양평군에는 작가 황순원과 작품 「소나기」를 기리는 문학테마파크 '양평군 황순원문학촌 소나기마을'이 건립(2009.6)되어 문학관 유형의 기념공간으로서는 보기 드물게 많은 내방객을 맞고 있다.[18]

5. 피난 공간의 의미화 과제

바슐라르가 "내가 있는 공간, 나는 바로 그것"이라는 한 시인의 시구를 찬양한 바 있거니와[19] 사람에게 공간은 생존의 터전이자 증거다. 문학작품에서도 작중 공간은 사건이 발발되는 구체적인 토대가 되어 사실감 부여, 작중 분위기 형성 등의 효과를 얻는 데 기여할 뿐 아니라, 인물과 사건의 절대 조건이 되기까지 한다. 그 공간은 또한 작품을 읽는 독자가 구체적 실감으로 그 작품을 느끼게 하는 도구이자 작품을 해명하는 중요한 통로가 된다. 작품을 통해 작가와 독자가 소통하는 데 작중 공간이 가져다주는 실재감의 기여는 이처럼 지대한 것이다. 이 점에서 그것은 작가나 독자가 의사소통하는 '문화적 기억공간'으로 그 의미가 확장된다.[20]

---

18) 이 책 제1부 첫째 글; 박덕규, 「문학공간의 명소화(名所化)와 문화산업화 문제」, 『한국문예창작』 통권 제16호, 한국문예창작학회, 2009.8, 204~209쪽 참조.
19) 가스통 바슐라르는 『공간의 시학』(곽광수 옮김, 동문선, 2003, 255쪽)에서 노엘 아르노의 시집 『초벌 상태』(파리, 1950)의 한 구절을 빌려 인간에 있어서의 공간의 절대적인 의의를 강조했다.

특히 산업화 이후의 소설에서 이러한 공간에 대한 감각은 더욱 구체화되어온 것으로 설명되고 있다.[21] 전쟁기 소설의 경우, 작중 공간은 인물의 이동과 행동 영역에 결정적인 영향을 주는 환경의 핵심요소가 되는 사례가 많기 때문에 그 의미가 각별하다 할 수 있다. 이 논문에서 주로 다루고 있는 황순원의「곡예사」등에서의 피난 공간은 작중의 공간적 배경에 그치지 않고, 현실의 작가가 지나고 거치고 머문 실제의 공간이다. 피난 중의 작가는 이 작품들을 통해 전쟁으로 집을 두고 재산도 지니지 못한 채 피난지에서 남의 집 헛간 같은 데서 살아야 했던 자신의 치욕적인 상황을 드러내고 있다. 작가가 이런 작품을 쓰면서 전쟁 피난민 가족을 이끄는 무력한 가장으로서 느낀 "개인의 반감, 증오심, 분노 같은 것"까지도 작품의 실제 무대인 문학공간에 대한 구체적 감각과 더불어 이해되면서 더욱 뜻깊은 독서 체험을 안겨준다.

「메리 크리스마스」에서 12월 25일 새벽에 크리스마스 트리 밑에서 갓난아기를 품은 산모가 트리의 솜눈을 손으로 그러모으던 대구역 광장, 식구들이 살았던 대구 공평동 재판소 부근 집,「곡예사」에서 곧 쫓겨날 처지에 놓인 황순원이 처자와 함께 걷던 부산 부성교 근처 개울가와 쫓겨날 식구들이 머물 집을 얻기 위해 학생들에게까지 아쉬운 얘기를 꺼내며 재직한 보수동 서울중학교 임시 교사, 그리고「부끄러움」의 배경이자

---

20) 한원균은 「문학공간」(『비판과 성찰의 글쓰기』, 청동거울, 2005, 70~71쪽)에서 A. 아스만이 '장소성을 두드러지게 가진 공간은 기억을 구체적으로 지상에 위치시키면서 그것을 공고히 하고 증거할 뿐 아니라 단기적인 기억을 능가하는 지속성을 구현한다'는 설명(변학수 외 역, 『기억의 공간』, 경북대출판부, 2003, 392쪽)을 받아들여 문학작품이 수용된다는 것은 작가와 독자 간에 어떤 기억에 대한 동질성이 확보된다는 뜻이며, 그때 문학공간은 '그 기억을 보전, 재생산하는 역할을 담당하는 문화적 기억 공간'이 된다고 말하고 있다.
21) 데이비드 로지는 『소설의 기교』에서 현대소설의 중요한 전략적 기교의 하나를 '장소의 감각'을 들고 18세기 소설과 19세기 소설을 비교하면서 산업혁명기를 거치면서 구미권의 문학도 "환경이 인간에게 미치는 영향"과 "풍경의 숭고미"에 대해 생각하는 데서 나아가 "산업사회의 도시풍경의 음울한 상징성"에도 눈을 떠서 오염된 도시를 구체적으로 다루게 되었다고 설명하고 있다(김경수 옮김, 역락, 2010, 101~102쪽).

김동리의 「밀다원시대」의 주무대인 광복동 다방 거리 등은 서글픈 피난민 가족의 가장으로서의 황순원의 숨결이 묻어 있는 곳이다.22)

일반적인 의미에서 관찰해온 전쟁문학의 배경에 비해 「곡예사」 등에서의 피난 공간은 상대적으로 미시적인 관점의 대상이라 할 수 있다. 그러나 그것에 대한 가치 부여는 들뢰즈 식으로 말하면 '탈속령화(脫屬領化)'되는 움직임의 하나다.23) 황순원 작가 개인으로는 말할 것도 없고 6·25를 시대적 배경으로 하는 어떤 분단소설에 비해서도 이 공간처럼 구체적이면서 '숨어 있는' 공간은 드물다. 이렇듯 무수히 많은 '숨은 것들'을 말하기 위해 이 글은 세계전쟁과 6·25를, 분단소설과 전쟁기 소설의 계보를, 그리고 「소나기」와 '소나기마을'의 연관성을 훑으며 이 숨은 작은 공간을 드러냈다. 황순원은 대구를 거쳐 부산에 머무는 이 피난 공간에서 공표된 것만으로도 20편 가까운 단편소설을 창작했는데, 그 중 「곡예사」, 「소나기」, 「학」 등은 20세기 한국을 대표하는 명작 단편으로 꼽히고 있다. 대구와 부산은 6·25 때 피난민이 몰려와 지내던 곳이다. 피난민이 살던 흔적 자체가 그러하거니와 그 중에서도 식솔을 거느리고 대구로 부산으로 피난 생활을 하면서 교사 생활을 하고 쉼 없이 작품 활동을 한 황순원의 문학공간은 전쟁의 치욕과 분단의 비극을 반성적으로 성찰하게 하고 평화와 화해, 화합과 융합으로 가는 교훈적 증거로 이해해야 할 것이다.

나아가, 작가의 생장지, 작품의 무대 등의 문학공간이 '지역문화의 창조적 재구성'이나 '도심재생의 주요 거점화'라는 21세기 문화시대의 과제

---

22) 필자는 한 지역 세미나에서 「메리크리스마스」의 실제 공간이 대구역에 소설에서처럼 크리스마스 트리를 재현하자는 등으로 황순원의 문학의 피난 공간을 구체적으로 의미화하는 방향을 제시한 바 있다. 박덕규, 「도심재생과 스토리텔링」, 『살고 싶은 도시 만들기 및 재단설립 1주년 기념 포럼-도심재생문화재단의 위상과 도심재생전략』, (재)대구 중구 도심재생문화재단, 2009.10.23, 41쪽.
23) 질 들뢰즈·펠릭스 카타리, 「서론: 리조옴」, 미셸 푸꼬 외, 이정우 편역, 『구조주의를 넘어서』, 인간사, 1990, 172~173쪽 참조.

와 크게 관련된다고 보면, 전쟁기 체험 소설의 작중 배경으로서의 공간은 인류가 일으킨 전쟁을 반성하고 지구촌의 화합을 지향하게 하는 교훈적 거점이라는 새로운 의미로 이해될 수 있다. 특히 60년 분단을 겪어오면서 남북 화해와 융합의 시대를 열어가고 있는 이즈음에 그 화해의 시발점이라는 실제적 명분도 당당하다. 또한 기왕에 황순원 문학을 대표하는 명작 「소나기」의 가상적 실제 공간인 '양평군 황순원문학촌 소나기마을'로 재현되었으니 이를 거점으로 그 문화적 영역을 한반도의 남쪽 끝까지 확장한다는 의미를 확보할 수 있다. 이는 앞으로 다가올 통일 이후, 그 공간을 황순원의 고향인 평양 일대까지 넓히는 단계까지 계획하는 가슴 벅찬 일이기도 하다. (2011)

문학공간의 문학관 조성과 지역문화콘텐츠
- 이문구와 김주영의 문학을 중심으로

1. 문학, 문화콘텐츠가 되다

그림, 노래, 영화, 뮤지컬, 드라마 같은 이른바 시청각 예술품의 가치를 경매나 판매 수치, 흥행 실적, 시청률 등으로 따지는 풍토를 반성 없이 수용하고 있는 추세다. 21세기를 맞을 무렵부터 '문화'가 삶의 정체성과 방향성을 규정할 때 빼놓을 수 없는 항목으로 급부상되면서 문화의 주요 인자인 이들 예술품들 또한 각광받는 소비품목이 된 것이다. 정부의 정책이나 언론과 수많은 유형의 사회집단에서 두드러지게 사용하는 '문화콘텐츠'라는 용어도 이들 예술품들에게서 핵심적인 용례를 제공받은 것이다. 이제, 예술품이 각각 하나의 문화콘텐츠로서 문화산업의 생산-소비 라인의 중심에 서 있음을 부정하기 어렵게 되었다.

그런데 문화콘텐츠로 불리는 이들 시청각 예술품과 넓은 범주에서 같은 유의 예술품에 속하는 문학작품을 이 문화콘텐츠의 자리로 옮겨놓는 일은 아직 익숙하지 않은 것처럼 느껴진다. 문학작품을 문화산업의 개념에서 논의하고 이해하는 일은 여전히 불편하고 껄끄럽다. 문학작품을 돈으로 환산하는 태도는 베스트셀러 집계를 즐겨하는 서점이나 출판사 등의 도서 생산 유통 기관이나 인기인을 좇는 신문기사에서나 익숙할 뿐, 우리의 문학에 대한 인식은 책이 잘 팔리는 정도에 관련 없이 그 작품의 절대적 가치에 대한 존경심을 버리지 않는 자리에서 여전히 구축되고 있다. 우리는, '잘 팔리는' 문학작품보다 그 질적 가치가 훨씬 높은 '안 팔리는' 문학작품을 얼마든지 확인하고 자랑할 수 있다.

문학작품의, 또는 문학작품에 대한 인식의 이러한 측면은 두 가지 양면적인 결과를 낳게 된다. 하나는 그것이 문화산업의 생산-소비 라인의 주요 핵심부품인 문화 콘텐츠가 되기를 스스로 거부함으로써 대중들의 소비 대상에서 날로 제외되고 있다는 점이다. 이로써 뛰어난 작품인데도 팔리지 않고 그래서 그 작품의 작가는 창작이라는 신성한 노동의 대가로, 다른 이들이 노동을 해서 가져가는 만큼에 비해 수입을 제대로 챙기지 못하는 결과가 영속됨으로써 결국은 좋은 문학작품이 고사되는 상황을 속수무책으로 맞아들여야 한다.

반면에 또 하나는, 바로 그런 측면 때문에 문학작품은 그 가치가 더욱 빛날 수 있게 되고, 순수한 미와 형이상의 세계를 궁구하는 인간만의 특별한 정신적 지향의 실제적 증거로 또렷이 부각된다는 점이다. 이 경우 그 작품은 감히 돈으로 계산할 수 있는 세속적인 물품이 아니라는 인식이 전제되면서, 인간이 어떤 값을 주고도 반드시 소비해야 할 가장 비싼 소비 품목이 된다는 역설이 완성된다. 각종 미디어에 활용되는 무수한 광고카피가 자본의 욕망과는 가장 거리가 먼 '시'를 닮으려 애를 쓰고 있고, 영화와 게임이 소설의 역사가 구축해 놓은 스토리와 캐릭터를 얻어가기에 급급한 사례 등은 인간이 얼마나 '문학'을, 적어도 '문학적인 것'을 원하고 있는지 단적으로 보여준다.

문제는 문학작품의 순수 지향성과 그 작품에 대한 수요 행위가 원만

한 순환구조를 이루지 못한다는 데 있다. 쉽게 말하면, 문학은 삶의 현장을 외면하면서 보편성을 잃고 고립과 소외를 자초하고 있고, 그 때문에 점점 문학의 순수성을 추적하고 수용하기 힘겨워진 대중들은 가짜의 문학 순수성을 적당히 가져다가 진짜인 것처럼 위장해서 팔고 소비하는 데 익숙해졌다. 우리가 주목해야 할 것은, 문학작품의 창작과 수요의 순환구조에 관한 것이다. 문학은 현실을 관통하면서 그 순수성을 빛내야 하고, 대중은 그 진정성을 제대로 발굴해 향수할 수 있어야 한다.

이제, 작가가 원하건 원하지 않건, 또는 문학작품이 내적으로 거부하고 있건 그렇지 않건 그 작품은 이미 저절로 문화산업이라는 메커니즘 안에서 관리되고 조정되는 '문화콘텐츠'로 자리한다는 인식에 투철해질 필요가 있다. 문학은 더욱 문학다워지고, 그러한 문학다운 문학은 돈으로 가치가 결정되는 세상에서 절대적으로 높은 가치를 부여받을 수 있어야 한다. 나아가 좋은 문학작품을 좋은 문화콘텐츠로 이어가 지역문화가 살고 지역경제가 사는 방안이 거듭 마련되어야 마땅하다.

2. 문학작품과 문학공간의 문화콘텐츠화

산업사회 이후 대중들은 인쇄물을 통해 많은 정보와 지식을 쉽게 공유할 수 있게 되었다. 다수 대중이 원하는 정보와 지식이 집적된 인쇄물은 그렇지 않은 인쇄물에 비해 상대적으로 대량생산이 용이하게 됨으로써 많은 이익을 얻을 수 있다. 그때 그 이익은 정보 제공자(즉 작가)나 인쇄업자, 인쇄물 유통업자 등에게 분배된다. 산업사회를 거치면서 문학작품도 대량생산되는 인쇄물로 자리잡게 되었고, 이에 따라 문학이라는 정보와 지식을 제공하는 작가는 책의 판매량에 맞추어서 이익이 상승되게 되었다. 오늘날 문화산업의 개념에서 보면 문학작품은 책이라는 미디어로 재탄생되면서 이미 하나의 문화콘텐츠가 되어 있었던 셈이다.

여기서 최근 충남 보령에서 문학관 건립을 추진하고 있는 이문구의 문학을 예로 들 수 있다. 이문구의 문학은 이미 상당한 분량의 문화콘텐츠로 존재해 있었다. 그의 문학작품은 총 27권의 전집으로 정리되어 있는바, 거칠게 말해 총 27개의 원천 문화콘텐츠가 되어 있다고 볼 수 있다. 이 중에는, 대표작「관촌수필」연작처럼 1977년 12월 초판(문학과지성사 간)이 발행된 이후 판과 쇄를 거듭해 생산되어 온 장기 인기 콘텐츠도 있고, 『매월당 김시습』(1992년 초판, 문이당 간)처럼 집중적으로 화제가 되어 몇 달 동안 베스트셀러가 된 콘텐츠도 있으며, 『내 몸은 너무 오래 서 있거나 걸어왔다』(2000년 초판, 문학동네 간)처럼 문학상을 높이 인정받아 국내 유수의 문학상(동인문학상)을 수상하면서 거액의 상금으로 부가적인 이익을 올려준 콘텐츠도 있다(이 외에도 한국창작문학상, 흙의 문학상, 펜문학상, 만해문학상 등 문학상을 수상한 사례는 10여 건에 달한다. 물론 기대한 만큼의 대중사회의 반향을 얻지 못한 콘텐츠도 있다).

이 중에 어떤 작품은 다른 장르의 작품으로 재창작되어 발표되기도 했다. 한 편의 작품이 여러 장르의 작품으로 거듭나는 것을 '문학작품의 원소스 멀티유즈화'라 설명할 수 있거니와, 이문구 문학의 경우 '우리 동네' 연작이 1989년 KBS-1TV에서 6개월간 같은 제목으로 드라마화되어 방영되고, 다시 1993년 SBS-TV에서 50부작의 『친애하는 기타 여러분』으로 극화 방영된 사례가 대표적이라 하겠다. 1992년에는 SBS-TV에서 「관촌수필」을 30부작 드라마로 제작해 방영하기도 했다. 또 1989년에는 극단 사조에서 「암소」를 극화해서 대한민국연극제 출품작으로 공연하기도 했다.

한편 1988년 초판된 동시집 『개구장이 산복이』(창작과비평사 간)는 그 자체로도 쇄를 거듭하는 스테디셀러로 독자들에게 사랑을 받아왔는데, 2002년 작곡가 백창 우에 의해 악보집 『이문구 동시에 붙인 노래들』과 음반 CD, 『개구쟁이 산복이』 『울보 자숙이』가 제작되고부터(보림 출간, 출반) 많은 어린이들이 부르는 동요로도 사랑받고 있다(동시집은 2006년 완간 전집 중 3권을 차지하고 있다). 백창우는 이 노래들을 자신의 공연과 강연의 주요 테마곡으로 삼고 여러 지역에서 활동하면서 다채롭게 활용하고 있다. 이문구의 문학은 이처럼 책 외에도 방송 드라마와 연극, 그리고 음반이라는 콘텐츠로 가공되어 대중에 가까이 다가갔고, 또 그런 만큼 부가적으로 이익을 창출할 수 있었다.

여기서 경북 청송에서 추진하고 있는 김주영의 객주문학테마타운 조성이 추진되고 있는 김주영 문학을 추가로 예로 들 수 있겠다. 지금까지 김주영의 작품은 『객주』 9권, 『화척』 5권, 『활빈도』 5권, 『야정』 5권을 비롯해서, 중단편전집 3권, 기타 장편 『홍어』 『아라리 난장』 등 6종 등 책 권수만으로 따져서 40권에 육박하고 있다. 어떤 작품은 학생층에서부터 읽어야 할 필독서가 되기도 했고, 여러 작품이 대산문학상 등 국내 최고 권위의 문학상 수상이라는 결실을 얻기도 했으며, 어떤 작품들은 낙양의 지가를 올린 베스트셀러가 되기도 했다. 어떤 이유에서건 화제가 된 작품은 다른 창작물의 원작으로 제공되기도 하는데, 김주영문학의 경우 중편 「여자를 찾습니다」가 하길종 감독의 영화로 제작 상영된 것을 시작으로 텔레비전 대하 드라마(『객주』), TV 문학관 단막극(『홍어』 등) 방영으로 이어졌다. 또 『객주』는 만화가 이두호에 의해 장편극화되어 출간되기도 했다. 김주영의 전체소설을 대상으로 화가 이두식이 20점의 정통 회화를 그려 전시했으며, 『고기잡이는 갈대를 꺾지 않는다』는 문학노래로 만들어져 불리기도 했다. 앞으로 김주영 객주문학테마타운이 건설되는 것을 계기로 이 같은 '원소스 멀티유즈'화의 가능성은 한층 높아질 것이라고 기대된다.

　소설과 같은 서사물의 주된 개척지대는 드라마와 같은 영상물이나, 연극과 뮤지컬 같은 공연물, 그리고 게임 등이라고 볼 수 있다. 김주영의 소설은 우선 강력한 서사성을 지니고 있다는 점에서 주목할 수 있다. 김주영의 소설, 그 중에서도 『객주』는 복수, 음모, 의리, 삼각관계, 신분상승, 성애 등의 스토리와 강력한 캐릭터를 자랑하는 소설이다. 소설보다 배우에 대한 의존도가 높은 영상물이나 공연물에서 이런 강력한 캐릭터는 말할 나위 없이 중요한 요소가 된다. 또 많은 작품이 역사적 배경 속에서 살아 움직인다는 점도 간과할 수 없는 재산이다. 오늘날 한류 드라마의 중심소재가 역사라는 것은 주지의 사실이 되어 있다. 이 중에서 뚜렷한 정사의 배경을 가진 드라마는 남녀노소 누구에게나 부담 없이 받아들여진다는 장점이 있다. 게다가 『객주』는 역사의 중심에서 소외당하는 사람들이 꿈을 안고 살 수 있는 유토피아 건설에 대한 가능성을 열어 놓고 있다.

　대하소설 『객주』의 드라마화도 다시 검토할 만하다. 이 작품에는 강력한 서사, 역동적인 인물, 역사성과 풍속성, 에로티시즘 등 대중드라마에서 빛을 발할 수 있는 요소가 많다. 이미 과거에 한 차례 드라마화되기도 하고, 만화 『객주』가 탄생한 것도 이와 무관하지 않다. 『객주』의 드라마화가 추진된다면 객주문학테마타운의 조성은 세트장 건립과 함께 고려할 수 있다.[1] 물론 드라마가 아닌 공연물이나 시디 게임 같은 분야로 재창작될 때는 다양한 재가공 과정을 겪어야 할 것이다.

　한편으로 보는 이의 정서를 움직일 수 있는 진한 향수를 불러일으키는 작품이 많다는 점도 특징이다. 향수는 오늘날 엔터테인먼트 산업의 주된 도구다. 『홍어』 등 김주영 소설의 소년 주인공과 그들이 활동하는

---

[1] 이 점, 지역 도시가 방송 드라마 촬영장을 제공해 그것을 문화관광 콘텐츠로 활용한 사례를 참조해도 좋다. 『태조 왕건』(경북 문경, 안동), 『해신』(전남 완도), 『불멸의 이순신』(전북 부안), 『대장금』(경기 양주) 등이 좋은 사례다. 이 중 여러 편은 모두 원작소설을 활용한 드라마이다.

농촌이나 시골의 분위기와 정서는 그런 향수를 불러일으키기 알맞다.

　문학작품이 문화콘텐츠가 되는 형태는 작품의 직접적인 미디어문화(책 제작, 드라마 제작 등)만 가능한 것이 아니다. 우리가 지금 문학관이나 문학테마타운을 말하게 되는 사연에서 짐작되듯, 작품의 탄생 배경이자 작중 무대인 문학공간 자체가 또한 훌륭한 문화콘텐츠가 된다. 김주영 문학의 탄생 배경이자 『홍어』 『고기잡이는 갈대를 꺾지 않는다』 등 주요 작품의 작중 무대인 청송의 진보초등학교나 진보 장터 등 여러 지역이 또한 문화콘텐츠가 될 수 있다. 이 지역은 이미 경북 북부 지방의 문학기행지로 부상되어 있다. 필자 또한 문화기획단의 일원이 되어 2002년 10월 이 지역을 한국문학공간 답사기행의 주요 경유지로 삼아 60명의 독자들과 함께 기행한 바 있으며[2], 2006년 10월에는 문학기차여행의 답사지로 삼아 160명의 독자들과 함께 기행한 바 있다.

　이문구의 고향 충남 보령의 갈머리[冠村] 또한 이문구의 작품 못지않은 콘텐츠다. 이 갈머리는 『관촌수필』의 작중 배경으로, 한국문학에서는 빼놓을 수 없는 명소가 되었다. 특히 작중에서, 장항선 철로와 신작로가 "가장 가까이로 다가선, 잡목 한 그루 없이 잔디만 펼쳐진 펑퍼짐한 버덩 위에서 4백여 년이나 버티어왔던"[3] 왕소나무가 베어진 그곳은 소설 전체를 상징하는 공간으로 부각되어 있다. 이문구의 주선으로 결성된 고향 후배 문우들의 모임인 '한내문학회'에서 그곳에 기념비를 세운 것은 1995년 10월이다. 이를 전후해 문학기행단들이 이곳을 다녀가기 시작했다. 바로 그 근처에 이문구의 생가가 있고, 또 생가 가까이 특별히 어느 문중에서 조성해 놓은 솔숲은 2003년 2월 고인이 된 이문구의 유골이 뿌려진 '산골유택(散骨幽宅)'으로 남아 있다. 이런 정보가 알려지면서 문학

---

[2] 박덕규, 「문학예술기행의 문화산업적 의미」, 『한국문화기술』, 단국대 한국문화기술연구소, 2005.12 참조.
[3] 이문구, 「일락서산」, 『관촌수필』 문학과지성사, 1998, 11쪽.

기행단의 발길은 더욱 잦아지고 또한 찾아든 발길은 그곳에 좀 더 오래 머물다 가곤 한다. 예를 들어 필자는 작가의 생전인 2002년 6월 문학동호인 80명과 함께 그곳으로 문학기행을 한 이후4), 세 차례나 이와 유사한 크고작은 기행을 주도한 바 있고, 필자의 사례 말고도 신문이나 방송, 또는 인터넷을 통해서도 갈머리『관촌수필』기념비를 기준으로 해서 문학기행을 한 사람들의 다양한 기행 체험을 쉽게 확인해 낼 수 있다.

좋은 문학작품은 그대로 훌륭한 문화콘텐츠가 될 수 있으며, 나아가 그 문학작품과 관련된 문학공간도 이처럼 지역의 문화와 산업을 진작시키는 중요한 매개적 기능을 담당하면서 궁극적으로 상당한 이익을 창출하는 콘텐츠가 될 수 있다.

3. 문학공간의 문화콘텐츠화의 전제 조건

최근의 한 보고서는 '지방 자치제의 최고의 브랜드는 문화예술인'이라는 말로 지역과 구체적으로 관련된 유명 문화예술인의 문화산업적 가치의 높이를 설명한 바 있다.5) 바로 이 점 때문에 전국의 적지 않은 도시들이 자기 도시를 상징하는 인물을 찾아내고 기념관을 짓는 등으로 '브랜드화'에 열을 올리고 있다. 문학의 경우만 해도 특정 문학인의 이름을 딴 문학관을 지어 그 지역의 브랜드로 삼고 있는 지자체가 날로 늘어나는 추세다.6) 심지어는 특정 문화예술인을 두고 서로 다른 두 도시에

---

4) 박덕규, 앞의 글 참조.
5) 문화관광부,『유명 예술가 유치에 따른 가치평가 분석』, 2006, 63쪽 참조.
6) 1999년까지 개관되어 있던 문학관이 전국 7개에 불과하던 것이, 2001년 6개, 2003년 5개 등으로 늘어나 2006년 현재 총 33개로 늘어났다. 이후 2007년까지 건립이 추진될

서 각각 연고권을 주장하면서 기념관 건립 경쟁에 돌입하기도 했다.[7] 한 분석에 따르면, 원주에 토지문화관이 마련되고 그곳에 소설가 박경리가 거주하게 되면 서 연간 11억 원 정도의 가치가 창출되고 있고, 향후 5년 간 약 50억 원 정도가 투자되는 가치가 발생하고 있다고 한다.[8] 작가 이문구 또한 보령 출신의 연기자인 복혜숙의 동상을 건립하는 데 앞장서서 지자체와 함께 일을 성사시키기도 했다.[9]

이처럼 각 지자체가 유명 문화예술인의 기념 장소를 자기 도시 안에 두려는 의도를 설명하는 일은 어렵지 않다. 그러나 아직도 많은 지자체에서는 유명 문화예술인과 그 기념 장소가 지역문화와 산업의 발전에 기여한다는 생각을 하지 못하고 있다. 반대로 설사 그런 생각을 하고 있다 하더라도 일차적인 건물 건축과 외양에 치중한 기념물 전시에 많은 예산을 투입하고는 그 효과가 당장 나타나지 않는다고 조바심을 내는 사례가 없지 않다.[10] 따라서 지자체는 처음 기획 단계에서부터 전문가를 참여시켜서(예를 들어 지역 대학과의 산학협력이나 전문 연구팀에 연구 용역을 맡기는 등으로) 문학의 원형이 훼손되지 않고 그 정신이 살아나면서도 그것의 문화산업화 문제를 충족시킬 수 있는 실제적이고 다양한 실행안을 마련해야 한다.

어쨌든 지역사회에서 문학작품이 문화산업의 주요 품목으로 자리잡는 데는 문학관이나 생가 또는 작중의 중요 공간 같은 장소가 건립되고 복원되거나 아니면 어떤 형태로든 거점화되는 일이 전제될수록 효과적

예정인 곳이 적어도 12개다. 경기문화재단, 『경기문학 활성화를 위한 지역문학관 정책연구』, 2006.5, 20~28쪽 참조.
7) 시인 유치환을 자기 도시의 예술인으로 유치하기 위해 거제와 통영이 대립하고, 『혼불』의 작가 최명희를 두고 전주와 남원 또한 대립하는 것과 같은 경쟁 또한 더 늘어날 추세다. 문화관광부, 앞의 책, 같은 쪽.
8) 위의 책, 77쪽 참조.
9) 이문구, 「지역 할거주의와 지역문화」, 이문구 전집 19-산문집 『끝장이 없는 책』, 랜덤하우스중앙, 2006, 227쪽 참조.
10) 특히 지역 문학관 건립에 관한 설명은 경기문화재단의 앞의 책, 146~171쪽 참조.

이다. 가령, 앞으로 이문구 문학이 보령의 문화산업을 부흥하는 주요 매개가 되려면, 지역적 특성과 작품 세계에 어울리는 구체적인 장소가 확보되거나 특별히 건립되어야 한다. 이문구 문학의 문화산업화 문제를 다루고 있는 이 글에, 그런 장소나 공간 중에도 특별히 문학관 건립 쪽에 무게를 싣게 되는 것은 기왕에 있어온 문학관의 주인공들에 비해 첫째는 이문구 문학이 그 문학적 성취 면에서 탁월한 데다 둘째는 지역과의 연계성이 다른 어떤 작가보다 선명하다는 점 때문이다.

이미 앞에서도 말했듯이 이문구의 『관촌수필』을 실제의 공간으로 확인하고자 하는 많은 행렬은 별 소문도 없이 보령의 갈머리를 다녀가고 있으며, 그러나 그 다음으로 보령을 보다 문화적으로 체험할 장소를 찾지 못해 적당히 해수욕장에 왔다가 가는 정도의 기행코스만을 답습하고 있는 실정이다. 마찬가지로 김주영 문학의 고향이자 주요 공간인 청송을 다녀가는 사람들 역시도 모르는 새에 줄을 잇고 있으며, 이들 또한 청송의 주산지 정도를 답사하고는 청송을 벗어나 안동이나 영양 지역으로 넘어선다. 따라서 그 지역의 주요 작가를 정점에 두고 지역의 문화와 산업의 융성을 꾀할 수 있는 실제적인 장소가 확보되면 그 많은 인구를 진정으로 그 도시에 와서 머물다 가는 집계 가능한 관광 인구로 격상시킬 수 있을 것이다.

4. 문학관 건립과 문화산업화 전략

2006년 12월 한국문학관협회에 소속 회원으로 등록된 문학관은 36개에 달한다. 한 보고서에는 2007년까지 12개소가 추가로 개관될 예정이라고 한다.11) 현재 건립을 추진하고 있는 문학관으로는 이문구문학관을 포함해서 이병주문학관(경남 하동), 황순원문학촌 양평소나기마을(경기 양평), 신동엽문학관(충남 부여) 등으로 알려져 있다. 이들 문학관 중에서 개별 문인을 주체로 한 문학관은 구상문학관(경북 칠곡) 등 26개, 지역성이나 테마를 살려 건립한 문학관은 경남문학관(경남 진해) 등 10개다.12)

이들 대부분은 작가를 기념하는 전시실을 운영하고 있다. 그 중 미당문학관이나 홍명희문학관 등 다수가 작가의 생가를 복원해 관내에 두거나 가까운 곳에서 연계되도록 하고 있고, '문학의집서울'처럼 문화행사를 위주로 하고 있는 곳, 원서문학관처럼 창작교실 등 교육 프로그램을 운영하는 곳이 있다. 또한, 황순원문학촌 양평소나기마을 같은 테마파크형, 만해마을 같은 숙박집필실 운영형, 김유정문학촌 같은 작품체험형 등도 있다. 김주영의 객주문학테마타운은 아직까지는 국내에서 아직 그 유형을 찾기 어려운 예라 할 수 있다.

지금 이 자리에서 생각하고 있는 김주영의 객주문학테마타운은 기존 생가와 문학관 중심 유형과, 작품을 직접 체험하게 하는 체험형, 더 넓게는 테마파크형 등에서 필요한 요소를 찾아 적절하게 활용하면서 거기에 '타운'이라는 의미를 포함하면 될 것으로 본다.

즉, 작가의 생가 복원, 문학관 건립, 초등학교 등 주요 성장지 표징 작업, 『객주』의 장터거리 재현, 주요 작품의 재현 공간 조성 등을 기반으로 해서 그 전체를 체험과 산책 코스로 개발하는 과정을 취하는 것이 좋을 것이다. 보통 문학관의 경우 문학관을 찾아가야 문학을 기념하고 향수하고 체험할 수 있다는 것에 비해, 이 테마타운의 경우는 현재 실제

---

11) 경기문화재단, 『경기문학 활성화를 위한 지역문학관 정책연구』, 2006.5, 20~28쪽 참조.
12) 임수경, 「문학관을 활용한 창작교육방법」, 단국대학교부설 한국문화기술연구소 제10회 학술세미나 발제집 『문학관과 문화산업』, 2006, 35~36쪽 참조.

삶에서 장이 서는 장터의 지역주민들과 방문객들이 일상 속에서 문학을 느끼고 체험하게 하는, 기존 문학관 개념과도 차원을 달리하고, 한편으로는 김주영 문학의 서민주의와 가장 적절한 어울림을 갖는 형태다.

이러한 새로운 개념의 문학타운에서 김주영 문학의 인물들이 마치 장터 가운데 살아 있다는 듯이 캐릭터 조형물들로 재현되었으면 한다. 그 조형물들이 서 있는 곳은 휴식공간도 되고, 전시공간, 공연장도 되는 그런 '일상 공간에 살아 있는 명소'가 되도록 해야 한다. 작중인물 천봉삼과 길소개와 매월이가 살아있는 그곳에서 일반인들이 모여 작품의 한 대목을 재현하는 연극도 하고, 책도 읽고, 사투리 대회도 하고, 보부상 천봉삼을 닮은 사람도 찾고, 갖가지 장터 풍습도 재현되는 그런 장면을 그려볼 수 있겠다.

이보다 더 구체적으로 이미 예산 확보가 이루어진 상태로 건립이 추진되고 있는 이문구문학관을 예로 들어 문학관을 거점으로 한 문학작품과 문학공간의 문화산업화 전략을 계획해 본다.

첫째, 이문구 문학의 문학공간 답사 지역을 기존 갈머리를 중심으로 하되 다방면으로 확장함으로써 문화산업의 동력을 일구는 방법이다.

이문구는 보령 출신으로 성장한 이후에는 줄곧 타지에서 산 출향 문인이었지만, 작고하기 전 십수 년 동안을 고향에 마련한 집필실에 가서 자주 머물며 작품도 쓰고 지역민들과도 적극적으로 교류했다. 한국의 많은 유명 문인들의 경우 고향과 주생활 무대가 유리된 이력을 남기게 돼 사후에 그의 생가나 성장지에 대해 강력하게 의미부여를 할 수 없게 된 경우가 적지 않다. 그에 비하면, 이문구는 주요 작품의 무대도 그런데다 생의 시작과 끝을 고향에다 깊이 뿌리와 맥을 대고 있어 무엇보다 보령이라는 고향 자체가 지니는 무게가 큰 작가다. 즉, 이문구 문학은 보령과 떼놓고 얘기할 수 없는 만큼, 보령을 이문구 문학의 필수 답사지로 다양하게 개발한다면 산업적 효과도 그만큼 크다고 볼 수 있다.

이문구 문학의 답사지는 말할 것도 없이 갈머리가 그 중심에 놓인다. 보령에 들르는 누구라도 쉽게 그곳에 찾을 수 있는 장치가 필요하겠다. 또 그 중심에서 바로 보이는 생가와 그 곁 솔숲을 둘러보고 그 의미를 되새길 수 있는 코스가 우선 정비되어야 한다.

다음, 이 갈머리에서부터 작가의 말년 십 수 년 동안 집필 공간이 되었던 청라 집필실까지 잇는 동선을 안내하는 것이 좋겠다. 또 집필실 인근의 화암서원 답사도 적극 추천할 필요가 있다. 화암서원은 '토정비결'로 유명한 토정 이지함 등 다섯 학자의 위패를 모시고 있는 서원인데, 이문구는 이지함의 15대 직계손이며, 또한 이지함을 주인공으로 하는 장편소설을 써서 출간한 바도 있다(장편 『토정 이지함』은 전집 제7권으로 재발간되었다). 즉 화암서원은 그 자체로 조선시대 서원의 양식과 분위기를 체험하고 학습할 수 있는 역사유적이면서 동시에 이문구 소설의 문학공간 답사지이기도 한 셈이다. 또한 집필실에서 걸어서 금세 가닿는 저수지도 산책 코스로 좋다.

보령만을 한정해서 보면, 이런 정도에다 백제 때 사찰인 성주사지를 보태고, 또 대천 해수욕장을 이으면 하루 동안의 문학답사로는 손색이 없을 것이다. 시야를 인근 도시나 또는 이문구 작품의 작중 무대까지 더 넓혀 볼 수도 있다. 즉 연작 『우리 동네』의 무대인 경기도 화성시 발안 지역과 연계하는 서해안 이문구문학 답사 코스를 마련해도 좋다. 그 답사지는 경기도 화성시 발안(『우리 동네』)→관촌(『관촌수필』)→청라 집필실(작가의 실제 작업 공간)→화암서원(『토정비결』)→충남 부여 무량사(『매월당 김시습』)의 경로가 되겠다. 물론, 문학기행의 경우 문학공간 답사가 주목적이긴 하지만 풍광이 좋은 곳에서 머물고 토속음식으로 식도락을 할 수 있게 대천 해수욕장을 중심으로 한 숙박시설과 음식점을 연계하면 더 효과적일 수 있다. 또 보령에서 가장 유명한 관광체험 상품인 머드축제를 이 문학기행 코스와 연계하는 방법도 더할 수 있다.

문학관이나 작가의 생가만을 주로 잇는 기행 코스를 원하면, 갈머리를 출발점으로 해서 홍성의 만해 한용운 생가, 그리고 부여에 들어설 신동엽문학관을 잇는 코스를 준비할 수 있을 것이다.

둘째, 이문구 문학은 산업화로 극심한 변화를 체험하고 있는 농촌의 지역민들의 모습을 생생하게 담아내면서 한국문학의 한 정점에 다다랐다고 평가받고 있는바, 그 문학적 성취의 특징적인 면모를 문화콘텐츠화하는 방법을 제시할 수 있겠다.

쉽게, 이문구 소설 곳곳에서 자연스럽게 녹아 있으면서도 절묘하게 번뜩이는 방언을 활용하는 방법이 있겠다. 매스미디어의 발달로 누구에게나 서로 통하는 표준어 사용이 기본이 되었지만, 각기 자기 지역에서만 써온 방언의 존재 가치는 상대적으로 급격히 상승되고 있다. 방언의 폐기는 곧 지역 역사에 대한 망각이고 지역적 특성을 무화시키는 행위다. 방언을 복원하고 전승하는 방법으로, 비속어, 토속어, 판소리체 입말 등이 자유자재로 구사되고 있는 이문구 소설을 소리 내어서 읽는 행사를 개최할 것을 제안한다. 이때 이문구 소설은 직접적으로 산업화에 기여한다기보다 지역민의 자긍심 고양이나 문학과 언어에 대한 반성과 재인식 유도 같은 계몽 콘텐츠로 기능한다고 볼 수 있다.

또한 『우리 동네』나 『내 몸은 너무 오래 서 있거나 걸어왔다』 등 연작형 소설에서 만날 수 있는 인물들의 캐릭터를 활용하는 방안을 검토할 수 있다. 예를 든다면, 『우리 동네』의 김씨, 이씨, 강씨, 황씨 등이나 장평리 찔레나무, 장석리 화살나무, 정천리 소태나무, 장이리 개암나무 등의 주인공을 캐릭터 상품으로 개발하는 것 등이다. 또 『내 몸은……』에서 주인공들을 상징하는 기호인 찔레나무, 화살나무, 소태나무, 개암나무 등을 실제의 식물을 수집해 미니 식물원으로 재현해 놓아도 좋을 것이다. 물론 이 같은 계획들은 모두 이문구문학관 등 의미 있는 장소를 거점으로 해서 추진해야 빛을 발할 수 있는 내용이다.

셋째, 문학이 중심이 되고 또한 그 중에서도 이문구 문학이 중심이 되지만, 다른 예술 장르나 지역의 다른 문인, 다른 세대와 함께 한다는 인식과 그에 따른 실천이 중요하다. 이에 따라 이문구 문학의 문화산업화도 1)지역 축제와의 연관성, 2)지역 내 여러 문화 행사와의 연관성, 3)지역 내 중고생들과의 연관성 등을 따져서 탄력적으로 계획을 세우고 그것을 실천하면서 성취해 갈 일이다.

넷째, 다시 강조하지만 이문구라는 이름이 지자체와 지역사회로서는 다시 얻을 수 없는 대표적인 브랜드이다. 순전히 콘텐츠라는 의미에서 이문구는 지역에서 오랜 역사 속에서 많은 돈을 투자해 유지 보수해온 다른 어떤 유적지 못지않은 강력한 부가가치를 발생시킬 수 있는 존재다. 바로 그 때문에 그 이름을 지키고 다듬는 일 자체가 다시 그 가치를 발생시키는 행위가 될 수 있다.

* 이 글은 2006년 발표한 「문학공간의 문학관 조성 방안과 문화산업화 전략」을 고친 것이다.

제 2 부 몸의 체험과 서정의 영역

탐색하는 정신과 새로운 서정적 인식 - 정신주의 시와 젊은 세대 시의 정신주의적 가능성
중얼거리는 허깨비
몸속에서 몸 비우기- 정진규의 '몸詩'
미련과 체념 사이의 긴장 - 김명인의 시
한산시(寒山詩), 바쇼[芭焦], 정신주의 - 최동호가 동쪽으로 간 까닭은?
반추, 또는 허망 - 이영춘 시집 『네 살던 날의 흔적』
단절과 영속, 또는 낡음과 새로움 - 김백겸의 시집 『비를 주제로 한 서정별곡』
분노의 새로운 변용 - 이승하 시집 『폭력과 광기의 나날』
붙박음의 터전에서 - 황학주의 시
세우고, 버려서 더욱 빛낼 소멸 미학 - 박형준 시집, 『나는 이제 소멸에 대해서 이야기하련다』
낙엽의 무게로 깊어진 세계- 박라연 시집 『생밤 까주는 사람』
중심을 찾아 이탈한 자의 전율 - 김중식 시집 『황금빛 모서리』

탐색하는 정신과 새로운 서정적 인식
— 정신주의 시와 젊은 세대 시의 정신주의적 가능성

　후기 산업사회의 표피문화적 현실에 직면한 이 시대에 크게 회복되어야 할 보다 궁극적이고 보편적이며 초현상적인 가치를 지향하고 있는 시적 태도를 일컬어 최근 일각에서는 '정신주의'라 부르고 그에 대한 논의를 문학사적 쟁점으로 삼아가고 있는 듯하다. 그 용어 쓰임이야 어떻든 그러한 시적 태도를 중시하고 그 실례를 문학 현장에서 도출해내는 활발한 움직임은 이전까지 포스트모더니즘이라는 이름을 뒤로 달고 반인간적 문명 양상을 주목하는 세태주의적 시류가 득세하는 듯이 보였던 문학 현장을 감안해서 보면 매우 고무적인 현상으로 여겨진다. 물질적 가치를 지향하는 삶이 어쩔 수 없는 시대적 표상이 되고 있는 때이니만치 그 삶을 반성케 하고 보다 정신적인 가치를 지향하는 삶을 끝내 신뢰하도록 인간성을 유화시키는 것이 문학의 변치 않는 큰 기능임을 쉽게 감지하게 해주는 시들은 기꺼울 수밖에 없다. 그러나 우려하고 있는 바와 같이 엄연한 물질적 삶을 눈앞에 두고 무턱대고 삶의 본질이 물질문명 이전의, 현실과 유리된 자연환경 속에 있음을 노래하는 '초시대적 정신주의'는 경계되어야 한다.

기실 오늘날 당당하게 거론되는 정신주의에는 그런 유의 재래적 서정주의나 신비주의가 짙게 채색되어 있는 듯하다. 말은 정신주의이되 실제로는 종래의 전통 서정시의 양식에서 거의 벗어나지 않은 자연친화적인 서정을 습관적으로 존중하거나, 현실의 합리적 추론 과정을 무시하고 우리 몸 가까이 있는 도시적 일상이나 자본주의적 욕망에 대한 진지한 고뇌를 저속하다고 배척해 버리는 예가 적지 않다. 더구나 이런 유의 정신주의 시 논의가 젊은 세대들에게는 거의 행해지고 있지 않다는 점도 중요한 문젯거리일 것 같다. 정신주의 시가 시대를 뛰어넘는 본질적 가치가 언제나 시대의 중심을 관류하는 것임을 인식하면서 굳건해지는 것이라면, 현실적 삶을 외면할 수도 없고 따라서 현실적 삶에 가장 민감하게 대응하고 있는 젊은 세대들의 움직임을 주시하지 않을 수도 없다. 그러한 이유에서 이 글은, 최근 정신주의 시 논의의 주된 대상 시들을 주목하고 무엇보다 그것이 서정시나 초월주의 등의 이름과 유다르게 '정신주의'로 내세워져야 하는 보다 선명한 이유를 되새기면서 사회구조의 심각한 변동기의 주 세력이 되는 새로운 세대 시들의 정신주의적 가능성에 대해서 살피게 된다.

주지하다시피 근자에 정신주의 시 논의에서 자주 거론되는 시인은 황동규, 정현종, 김지하, 조정권, 이성복, 황지우, 최승호 등이다. 이들은 사실 어떤가 하면 대부분 정신주의가 표면적인 관심으로 떠오르지 않은 시기에 그 시기를 대표하는 다른 논의의 표적이 되어 이미 얼마만큼의 명망을 쌓아올린 시인들이라 볼 수 있다. 이를테면 김지하는 민중주의적 관점에서, 황동규와 정현종은 시대적 양심과 자유정신과의 관련에서, 이성복과 황지우는 정치문화적 억압과 그 방법론적 해방 사이에서, 최승호는 후기 산업사회의 병폐에 대한 시적 양식화라는 측면에서(이렇게 보면 1970년대부터 선적 세계와 깊이 관련맺어온 조정권은 예외가 되겠지만) 각각

시사의 중심에서 벗어나지 않던 시인들이었다. 이들이 왜 이즈음에 와서 정신주의 시를 논하는 자리의 선두주자로 부각되고 있는가. 물론 그들 시의 성취도가 밑받침되는 까닭일 것이다. 더 중요한 것은 그들 시가 주도적으로 삶에 대한 어떤 뚜렷한 정신적 각성 또는 지향을 내재하고 있다는 점이다. 가령.

  이제는 괴로워하는 것도 저속하여
  내 몸통을 뚫고 가는 바람 소리가 짐승 같구나
               — 황지우, 「눈보라」에서

에서의 반성하는 삶에조차 안주하는 속된 제 삶에 대한 명백한 인식에서부터

  가장 높은 정신은 가장 추운 곳을 향하는 법.
               — 조정권, 「산정묘지 1」에서

에서의 명백한 지향의식까지가 또는

  어려운 삶!
  일찍이 호머는 눈이 멀어
  지중해를 온통 붉은 포도주로 채웠고
  굴원은 노이로제에 시달리며
  양자강 상류를 온통 흑백으로 칠했다.
  저 어려운 색깔들!
           — 황동규, 「시인은 어렵게 살아야 1」에서

라고 말할 때의, 살신고행하는 삶을 스스로 행하고 있지 못하고 있다는 자각과 더불어 보다 더 어려운 최상의 시인의 삶을 살아야 한다는 지향의식이 분명하게 내재되어 있다.

이 각성과 지향 사이에는 거의 필연적으로 세 가지 공통적인 기질이 개입되게 된다. 하나는 선적이거나, 노장적이거나, 기독교적이거나, 지사적이거나 하는 정신사적 성향이고, 그와 더불어 다른 하나는 자연친화적인 정황이며, 셋째로 궁극적으로 인간성에 대한 깊은 신뢰를 담고 있다는 점이다. 예를 들어 이들 정신주의 시들은 다소간의 예외도 있기는 하지만 대개

    우주 전략 핵이라고
    큰놈이 말하자
    우주 전술 무기라고
    작은놈이 받는다
    동백은 얼어 시키면데
    반가운 매화는 어느 골에 피었는고
                           — 김지하, 「아이들」에서

에서처럼 속세에서부터 자연 쪽을 향해 열리면서(자연친화)

    내가 바람 속에 들어가
    바람 속의 다음 세상을 엿들을 때
    얼마나 더 커야
    큰 산은 속에다 감추는가
                            — 황지우, 「내장산」에서

에서처럼 천의무봉한 자연의 세계로부터 얻어낸 존재의 구경적 원리(정신사적 성향)를 속세의 삶을 반성하며 흔들리는 가치관을 가다듬는 내적 계기로 삼고 있다(인간성에 대한 신뢰).

그런데 여기서 주목하고 넘어가야 할 것은 이들의 시가 자연친화적인 것에서 진리를 감지하는 형식이더라도 우리의 서정시 양식에서 자주 보아온 것과 같은 섬약한 감성이 주도하는 정태적이고 자연묘사적인 시적 정황을 별로 옹호하고 있지 않다는 점이다. 오히려 이들의 시에는 현실의 물질적 움직임마저 재현하는 가벼움이 있다. 이들 시가 자연을 선택하는 것은 정서적 귀결이 아니라 적절히 의도되고 통어된 정신성의 귀결이다. 현실세계에 대한 명료한 이성과 지적 통찰이 어우러지는 자연친화가 이들 시를 정신주의 시의 성공적인 사례로 끌어올리고 있는 것이다. 사실을 말하면, 이들이 물질 세태보다 정신을 앞세우는 보다 명백한 사상적 기틀을 마련하고 그것을 근거로 하고 있는 인문학주의자가 아니었던들(이들 시를 넘나들고 있는 무수한 불교적·노장적 또는 기독교적 성찰과 사고는 최근 몇몇 비평가에 의해서 매우 깊이 있는 것으로 확인되고 있다. 특히 최동호의 '정현종론', 김주연의 '조정권론' 등은 그것을 말하는 선도적인 글이다) 아마도 정신주의 시에 대한 실증적인 논의는 한낱 희망 사항이 되고 말았을 것이다. 다시 말해 이들 주목받는 정신주의 시들의 정신적 각성 또는 지향에는 다른 무엇보다 자연과 현실과의 관련을 인식하고 통어하는 한층 결 높은 인식, 그러니까 세계에 맞서는 자아에 대한 무엇보다 명징한 태도가 내재된 인문학적 인식이 개입되고 있었다는 것, 그것 때문에 이들 시가 최근 또 자주 쓰이는 용어인 '신서정' 등으로 분류되기보다 '정신주의'로 불리면서 문학 현장의 핵심 텍스트로 떠오르게 된 것이다(그렇다면 우리 시대의 서정시, 그 중에서도 자연친화적인 서정시에는 어떤 평가를 가해야 할까 하는 과제가 따로 남게 된다. 이 점에 대해서는 이성선, 이준관, 박태일, 문인수 등을 중심으로 한 다소 다른 차원의 정신주의적 서정시 부류가 조명되었으면 한다는 것이 필자의 견해이다).

앞서 말한 대로 정신주의 시 논의는 두 가지 문젯거리를 담보로 하고 있다. 하나는 현실을 몰각하고 자연 현상에 탐닉하는 초시대적 서정시가 정신주의 시의 범주 안으로 편입되기 쉽다는 점, 다른 하나는 앞으로 시대의 주역이 될 젊은 세대들의 세대적 감수성과의 연대감이 거의 피력되고 있지 않다는 점. 특히나 물질문명 그 자체가 하나의 자연이던 급진적인 산업화 시대의 아들딸에게 과연 자연 속에서의 깨달음이라는 정신주의의 특질이 어떤 식으로 전승될 수 있을까 하는 문제는 앞으로 교환가치가 두드러질 사회구조로 보면 아주 심각한 숙제로 떠오를 공산이 크다. 더욱이 그것은 시가 과연 인간의 정신성을 고양시킬 그 무엇일 수 있는가라는 장르의 존폐 문제와도 결부되는 심각한 문제일 수도 있다.

산업화 시대와 더불어 성장기를 바쳐온 세대들의 시에서 정신주의적 면모를 엿본다는 것이 전근대적인 발상이라고 여기는 사람이 있을지는 모르겠다. 그러나 도시화된 일상이나 세속화된 삶의 모습을 담으면서도 시대를 뛰어넘어 시의 원류로서의 서정성을 기반으로 자연스럽게 자연 친화적인 면모를 드러내온 이들 새 세대에게도 자연 속에서의 깨침에 비견되는 요소를 찾기가 그리 힘든 일이 아니다.

> 시계 불명의 대관령을 오른다, 안개는 구름보다 낮게 흘러서
> 더 육체적인 황홀감을 가져다 준다
> 백 미터 이백 미터…… 팔백 미터의, 해발의 나무들은
> 덜 먹고 자란 아이들처럼 키가 작다, 몸집이 작다
> 하지만 산의 정상에 서 있는 나무와 풀들은 그 가냘픔으로도
> 산의 정상을 지킨다
> 작은 것의 엄청남. 나는 그런 것들을 사랑하다 망할 수 있을까

나는 그런 것들을 열심으로 즐거워하다가 취해버릴 수 있을까
새들은 죽은 휴지처럼 나무에 가끔 걸리고 이곳은 구름이 가깝고
도시는 먼 곳, 나는 거기서 오래 호흡하여도 좋았다
나는 거기서 빨리 살아도 좋았다
하지만 산의 정상은 사람들을 오래 허용하지 않는 곳
이 고개를 드나드는 차들처럼 점점이 이동하여 점점이 흩어지고
대관령의 자작나무는 더 강한 폭풍에 시달릴수록
더 청수한 얼굴을 보여준다
햇살은 안개를 투과해 내려올 것이다
그리고 여긴 스스로를 견디는 시간이 오랜 추억이 될
나무들 풀들, 사람들이 금세 여기를 떠나듯이 쉽게
대관령의 자작나무는 표정을 바꾸지 않는다
견딤의 눈물을 바꾸지 않는다
우리가 정상을 향해 오른다고 하는 이 열망은
바람을 헤치며 안개를 통과하며 폭설 속에서 걸어 나와
하나의 햇살과 마주치는 일
하나의 흔적과 마주치는 일
대관령의 자작나무는 괜찮은 듯이 서 있다
그러나 이 나무들은 전육체의 중심을 다해
산 정상에 눈물 보이지 않게 서 있다
나는 오래 죽어갈 것이다

— 박용하, 「대관령의 자작나무는 괜찮은 듯이 서 있다」 전문

이 시에서 산의 정상에 있는 나무와 풀들에게서 '작은 것의 엄청남'을 배우는 자아의 내적 독백이 속세와 대비되는 자연(고개를 드나드는 차들에 대비되는 자작나무의 청수한 얼굴 등)에서 진리를 얻고 삶의 위치(자연의 신

성에 취해 살지 못하고 세속적인 삶을 지리하게 살아야 한다는 예감)를 확인한다는 점에서 정신주의의 일단을 쉽게 엿볼 수 있게 한다. 얼핏 보면, 일상과 자연 사이를 자유분방하게 넘나드는 황동규의 여행시편을 연상케도 하고, 지향의 정점을 향해 가는 조정권의 「산정묘지」 연작도 생각키우는 이 젊은 시인의 시는 그렇다면 위에서 말해온 그런 유의 정신주의 시라 볼 수 있는가. 여기서 특히 어떤 점을 유의해서 보아야 하는가 하면, 선배들이 자랑 삼는 자연과 현실을 통어하는 인문학적 인식과 견주어 이 젊은 시의 정신주의에는 보다 명료한 자의식이 내재되어 있지 않다는 사실. 말을 바꾸면 '작은 것의 엄청남'을 인식하는 그 인식적 전환에 자아의 내적 체험의 무게가 실리지 않고 있다는 것이다. 선배 시인 조정권이 "칼을 입에 물고 노래하는 가인"(「산정묘지 5」)을 노래할 때는 말할 것도 없고, 황동규가

> 아 바람!
> 땅가죽 어디에 붙잡을 주름 하나
> 나무 하나 덩굴 하나 풀포기 하나
> 경전(經典)의 글귀 하나 없이
> 미시령에서 흔들렸다.
>
> 풍경 전체가 바람 속에
> 바람이 되어 흔들리고
> 설악산이 흔들리고
> 내 등뼈가 흔들리고
> 나는 나를 놓칠까봐
> 나를 품에 안고 마냥 허덕였다.
>
> — 황동규, 「미시령 큰바람」에서

라고 삶의 시간을 전복시키는 자연의 힘에 대해 노래하는 사이 그 안에 어느새 내재되고 있었던 것은 그 흔들리는 자아의 크기 이상으로 그 흔들림마저도 온전히 내 것이라고 소리치는 명백한 자의식이었다. 기실 그 인문학적 성찰로 무장된 자의식이야말로 자연의 불변하는 힘을 제시한 다음 도리어 인간성의 크기를 믿게 해주는 정신주의 시의 정점을 이룬 것이다. 그에 비하여 위의 젊은 박용하의 시는 의외로 그 자의식에 관해서 크게 내세울 정황을 만들지 못하고 있다. "나는 거기서 빨리 살아도 좋았다"에서 "나는 오래 죽어갈 것이다"로 이어지는 주목할 만한 반어법은 다만 시적 재능과 관련 있는 것일 뿐, '나'는 자연이 가르쳐주는 진정한 가치를 보다 적극적으로 지향하거나 생을 반추하는 거울로 인식하고 있지 않다. 바로 '나'에 대한 분석이 미흡했던 것. 그러나 이 점은 주목받는 한 젊은 시인의 한계로 보기보다 세대적 한계 또는 특징이라고도 할 수 있다.

이렇듯, 젊은 시인들에게 요구되는 또는 몇몇 젊은 시인들이 선도적으로 가고 있는 정신주의적 성향은 우선 세계 속의 나를 인식하려는, 보다 분명하게는 현실과 자연의 관련을 나의 인식세계 안에서 통어해내려는 자기 탐색의 정신으로 두드러져 나타난다. 더욱이 이 정신은 대자본의 논리로 영위되는 사회구조 안에서 정체성을 상실해 버린 우리 세대의 문화적 감각에서 이해하면 그 정체성 회복을 위한 지침으로 자리잡을 가능성이 크다. 가령 위의 젊은 시인 박용하가

    안개가 안개의 등을 밀며 밀리는 한밤이면
    내가 펼치던 노트 속에 띄엄띄엄 박혀 있던 뾰족한 나무들
    그 나무들 사이로 헤엄치듯 죽어 나자빠지던 나뭇잎들

내가 썼던 열망, 내가 불렀던 노래들
　　안개에 가려 읽을 수 없다.

　　　　　　　　　　　　　　　― 「춘천 悲歌·2」에서

  라고 절규하는 모습은 1980년대 후반 "나를/한번이라도 본 사람은 모두/나를 떠나갔다, 나의 영혼은/검은 페이지가 대부분이다, 그러니 누가 나를/펼쳐볼 것인가"(「오래된 서적」)라고 '자기 텍스트'에 대한 탐색을 시적 중심으로 삼던 기형도의 목소리에 뒤이어지면서 자기 탐색의 면모를 두드러지게 한 경우가 되겠다. 이 탐색이 해독되지 않는 자기, 자기 중심을 상실한 자기에 대한 정체성 회복 열망과 다름없음은 물론이다.

  여기서의 자기 탐색이라는 말의 의미를 보다 포괄적으로 이해할 필요가 있다. 정체성을 상실한 자기 존재에 대한 탐색이란 곧 자기와 더불어 쌓여온 깊은 시간층, 특히 정체성을 위협해온 무수한 삶의 관계들에 대한 탐색을 동시에 의미한다. 나에게 내재된 나의 역사성과 더불어 지금의 현실을 있게 한 역사성이 이 탐색의 범위 안에 포괄된다. 이와 관련한 젊은 시인들의 시적 관심이 피력된 글이 있으니 주목해보자.

　　우리의 관심은 '현실'에 있지만, 그것은 외부적 현실이 아니라, 우리의 육체를 거쳐 나온, 혹은 그 육체 속에 살고 있는 현실이다. 육체는 몸이라는 순수 물질과, 유인원 이래로 진화되어온 욕망과 본능, 공포와 불안 등의 유전적인 요소와, 끊임없이 육체에 스며들고 있는 현실적 폭력, 갖가지 공해, 대중문화의 중독성 단맛 등이 결합된 복합적 유기체이다. 그러므로 현실과 만나 기형화되고 변질된 우리의 육체야말로 추상적이고 관념적인 거대한 외부 현실보다 더 선명하고 구체적이며 나의 삶에 가깝게 닿아 있는 현실인 것이다. 역사란 바로 이 수많은 육체들 속에 살다간 현실들의 집적이며, 전망이란 앞으로의 수많은 육체들이 지나갈 현실인 것이다. 우리가 인식하고, 드러내고 말하고자 하는 현실은, 나의 육체를 통해 역으로 확인된, 관념이나 말이나 글이 아닌, 나 자신의 현실인 것이다.

— 『지상의 울창한 짐승들』(시운동 동인시집 14) 머리글 중 '현실' 편 전문

인류의 현실을 가장 온전하고 집중적으로 증거하는 존재가 우리의 육체라는 것, 그 육체 안에 인류의 내적 · 외적 조건이 고스란히 쌓여 있다는 것, 따라서 '나의 육체를 통해 확인된' 그 많은 시간층을 드러내는 것이 시적 과제라는 것 등, 자기 탐색을 통한 세계 재현을 꿈꾸는 젊은 시인들의 노력은 반드시 정신주의 시의 정신성이나 자의식 문제와 관련짓지 않더라도 매우 중요한 것으로 보인다. 이렇듯 '나'를 거점으로 하는 두텁디두터운 시간층을 더듬으며 자기다운 시세계를 엮어가는 시인들은

> 이제 나는 날개 밑에 그 추억의 비행을 접어두어야 한다
> 나의 발톱은 낡고 날개는 이 공기를 저항할 수 없다
> 우뚝 선 건물들
> 입을 쫙쫙 벌리고 떨어지기를 기다리는 창문들
> 질주하는 냄새들 아 눈빛들
> 시력은 그것을 담아내지 못하고
> 부리는 그것을 가늠하지 못한다
>
> — 권대웅, 「솔개는 없다」에서

에서처럼 다만 '추억의 시간'을 반추하며 그 시간을 무화시키는 도시 환경 속의 절박한 실존으로 자신을 인식하게 되면서, 보다 적극적으로는 그 사라지는 시간에 대한 탐색의 자세를 견지하고 나선다.

> 몸무게가 되기 위하여 물이 살 속으로 들어온다

> 살과 뼈와 핏줄 사이 가볍고 푹신한 빈틈들을
> 힘센 무게들이 빽빽하게 채워 버린다
> 차에 매달아 한 시간이나 끌고 다니며 만든
> 갈증 속으로 물은 끊임없이 들어오고 있다
>
> — 김기택, 「소2」에서

여기서 묘사되는 '물먹임당하는 소의 현장'이야말로 나의 삶과 내 삶의 현실 조건이 이뤄놓은 시간층에 대한 극적 해부도이다. 당연하게도 그 시간 탐색은 또한 비극적 세계와 만난다. 기형도, 송찬호 같은 시인들의 자기 탐색에서 엿보이던 가족사적 비극이나 더 나아가 실존적 비극도 그렇거니와 자기 삶의 층을 현재의 시간 위에서 재구성하는 김기택, 권대웅의 시, 또

> 내 몸의 태반은 동전들로 채워지기 일쑤였고
> 나는 내 일생의 태반을 동전들의 뒤치다꺼리에 바쳤다
>
> — 이선영, 「짤랑짤랑 흔들린다, 내 인생」에서

등의 시가 좋은 예다.

그렇다면 이 젊은 시인들의 탐색하는 정신에 깃들어 있는 비극적 인식과 지금껏 말해온 정신주의 시 논의의 핵심 시인들이 가지는 강력한 자의식적 인문성 사이의 빈자리를 어떤 식으로 정리해야 하는가. 물론 이 지점에서 당연히 세대적 가름이 생겨나는 것이지만, 앞으로 젊은 세대로서의 당대성을 견지하는 가운데 세계와 화해하는 길을 끊임없이 모색하는 당당한 정신성이 젊은 세대들이 쌓아올릴 몫이다. 또는 손쉽게 위의 박용하가 자연속으로 난 길을 걸으며 속물근성을 반성하려 하듯이,

> 죽은 껍질들을 감아 허무하게 굴러내릴 듯지만
> 담배를 피워도 연기는 산이 토해 내고
> 샘물을 떠마셔도 산의 혈관이 꿈틀거리는 것 같아
>
> ― 강윤후, 「가을 화계사」에서

에서처럼 일상에서 자연 쪽으로 열리면서 현상적 시간을 감싸안는 자연의 넉넉한 힘을 깨쳐가는 자아의 움직임을 주목하듯이, 자연으로 향하는 정서적 기질을 선명한 자의식으로써 탐사하는 일을 주목할 수 있겠다.

 자연친화적인 정서적 기질을 선명한 자의식으로써 탐사하는 일은 물론 우리 시의 전통적인 '서정성'과도 짙게 교류하고 있다는 증거가 된다. 그러나 우리의 전통적 자연친화에는 자연 속으로 몰입되는 자아가 중시될 뿐, 정신성과 관련된 자의식적 자아가 존중되지 않는다. 대상 속으로 몰입되는 자아, 대상과 혼융되는 자아는 대체로 초시간적 세계 인식을 갖고 있으며 현실 현상적 사실에 대한 언급을 회피하게 마련이다. 정신주의 시는 현실 현상의 사실과 그것을 배태한 이면의 세계를 자의식을 앞세워 탐색함으로써 보다 궁극적인 가치가 세계 내에 현존하고 있음을 확인하려 할 뿐 현실살이를 고려하지 않는 것이 아니다. 만약 정신주의 시가 현실 도피적이라면 그것은 곤고한 정신성의 추구라는 점에서 속성적으로 채색되는 '현실 외면 성향'일 것이다.

 이렇게 볼 때 젊은 세대의 볼 만한 서정적 인식은 어떤 것인가. 자연친화적인 정서적 기질만으로 보아도 이들 세대의 시에는 자아가 직접 참여한 자연세계가 그려지지 않는다. 가령 유소년 시절의 체험을 사실주의적인 어법으로 재현하고 있는 정화진의 시를 보면

> 철쭉은 뚝뚝 지고 아버지는 붉은 글씨 행간 사이로 다시 끼어들어 갔다

쌓인 탄더미를 때리는 폭풍우가 천변으로 끌고 가는 검은 강, 검은 아버지 본다

아버지는 긴 복도, 유년의 회랑을 빠져 나가는 길고도 황량한 강물 소리 듣는다

— 정화진, 「긴 복도, 검은 강」에서

에서처럼 과거 시간을 극적 상황으로 제시하고 뒤로 물러나 있는 자아의 독립적 입장이 명백하다. 그 과거는 자연의 순환 체계 안에서 화해로운 시간으로 놓이게 되지만 그것을 객관화하는 자아의 현재성에는 다시 현재의 비극적 인식이 채색된다. 유년으로 향하고 과거로 향하고 그 시공의 자연으로 향하고는 있으되 자아는 여전히 답답한 현실을 맴돌고 있는 이러한 독특한 서정적 인식이 그 자의식성과 관련해 정신주의의 일단으로 편입되고 있다.

요즘은
바람 불면 뼈가
살 속에서 한쪽으로 눕는다

꽃잎이 검은 무늬를 쓰고
내 눈에서 떨어져
발등을 깨친다

나는 안 보이는 나라를 편애하는 것이 틀림없어

이 진흙별에서 별빛까지는 얼마만큼 멀까

— 장석남, 「진흙별에서」 전문

자연의 움직임을 몸 안에서 받아내는 이 유약한 감성의 자아는 필시 바람과 꽃잎과 별빛에 취해 도는 서정시인의 면모를 잘 지켜내고 있지만 "나는 안 보이는 나라를 편애하는 것"이라는 유별스런 자의식으로써 '진흙별에서'의 현재적 무게를 싣고 전혀 다른 비극적 서정을 일구어낸다. 물론 위 시인의 시적 개성이야 '눈에서 떨어지는 꽃잎'에서 보듯이 두드러진 식물적 이미지 변용을 앞세워 한껏 발휘되는 것이지만, 보다 당대적으로는 정서적 기질을 자아에 대한 분명한 인식과 더불어 통어하는 새로운 서정적 인식을 보유하는 데서 시사적인 자리매김을 받을 처지가 된다. 이를 두고 '신서정'이라 말했다면 아주 타당하다. 이 새로운 서정의 모습은 때로는 전통적이기도 하고 때로는 위에서 인용한 바 있는 이선영의 시처럼 일상의 허위성을 반성하는 거점 제시로 쓰이기도 하고

> 그녀의 거리는 일어선다
> 저물 무렵이면 변함없는 그녀의 발소리를 기다리기도 했던 거리
> 어스름 속에서 일어나 그녀를 부축해준다
> 마치 키 큰 애인이기나 한 것처럼
> 그녀의 우산과 가방을 대신 든 그녀의 거리는
> 정답게 그녀의 어깨를 감싼다
> 그녀의 거리도 그녀도
> 하루 낮 동안의 고된 빗소리를 끄덕이며 넘는다
> ─ 이진명, 「그녀의 거리」에서

에서처럼 사물과 자아가 뒤섞이는 일상적 삶의 무의미성을 드러내는 서정적 상황으로 구체화되기도 하면서 끝내 자아의 행적을 놓지 않는 자의식 덕분에 새 세대의 시적 인식을 주도하게 된다.

네 눈동자 속 마른 나뭇잎

네 눈동자 속 때 절은 내

청춘의 숙박부

네 눈동자 속

느닷없는 우박떼

허공 가득 한꺼번에 두리번두리번, 토란잎들

— 장석남, 「風笛 1」 전문

현실적 삶에 길든 자아가 하나의 허깨비일 수 있다는 것, 자아에 대한 그 명료한 깨달음, 그리하여 그들의 서정적 인식은 현재로부터 과거로 유년으로 자연으로 무시간적 현재로 열리면서 허깨비 삶을 성찰하고 반성하는 그 본원적인 가치에 대한 열망을 뒤로 거느리는 정신주의적 자아에 의지하게 된다. 이들 정신주의적 자아에 의해 의지되는 서정적 인식이 앞서 말한 대로, '선배들의 정신성'과 '젊은 세대의 탐색하는 정신'이라는 두 유사한 정신주의적 기질들의 세대적 가름을 다시금 연계시키는 시사적 증거가 되고 있으니, 탐색하는 정신에 뒤이어 눈여겨볼 우리 세대의 한 가능성으로 평가해야겠다. (1992)

중얼거리는 허깨비

쉬잇! 쉬잇, 쉬잇, 쉬잇.

모두가 허망이니
아무것도 남기려 하지 말자꾸나.
— 황인숙, 「그러면 무엇이 허망을 전해줄까」에서

1. 죽음의 도시에서

우리가 몸담고 살고 있는 이 도시가 머지않아 무덤으로 바뀔 것이라는 식의 종말론적인 이미지가 오늘날 우리 시의 한 부류를 채색하고 있음을 확인할 때마다 나는 자주 고개를 갸웃거렸다. 그럼에도 그들을 왜 죽음이 밀려오는 이 도시를 벗어나려 하지 않고 있을까? 한때 그들보다 먼저 도시로 입성해 도시의 반인간성을 파헤쳐주던 선배들마저도 하나둘 자동차를 타거나 기차를 타거나 비행기를 타고 산으로 숲으로 고향으로 바다로 섬으로 가고 있는 동안, 왜 그들은 이 숨막히는 빌딩 사이에서 이 질주하는 자동차들 사이에서 돌아갈 집도 없는 사람처럼 떠돌고 있을까? 그들이라고 왜 도시를 떠나보지 않았으리, 여행이나 등산을 통해 도시의 묵은 때를 벗기며 자신의 갑갑한 삶을 반성해보지 않았으리. 그러나 그들은 어째서 다시 돌아와 도시 안에 갇혀 점점 인간의 생명을 짓밟는 도시의 잔혹한 폭압에 묻혀 꼼짝없이 죽어가는 신세가 되고 있을까? 그들,

> 누구나 헛디디면 죽음이 기다리는 나날의 커브길에서
> 누구든 가릴 것 없이 아차하는 실수의 길목에서
> 　　　　　　　　　　— 신현림,「위험해서 찬란한 시간들」에서

"죽음이 기다리는 나날의 커브길에서"도

> 죽음은 정지가 아냐
> 궤도를 이탈해버린 무한 속도야
> 　　　　　　　　　　— 채호기,「질주하는 길 위에서」에서

무한히 죽음 속으로 질주해 들어가다가는 결국은

> 단테가 이 도시에 태어났더라면
> 일상의 모작으로 충분했을 신곡, 지옥편
> 　　　　　　　　　　— 함민복,「백신의 도시, 백신의 서울」에서

지옥을 완성해버리는 도시의 청춘들, 도시의 시인들은 지금 도시에서 한 치도 벗어나지 못하고 죽음의 노래를 불러대고만 있는 것이다. 왜일까?

아니, 나 또한 무엇 때문에, 어서 빨리 이 도시를 탈출할 생각을 하지 못하고 그들의 노래에 귀를 기울이면서, 그 노래가 어쩐지 내가 지금 부르고 있는 노래 같다고 착각까지 하면서 함께 흥얼대고 있을까?

현실적인 이유를 말할 수도 있다. 그들은 고향을 떠나와 도시로 왔거나 아니면 도시에서 태어났거나 간에 아직 도시를 떠나서는 아무것도 생산하지 못하는 세대라는 사실. 집 한칸 없거나 겨우 집 한칸 얻어 사는 가난한 사람들은 결코 도시를 버리고 자연의 해맑은 대지를 찾아 떠날 수 없는 시대가 된 것임을 나는 어렴풋이 깨닫고 있다(그렇다. 가난한 사람은 이제 도시를 떠나서 살 수 없다!). 자기 몸을 움직이게 해줄 생산처로부터 자유롭게 벗어나지 못하는 세대, 그래서 그들은 그들 선배들처럼 어쩌다가 여행은 할지라도 자신의 삶의 터전인 도시를 배반할 수 없는 처지다.

> 새들이 화들짝 놀라 달아난다.
> 풀섶을 나온 뱀이
> 벌거벗은 맨살을 타고 오를 때
> 문득 섬뜩해지는
> 두고 온 처자식 생각
> 오 너무 멀리 왔구나
> 나무와 사람 사이의 거리를
> 아직은 되돌아갈 길 보인다.
>
> — 채호기, 「半人半樹」에서

에서처럼, 애써 "나무와 사람 사이의 거리를" 좁혀 멀리 '나무'에게로 왔으나 아예 돌아갈 길을 잊을까 "두고 온 처자식"을 섬뜩하게 떠올릴 수밖에 없는 처지가 내 신세요, 그들 신세였던 것.

2. '불온한 검은 피'의 노래

그들이 도시를 죽음으로 인식하고도 도시를 떠나지 못하는 보다 근원적인 이유는 이런 것이 아닐까. 성장기를 무한 속도, 무한 경쟁의 문명사와 함께 겪은 세대의 피에는 처음부터 자연의 생생한 혈맥으로도 수혈하지 못하는 독성이 배어버렸으리라. 가령, 그들의 피는 처음부터

> 합성인간의 그것처럼 내 사랑은 내 입맛은 어젯밤에 죽도록 사랑하고 오늘 아침엔 죽이고 싶도록 미워지는 것. 살기 같은 것 팔 하나 다리 하나 없이 지겹도록 솟구치는 것
>
> 불온한 검은 피, 내 사랑은 천국이 아닐 것
>
> — 허연, 「내 사랑은」에서

에서의 "불온한 검은 피"가 아니었을까. 그래서 그들은 그들 몸을 녹여주고 독을 해독해줄 연인의 순수함조차 그냥 '사랑'만으로 받아들이지 못하고 그 '사랑'에 어느새 '죽음'의 빛을 채색시켜버리고 있는 것이리라. 그 사랑은 인간이 자연 속에 머물던 때와 같은, 사람이 연인의 품속에 있을 때와 같은, 그런 화해로운 사랑이 아니라

> 그대 몸의 캄캄한 동굴에 꽂히는 기차처럼
> 시퍼런 칼끝이 죽음을 관통하는
> 이 지독한 사랑
>
> — 채호기, 「지독한 사랑」에서

에서처럼, 사랑해서 서로의 몸 안에 깊이 들어가는 정도에 머물지 못하고 끝내 '서로의 죽음까지 관통하고야 마는 지독한 사랑'이 되고 만다. 그들에겐 사랑이 결코 '천국'일 수 없었던 것. 이것이 도시의 폐수에 수맥을 대고 있었던 사람들의 운명인 것이다. 그들의 생명이란

> 토르소처럼 가지 잘렸던 가로수가
> 푸르른 잎새 가지를 게워내고 있다
> 뿌리와 몸통이 기억하고 있을 아픈
> 추억의 공간을 향해 욕망의 구차한
> 푸르름으로 다시 한번 가내수공업
> 이산화탄소 그물을 짜아올리고 있다
>
> — 함민복, 「욕망의 망각곡선」 전문

에서와 같이, '한때의 푸르름으로 다시 힘껏 푸르른 잎새를 게워내보지만', 그건 또 다른 독을 생산하는 일과 같다.

따라서 그들이 즐겨 부르는 노래가 '푸른' 자연의 노래가 아니라 주로 죽음의 도시의 노래가 되는 것은 당연한 이치다. 도시의 모든 것, 아파트, 빌딩, 지하철, 자동차 등 활동 공간은 말할 것도 없고, 카페, 주점, 나이트클럽 등 유흥적인 소비 공간, 텔레비전, 시디플레이어, 자동판매기, 리모트컨트롤 등 문명의 이기들, 광고, 뉴스, 간판, 사진, 재즈, 영화 등에서의 대중문화적인 정보들이 그들의 삶과 함께하는 것들이므로, 그들이 그것을 도구로 삼아 도시의 노래를 부르는 것도 또한 당연한 결과다. 그들의 노래에는

> 물소리 차소리 피아노 TV소리
> 얼마나 머리가 터미널 같은지

아이 우는 소리 헌 집 갈려는 공사판 소리
내 방은 다세대주택으로부터 돌덩이같이 흔들리고

— 신현림, 「떠나지 않는 자들의 냄새」에서

에서처럼 온갖 소음 속에 시달리다 "머리가 터미널"이 되어버린 아주 흔한 도시인의 사연이 담기는 것 정도는 손쉬운 일이고, 또는 애써 멀찍이 물러나

고층 아파트 화장실에
일렬종대로 앉아 있는 사람들
퇴적물처럼 켜켜로 쌓여 있는
사람 위에 사람
사람 밑에 사람
스톱모션 스위치를 누르면
딱딱하게 굳어 버릴
현생대의 화석

— 김혜수, 「404호·3」 전문

라며 풍자적으로 우스꽝스러운 필치로 도시 풍속도를 그려낼 수도 있겠지만, 그것 역시 쓰레기더미 위에 사는 도시인 이야기이기는 마찬가지. 나아가 그들 "불온한 검은 피"들의 노래가 퇴폐적이고 향락적인 소비문화의 어투를 흉내내

넌 냄새가 좋아 아이 내가 너무 취했나 봐
벌써 다 젖었잖아 젠장 모르겠어 그런데 말이야
팬티를 벗고 있으니까 기분이 이상해 하지만 여기선 안 돼

우리 저기 화장실에 가 거기서 한번 해 줘 어서

— 김태형, 「펑키 걸」에서

에서처럼 극단적인 화자(펑키 걸)를 창출하게 되는 근거도 어렵지 않게 댈 수 있다.

3. 황홀한 맛을 향해 들끓는 욕망

우리의 "불온한 검은 피"의 소유자들이 죽음의 도시에서 떠나지 못하고 그 죽어가는 도시를 노래하는 일로써 자신의 삶을 확인할 수밖에 없는 처지라면, 그 노래는 거듭 새로운 도시의 얼굴들을 찾아 나설 수밖에 없게 된다. 마치

라디오 이어폰을 뇌에 박고
뉴스를 기다리며 잠자리에 든다

— 함민복, 「뉴스에 중독된 사내」에서

새롭고 충격적인 뉴스가 아니면 전혀 자신의 존재를 확인할 수 없는 "뉴스에 중독된 사내"처럼, 더 강력하고, 더 충격적인, 아예 자신의 혼을 빼앗아가버릴 만한 것을 찾고,

쓸쓸한 맛이 필요해
쓸쓸한 거 한잔 마시고 싶어

(……)
　　고통의 절정 그 황홀함에
　　온몸이 비비 뒤틀리게

— 이선영, 「씁쓸한 맛」에서

마냥 달콤해서도 안 되는 새로운 맛, 나아가 자신의 "온몸이 비비 뒤틀리게" 하는 황홀한 것을 찾는다. 그 욕망, 그 조급증은 끝없이 낯설고도 황홀한 것을 원한다. 그러니 실은, 이제 눈앞에서 변화하는 모든 것은 다만 그 변화를 요구해왔던 그들 도시인의 욕망이 만든 부유물이다. 그것은 끊임없이 표변하는 껍데기일 뿐이다. 흔히들 '시니피앙'이라고 말하는 그것. 그 시니피앙들은

　　(……) 거 간판 좀 보고 다니쇼 할 수 없지 그렇다면 오감도 위 옥스포드와 슈만과 클라라 사이 골목에 있는 소금창고 겨울나무로부터 봄나무에로라는 카페 생긴 골목 그러니까 소리창고 쪽으로 샹베르샤유 스카이파크 밑 파리 크라상과 호프 시티 건너편요 또 모른다고 어떻게 다 몰라요 반체제인산가 그럼 지난번 만났던 성대 앞 포트폴리오 어디요 비어 시티 거긴 또 어떻게 알아 좋아요 그럼 비어 시티 OK 비어 시티—

— 함민복, 「자본주의의 약속」에서

이렇게 거리거리의 간판이며, 패션이며, 기호에서, 매일매일의 뉴스에서, 서점에서, 비디오 가게에서, 텔레비전에서 무수히 춤추고 있다. 그 중에서 더 확실한 황홀, 더 강력한 맛을 찾아다니는 그들의 마음은 점점 조급해지고, 그래서 자꾸 말이 많아지거나 빨라진다.

　　맨홀의 도시를… 강력세제강력방부제강력제초제강력살충제강력피임제강

> 력…강력마취제가 흘러넘칠 때
>
> 불타는 해일일 때 그것이 강력범죄로 느껴질 때
>
> 나도 강력범임을 시인할 때
>
> 내가 나를 죽이고 싶을 때
>
> — 신현림, 「거기 나의 황홀한 우울」에서

마음이 조급해지고 그래서 말이 많아지거나 급해지다 보면, 말의 문법이나 어법도 무시되기 일쑤이고, 마치 도시 아이들의 우상 '서태지와 아이들'이 부르던 랩송처럼 쉴 틈 없이 말을 쏟아내다 보면, 별로 중요하지 않은 자기 이야기가 곧 하찮은 잡담이 되어버렸다는 사실을 모르게 되고, 어떨 땐 제 스스로 무슨 말을 했는가도 잘 알 수 없게 되어버린다.

> 생각 없는 말들이 나온다 중얼중얼중얼 생각의 무게에서 벗어난 말들은 가볍다 말 속에는 단지 목청의 떨림이나 내장 냄새 발음 억양 따위만이 있을 뿐이다. 나는 정말 말을 꺼낼 생각은 없었다 내 안에서 무엇이 그 말들을 밀어냈던 것이다(……) 내 머리는 텅 비어서 아무런 말도 생각해낼 수 없다 무슨 말이 나오고 있는지 모르면서도 중얼중얼중얼 말들은 쉴새없이 나온다 지금까지 나오고 있던 말들이 내 것이었다는 것을 알고 깜짝 놀랄 때까지 나는 그저 자고 있는 것처럼 조용하다.
>
> — 김기택, 「중얼중얼중얼」에서

그들은 중얼거리고 있다. 자신의 입에서 "무슨 말이 나오고 있는지 모르면서도 중얼중얼중얼 말들은 쉴새없이 나온다." 언제까지? "지금까지 나오고 있던 말들이 내 것이었다는 것을 알고 깜짝 놀랄 때까지." 그걸 모른다면, 하염없이 중얼거릴 것이고, 그걸 알고 나더라도, 잠시 중얼거리다 말고 말을 끊었다가는, 중얼거리는 외에 다른 방법이 없을 테니까 그냥 중얼거릴 수밖에 없게 된다.

 그들의 노래는 때로, 지르다 만 비명 소리나 부르다 목이 쉬어 대충 끝맺은 노래 같기도 하다. 그 노래는 뭔가 충격적이긴 해도 내용을 잘 알 수 없을 때가 많다. 그들의 노래에는 무당의 주술처럼 격정적인 가성과 중얼거리는 듯한 요설이 뒤섞이기도 한다. 그 노래는 언어 유희 효과가 잘 발휘되기도 하지만 한편으로는 크게 긴장감이 떨어지기도 한다. 그들의 노래는, 그러고도 끊임없이 부르지 않으면 불안해서 견딜 수 없어 같은 노래를 엇비슷하게 반복해서 부르는 노래가 되기도 한다. 그 때문에 그들이 대량 생산하게 되는 시는 상당수 동어반복적이고, 운이 좋거나 목청이 실한 경우 시집도 많이 내게 되는 행운을 누린다.

4. 흔적뿐인 삶을 자각한 뒤에

 생각과 분리된 말들이 벌이는 끝나지 않는 말의 축제가 곧바로 시가 될 수 있는 것일까? 문제는 그 현상의 일부로 시가 존재하는 것과 그 현상의 반영자 또는 고발자로 시가 존재하는 것의 차이에 있을 것이다. 그러니까 도시의 시니피앙 속에서 그 끝없는 시니피앙들을 함께 만들어가야 하는 운명 속에서, 스스로 그 운명의 일부임을 얼마나 자각하고 있는가가 오늘 도시에 살아 도시의 노래를 만들고 부르는 우리들의 숙제인 것이다. 그 숙제는

   나는 무엇을 보았고
   무엇을 그린 것일까?

> 이지러진
> 잠결의 낙서
> 모든 것의 바로 그것인
> 그림자.
>
> — 황인숙, 「서쪽 창에 의자를 놓고」 전문

에서처럼, 내가 함께 속한 도시의 표변하는 모습이란 정작 그것의 본질은 없고 그림자만 남은 것들이라는 사실에 대한 자각을 수반할 때 풀릴 수 있는 것.

> 그렇다 너는 없다
> 없다는 것보다 더 확실한 너의 흔적은 없다
>
> — 김기택, 「너는 없다」에서

에서처럼, 낯선 것을 찾던 욕망의 대상이 실은 하나의 가짜 실재, 즉 흔적일 뿐이듯, 그 욕망의 주인공이 행하는 모든 것 또한 실은 고스란히 흔적일 뿐이라는 자각에서부터 풀이의 실마리를 찾을 수 있는 것. 도시의 화려하고 무수하고 새롭고 강력한 기호를 닮은 시를 양산해내면서, 끝내 도시에 남아 도시의 죽음을 함께 체험할 수밖에 없는 우리 도시의 시인들은, 이미 스스로가

> 뿌옇게 버캐진 거울 속에서
> 나는 영정처럼 내 방을 내다본다
>
> — 황인숙, 「더 이상 세계가 없는」에서

'영정'이 되어버린 '중얼거리는 허깨비' 신세임을 알아차렸을 때부터 비

롯되는 고통을, 얼마나 제대로 자각하고 얼마나 깊이 끌어안고 있는 것일까? (1992)

몸속에서 몸 비우기
― 정진규의 '몸詩'

"티브이에서 맥주를 꺼내 마시면 나도 냉장고에서 맥주를 꺼내 마시"(「몸詩·90」)듯, 때로 그 말투까지 흉내내면서 여유 있게, 정진규의 「몸詩」 연작을 읽어 가다가 문득, 한 편 시에 오래오래 시선을 앗기고 있다.

기억나지 않지만 물 속엔 깨끗한 물 속엔 꽃의 두근거림이 있다고 누군가가 말했다 이른 새벽에 봄날 새벽에 안개를 헤치고 가서 풀밭을 한참 걸어가서 물가에 당도하여서 젖은 발로 그걸 보고 들었다고!

그는 다시 말했다 햇살이 그의 따뜻한 혀로 이슬들 핥기 시작한 바로 그때쯤, 마침내 물 속에서 솟아오른 꽃을 두고 오, 물이 알을 낳았다고!

그러니까 꽃은 알이다 그러니까 물은 子宮이다 두근거림이란 회임한 내 아내의 배에 귀를 대고 내가 듣던 바로 그런 소리다 내게도 그런 날이 있었다

상처를 핥아다오, 물 속 꽃의 두근거림아!

― 「몸詩·36 - 물 속엔 꽃의 두근거림이 있다」 전문

마치 아무 일도 아니란 듯이, 기억도 잘 안 난다는 듯한 '누군가'의 말을 빌려, '걸어가서', '당도하여서'라며 어눌하게 이야기를 늘어놓기 시작하더니, 점차 그 이야기가 여간 신선해지는 게 아니다. 새벽 물가에서 하루 중 처음으로 내리는 햇살과 그 아래 형체를 다 드러내게 된 물, 그 빛과 물이 화합하는 한순간을 포착한 다음 그 물속에서 잉태된 꽃을 보게 되었다고 이야기한다. 이 이야기는 "이슬은/하늘에서 내려온 맨발/풀잎은/영혼의 깃털"(「몸詩·17」)이라며 이슬과 풀잎의 화해로운 만남을 노래한 것과 같은 맥락이다. 이어, "물에서 꽃이 되었다"가 아니라 "물이 알을 낳았다!"고 내질러지는 탄성을, "물은 子宮이다"라는 식으로 상징사전에 나와 있음직한 해설과는 다른 차원에서, 우리는 '몸'으로 공감할 수 있다. 더 놀라운 것은 빛에서 정자를 얻고 물에서 자궁을 얻은 꽃이 물 속에서 새벽 안개 사이로 기운을 뿜어 올리는 그 두근거림에 대해 이야기하고 있다는 점이다. 그 꽃 피어나기 전의 두근거림을 들었다고 말하는 그런 구체적 형상도 쉽게 얻어지는 게 아닐 터인데, 그걸 다 '누군가'에게 들은 것이라 하고 있었다. '나'에게 그런 이야기를 들려준 사람은 누구였을까. 실제 누구였던가가 문제가 아니라, 그 '누군가'의 말 그대로 '내'가 어느새 그 사실을 확인하게 된 것이 아닐까?(슬몃 '누군가'의 말인 것처럼 풀어놓은 여유!) '나'는 어느새 그 두근거림을 몸으로 느끼며, 불현듯, 젊은 날 아내의 뱃속에서 신비로운 생명의 꿈틀거림을 확인하던 때의 경이로움의 시간과 되만나고 있다. 순간, 지금의 '나'는 어떤 존재인가, 나에 대해 물으니, 괴롭게도 나는 지금 온몸이 상처뿐인 늙은 몸이다. 생명의 신비, 처음 살아나는 것들의 경이를 도저히 되살리지 못하는 몸, "속으로만 입고 있던 상처를", "몸에도 내고 다"(「몸詩·55」)니는 상처투성이, 평생 내가 하인으로 부려 먹은 몸(「몸詩·66」), "털이 조금 남은 원숭이"(「몸詩·49」), "성장을 다 끝내버린", "게걸스러워"(「몸詩·38」)

진 몸, 나는 내 온몸의 상처를 온몸으로 느끼고 있다. 그리하여 나는, 상처뿐인 내 몸을 알려준 "물 속 꽃의 두근거림"에게, "상처를 핥아다오"라고 소리치는 것이다. 이 외침은 뼈아픈 절규로 들리지 않는다. 온몸에 상처를 내며 살아온 자의 회한이나, 후회, 한탄 따위가 아니다. 왜냐하면 바로 그렇게 상처입은 몸이기 때문에 비로소, 그렇게 상처입은 자기 몸을 스스로 알기 때문에 비로소, 그 "물 속 꽃의 두근거림"을, "회임한 아내의 배에 귀를 대고 내가 듣던 바로 그런 소리"를 이제 참으로 경이롭게 되들을 수 있게 되었던 것이다.

늙은 몸, 상처뿐인 몸이라야 다시 들을 수 있게 된 것들, 그것들은 기실 거창하고 위대한 경지의 것들이 아니라, "나의 몸을 깨우는 일에 몸 하나 일으켜 세우는 일에 지나지 않"(「몸詩·73」)는 것들이다. 그의 깨달음, 그 경이로운 발견이란

> (……) 오늘은 내 생일이자 첫 손자의 백일 되는 날, 緣이다! (……) 吉日이다 내 소멸의 빈터에도 풀잎 하나 돋는구나 풀잎, 아기의 손을 쥐니 가득 조여오는 生動! 온몸이 개운했다
>
> ―「몸詩·59 - 吉日」에서

에서처럼 지극히 평범한 일상사의 한귀퉁이에서 확인되는 것들이다. 그런데 사소하고 하찮은 것들, 아예 없어도 좋을 것처럼 보이는 것들, 있으나 없으나 아무도 보아주지 않던 것들, 그런 것들을 발견해 내면서 이 늙은 몸은 놀라워하고 신기롭게 여기며, 거듭 탄성을 내지르곤 한다.

> 나의 사랑하는 여자는 요즈음 제일가는 걱정이 내 몸무게가 자꾸 줄고 있다는 바로 그것이다 내 줄어드는 몸무게는 그의 비인 칸을 자꾸자꾸 넓히고 있음

이 확실하다

　　새들은 날고 싶은 것만이 아니다 날아가고 싶은 것만이 아니다 이 봄날 둥지를 따뜻이 가득 채운 몇 개의 새알들을 나는 본 적이 있다
　　　　　　　　　　　　　　　　　　　　　　　―「몸詩·1」 전문

　몸이 축나고 있다는 따위의 세속잡사를 '줄다/넓히다'의 대립항으로 내세운 다음, 인간의 세속사와 다름없는 자연의 우연한 순간을 포착하는데, 그 포착된 것이, 욕망, 열망, 지향 등으로 내포된 현시적 세계의 그늘에서 죽은 것처럼 보이던 세계의 아름다움이다. 즉, 별 의미 없어 보이던 '줄다/넓히다'의 대립이 '새/새알'의, '날다/남다'의 대립으로 전이되면서, 크고 높은 것에 가치를 두는 인간사의 관습을 넘어서 보다 작고 낮은 것에 새로운 가치가 있음을 드러내 준다. 그 가치는 그러나 흔히 세속에서 말하는 가치가 아니므로, 근엄하거나 화려하지 않는 어투로 아무 일 아니라는 듯이 느슨하고 때론 시가 아닌 것처럼 "엘레난가 뭔가 하는 여성잡지에서/여자들의 눈, 코 귀, 입을/시로 써 달랜다"(「몸詩·27」)로 속되게 말해지고 드러나진다. 크고 높은 것보다 작고 낮은 것의 가치를 말하는 시들이야 많았다. 그 하찮은 것들의 무한한 가치를 노래하는 시인 또한 많았다. 오늘의 시인 정진규야말로 그런 대표적인 시인이 아니었던가. 또한 오늘날 '정신주의'로 명명되기도 하는 시인들이 지향하는 세계도 "아직은/미워할 수 없는 게/더 많다/아직은/바알간 속살로/기다리고 있는 게 더 많다"(「몸詩·24」)에서처럼 하찮은 것의 위대함, 낮은 것의 고고함, 그리하여 가장 세속적인 것인 속에서라야 가장 고귀한 것을 피울 수 있다는, 일명 화엄적 경지가 아닌가. 더 나아가 "요즘 세상에/제자리를 지킬 수 있는 것은/잡풀들밖에 없다는 생각이 드실 것이다"(「몸詩·23」)에서처럼 미물들의 놀라운 생명력을 일러주고, 탈도시적 세계에

서 인류가 복원해야 할 참다운 가치를 일러주는 '환경의 문학' 또한 이런 연장선에서 함께 향수될 수 있었던 게 아닐까. 무릇 시란, 문학이란, 작고 낮은 것의 아름다움을 노래할 때 진정 아름다움을 획득할 수 있었던 것. 그런데 중요한 건, '작고 낮은 것이 가치 있다'라고 말하면서 어느새 눈을 부릅뜨고 결연하게 마치 그 진리를 거부하는 존재들은 무조건 다 없애 버리겠다는 듯이 밀어붙이려는 시들이 돋보이는 시대가 또한 우리의 시대였다는 점에서, 그 작고 낮은 것이 곧바로 고귀한 게 아니라, 그냥 그 자체로 작고 낮은 것일 수 있다고 말하기까지 하면서 숨은 가치를 마침내 은연중에 빛내게 되는 그런 시가 자꾸 필요했다는 사실이다. 작고 낮은 것을 진정 작고 낮은 것이라 말할 수 있을 때 비로소 아름다워지는 이야기.

> 내 뜨락의 감나무 한 그루
> 주렁주렁 열매 익어 세상을 환하게
> 밝히고 있다만
> 끝내 잡고 있던 손을 놓는 걸 나는 보았다
> 열매가 하나 툭, 떨어졌다
> 저 빈 자리!
> 오늘은 내내 빈 자리 그것만 보았다
> 빈 자리가 일으켜 세우는 빈 자리여,
> 특히 내 한 애인의 빈 자리는!
> 삼십년이 지나서도 아주 분명했다 이 가을,
> 나는 하루종일 무게가 나가지 않았다
> 공원엘 가 보았지만
> 빈 자리가 되어버린 骨多孔症의 노인들만
> 빈 자리로 가득했다

우리나라 땅은 하루종일 무게가 나가지 않았다

— 「몸詩·46 - 가을에」 전문

　　감나무에서 감 열매가 떨어진다. 이때, 떨어진 감을 보는 대신에 시인은 감이 나무에서 떨어진 자리의 빈 공간을 보고 있다. 떨어진 감이 현실이라면 감 떨어진 빈 자리는 이미 현실이 아닌, 한때 현실이었다는 사실을 환상으로 품을 수밖에 없는 환상의 현실이다. 당연히 그 환상의 현실은 진짜 현실에 비해 소외된 공간이다. 생명이 떨어져 나간 소멸의 공간이요, 이제 시간이 멎은 암흑의 공간이다. 아무도 어떤 것을 얻을 수 없는 무상의 세계이다. 그 무의 세계를 시인은 바라본다. 그리고 그 스스로도 "나는 하루종일 무게가 나가지 않았다"라고 말한다. "우리나라 땅은 하루종일 무게가 나가지 않았다"라고 말한다. 다른 시에서는

　　(……) 좀 더 하느님 가까이에 있던 저 빈 자리, 軟柿 한 알이 매달려 있던 높이, 그가 땅으로 온 것은 제 무게를 제가 견딜 수 없었던 충만의 끝이었겠지만 하느님 가까이에 있는 몸은 스스로 빈 몸일 수 있을 때 비로소 몸일 수 있다는 걸 그가 깨달았기 때문이라는 생각이 들었다

— 「몸詩·75 - 軟柿」에서

라고, 대상(떨어진 감) 스스로가 무상의 세계("스스로 빈 몸일 수 있을 때 비로소 몸일 수 있다")와 일체화되었음을 내가 다시 일체화해 보인다. 현실보다 환상, 탄생보다 소멸, 빛보다 암흑 쪽으로, 무의 세계로 시선을 두던 시인은 어느새 그 스스로 무가 되고 있음을 느끼고 있는 것이다. 대상과 자아의 일체화를 지향하는 일, 그것은 평범하게, 모든 서정 양식의 기본정신이지만, 이때의 대상이 바로 하찮고 소외받은 세계의 것이란 점에서, 그리고 그것과의 일체화를 보이고 있다는 점에서 더 진정한 의미

가 생겨나고 있는 것이다.

 그러나 이처럼 자기 몸을 하염없이 낮은 데로 두고 작고 낮은 세계와 손잡는 일이 마냥 쉬운 게 아닐 것이다. 왜냐하면 자기 몸이 낮아졌다고 말하는 순간 그땐 이미 높아져 있기 마련이기 때문이다. 그것마저 참으로 낮출 수 있는 길은 없을까. 아마도 이 지점에서 정진규는 '몸'을, 높은 데 있기를 즐기고 스스로 고귀한 척하는 다른 모든 것을 버리고 오로지 몸만을 붙든 것이 아니겠으며, 마침내 그 몸마저도 무의 세계로 내보내야 한다고 생각하지 않았을까.

> 내 살을 주어버리던 살 비우기의 시절도 있었으나 그것도 초보에 지나지 않는다 비어 있음의 충만이란 아무렇게나 아무나 말하는 것이 아니다
>
> ―「몸詩·56-神算」에서

 한때, "비어 있음의 충만을 위하여"(『비어 있음의 충만을 위하여』, 1983) 하고 내세우기까지 했던 그가, 이제 진정 완전한 비움을 보여주기 위해 스스로가 한 말을 무화시켜 본다. 그것은 굴종에 다름 아닌데, 진정 비울 수만 있다면 "아름다운 굴종"(「몸詩·13」)이 된다. 그때서야 비로소 그 몸은 무의 세계와 합일되어, 무화될 수 있다. 하지만 그것은 역시 멀고 험한 길. "갈수록 상처가 깊"(「몸詩·53」)어지는 몸을 느껴야 하는 일.

> 그날 이후,
> 품고 다닌 칼 한 자루
> 여엉 꺼내 쓰지 않았더니
> 제 스스로 걸어나가
> 달빛 아래
> 제 몸을 제가 갈고 있다

제 몸의 毒을 毒으로 갈고 있다

　　　녹이 슬었다고

　　　녹이 슬었다고

　　　숫돌에

　　　제 몸을 제가 몸으로 갈고 있다

　　　날 세우고 있다

　　　마침내 시퍼렇다

　　　내가

　　　써억 베어지고 싶다

　　　　　　　　　　　　　―「몸詩·28-달밤」전문

　　제 몸 버리기를 추체험하는 그의 변모는 「몸詩」 연작에서 상당히 두드러져 보인다. 왜 실제 체험이 아니라 추체험인가 하면, 이제 마지막으로 자기 존재 가치를 부여해 주던 몸을 모두 버려야 하는 아픔 때문. 진정 제 몸의 부질없음을 자탄해야 할 몸은 가만히 있고, 제 몸을 갈기 위해 품고 있었던 칼이 대신 나가 스스로 몸 갈고 있다. "제 몸의 毒을 毒으로", "제 몸을 제가 몸으로 갈고"있는 내 시퍼런 칼의 모습을 나는 온전히 지켜본다. 그러고는 비로소 "내가/써억 베어지고 싶다"로 제 몸 버리기의 당위성을 간단하게 드러낸다.

　　　뜨락의 작은 나무 하나도 나뭇가지도

　　　한 마리 새를

　　　평안히 앉힐 수 있는

　　　몸으로, 열심히 몸으로!

　　　움직이고 있다

　　　　　　　　　　　　―「몸詩·52-새가 되는 길」에서

에서처럼 추체험뿐 아니라 다른 사물의 움직임을 보고 나서도, 제 몸 안에서 제 몸을 온전히 비울 수 있는 길에 대해 장황스럽거나 과장되지 않게 모색해 준 것만으로, 그 몸의 몸부림은 아름다울 수 있다. 「몸詩」 연작의 좋은 시는, 버리려 한다고 했지만 버리기 힘든 몸의 괴로움을, 그 괴로운 현장을, 그러나 세속적으로, 어눌하게, 사소하게, 아무 일 아닌 듯이, 그냥 슬쩍 보여 주려 한 데서 얻어졌다.

> 볼펜이 없이 하루를 지내본 적이 있는가 견뎌본 적이 있는가 처음 내가 볼펜을 가지고 있지 않다는 것이 확인된 건 서울에서 온양으로 가는 기차 속에서였다 무슨 생각이 떠올라 그걸 적어두려고 찾았으나 없었다 난감했다 옆의 사람에게 빌릴 수도 있었겠지만 문득 나는 그 난감을 즐기기로 했다 그 생각이 지워질까 끝내 기억될까를 생각하는 순간에도 그 생각은 자꾸 낡아갔겠지만 나는 재빨리 몸을 세웠다 오, 재미있는 줄다리기! 지워짐 쪽으로, 기억 쪽으로, 당기고 놓아주기! 내가 힘이었다 그 맛이 괜찮았다 탱탱했다 나의 하루가 탱탱했다 오, 탱탱한 것은 불안한 것이다 죽음 직전과 탄생 직전이 가장 탱탱하고 불안하다 하루를 견뎠다 하루를 버텼다 생각이여! 오, 그대도 용케 견뎌주었다 버텨주었다 이토록 탄생과 죽음 사이를 탱탱하게 채울 수 있는 날이 가장 행복하다 가장 불안하다
>
> ―「몸詩·50-행복論」 전문

서울에서 온양으로, 대전으로 "地方大學 아이들을 가르치러"(「몸詩·67」) 가는 몸의 일상사, 그 일상사 중에서도 아주 짧은 한순간의 일이다. 이 사소한 일을 한 사소한 말로 전해 준다. 볼펜을 안 가지고 와서, 떠오른 멋진 시상을 적어 두지 못하게 된 시인이자 대학 시간강사의 '안절부절 못함'에 대한 이야기다. 그 시인은 자신의 건망증에 대해 잘

알고 있을 정도만큼 늙어 있는 사람이다. 그 늙음에 어느 결에 여유가 찾아들었다. 시상을 놓칠까 조급해지거나 집착하게 되지 않고, 오히려 놓치기 싫은 욕심을 버리고 있다. 욕심을 버리고 나니 마음이 편안하다고 말하지 않은데 이 시의 놀라움이 있다. 마음을 비우는 데도 여전한, 놓치기 싫은 욕심, 그래서 마음을 비우는 몸과 마음을 지우는 데도 비워지지 않는 몸 사이의 긴장이 생긴 것이다. "지워짐 쪽으로, 기억 쪽으로, 당기고 놓아주"는 "재미있는 줄다리기"가 이 시에 유치하지 않은 유머와 조금씩 지적으로 상승해 가는 정신의 궤적을 낳았다. "탱탱한 것은 불안한 것이다"라는, 나아가 "죽음 직전과 탄생 직전이 가장 탱탱하고 불안하다"라는 아이러니로 치장된 관념적 진술이 빛날 수 있었던 게 바로 그에 앞서 몸 안에서 몸 비우는 일의 긴장이 먼저 발생된 때문인 것이다. 가령,

겨울보다는
봄철에 이승을 뜨는 사람들이 더 많다.
아득하다
봄철에는 저승 가는 길마저 트이는 걸까
밀봉을 푸는 걸까
그런 길이 하나 놓여 있음이 보인다
아득하다
어제는 가 보니,
이 봄에 늘어난 봉분들이
아직 싱싱한 맨 흙으로 이산저산 밀봉되어 있었다
밀봉을 풀고 밀봉되어 있었다

— 「몸詩·80-봄」에서

에서도 "봄철에 이승을 뜨는 사람들이 더 많다"는 걸 알게 된 자의 처연함 속에서 "저승가는 길"이 "하나 놓여 있음"을 바라보는 여유가, 다시 봄의 탄생과 싱싱한 죽음(봉분)의 대립적 긴장(죽음과 탄생의 긴장을 느끼는 봄)과 서로 어우러지면서 비로소 봉분이 "밀봉을 풀고 밀봉"되는 아이러니를 빛내게 되었던 것이며, 그때의 긴장이

상처를 핥아다오, 물 속 꽃들의 두근거림아!

라고 외치던 자의 몸에서 느껴지던 바로 그 미적 쾌감이었던 것이다.
　몸 안에서 몸 비우는 일, 그것은 몸에 관한 일이지만, 사실은 고스란히 정신에 관한 일임을 우리는 알고 있다. 명예와 성취에 대한 집착과 아집, 관념과 수사 등을 허물어야 참다운 정신이 깃들게 됨을 정진규는 '몸', 아무 것으로도 치장되지 않는 몸의 이야기, 몸 안에서 몸 비우는 과정으로 보여 주려 했다. 비유와 수사를 되도록 없앤 평범하고 세속적인 언어로, 크고 높은 세계의 이야기보다 사소하고 일상적인 이야기를 내세워서 몸에 깃드는 온갖 몸 아닌 것들, 이를테면 관념, 이성, 이데올로기 등에 관련된 것들을 몰아내고 벗기는 그 진지한 과정 속에 시적 긴장, 탄력이 생겨나고, 어쩌다가 추상적 낙관주의를 쉽게 드러내 주기도 했던 언어들까지도 뜻깊게 살려 놓는다. (1994)

※ 정진규 시집 『몸詩』(세계사, 1994)에서는 기발표된 「몸詩」 연작 108편 가운데 「몸詩·13」부터 78편이 시인 자선으로 실려 있다. 이 글에서 인용된 시에 붙은 ( ) 안의 번호는 그 연작들의 번호를 가리킨다. 「몸詩·13」 이전 시는 『별들의 바탕은 어둠이 마땅하다』(문학세계사, 1990)에서 인용했다.

미련과 체념 사이의 긴장
— 김명인의 시

모감주 숲길로 올라가니
잎사귀들이여, 너덜너덜 낡아서 너희들이
염주소리를 내는구나, 나는 아직 애증의 빛 벗지 못해
무성한 초록 귀때기마다 퍼어런
잎새들의 생생한 바람소리를 달고 있다
그러니, 이 빛 탕감받도록
아직은 저 채색의 시간 속에 나를 놓아다오
세월은 누가 만드는 돌무덤을 지나느냐, 흐벅지게
참꽃들이 기어오르던 능선 끝에는
벌써 잎 지운 굴참 한 그루
늙은 길은 산맥으로 휘어지거나 들판으로 비워지거나
다만 억새 뜻 없는 바람무늬로 일렁이거나

— 김명인, 「가을에」 전문

김명인은 12행 되는 이 짧은 시에서

> 모감주 숲길로 올라가니/잎사귀들이여, 너덜너덜 낡아서 너희들이/염주소리를 내는구나, 나는 아직 애증의 빛 벗지 못해/무성한 초록 귀때기마다 퍼어런/잎새들의 생생한 바람소리를 달고 있다(1~5행)

로 노래하고 있다. 이미 가을이 와서 너덜너덜해진 모감주 잎사귀와 가을 숲길에서 그것을 보고도 도리어 내가 무성한 초록 귀때기마다 달고 있다는 잎새들의 생생한 바람소리와의 대비가 일단 볼 만한 것이 아닌가. 왜냐하면, '너덜너덜'과 '생생' 사이의 감각적 어감 대조의 묘미 때문이라기보다, 가을길로 접어든 이로서 잎 지고 날 저무는 가을의 이치를 번연히 알 터인데 다시 무성한 초록 귀때기들을 연상하는 일(시의 표면에서는 연상이 아니라 실제 있는 것을 보는 듯 묘사되지만) 자체가 하나의 아이러니이기 때문. 가을길로 접어들어 모감주 잎사귀들의 자연으로의 귀의함을 눈치챌 정도의 화자가 왜 이렇듯 뒤늦게 와서, 뒤에 이어지는 시행에서 보듯

> 그러니, 이 빚 탕감받도록/아직은 저 채색의 시간 속에 나를 놓아다오(6~7행)

라고 채색의 시간을 염원하는가. '애증의 빚'을 탕감받고 싶다는 이 염원은 그러나 자세히 보면 염원이 아니라, 애증이 존재하는 젊은 시절의 시간 속에 머물고 싶은데 이미 머물지 못하고 떠나가고 있다는 쓰디쓴 자기 확인, 자기가 자기에게 "저 채색의 시간 속에 나를 놓아다오"라고 소리치는 형국이므로, 이것도 진술된 것과 실제의 내용이 서로 다른 아이러니 상황으로 펼쳐져 있는 꼴이다. 이미 가을 속으로 깊이 여행해 온몸

으로 지나간 채색의 시간에 미련을 가지는 이 이율배반적이고 미련스런 화자에 대해 미리부터 그 어눌함을 탓하려들거나 반대로 애써 그 안쓰러움을 동정하려 할 필요는 없는 일. 그 모습이야말로 제 살아온 삶을 바야흐로 성찰해 본 자가 이제 되돌아갈 길은 잃고 의미 있는 것이든 그렇지 않은 것이든 진행해 갈 길만 눈앞에 둔 실존적 위치를 인식하였을 때 발해지는 시인의 진솔한 자기 현현인 것. 우리가 참으로 눈여겨봐야 할 것이 그 아이러니한 상황과 그때의 화자에게 반영된 시인의 진솔한 내면적 고백 내용 사이에서 야기되는 유별난 차이 같은 것이 아닐까. 그 아이러니 상황이 지금껏 오래 걸어온 인생 여정 위의 시인의 때로 회한스럽고 때로 비감어린 심정을 담아내면서 어떤 정서적 울림을 갖는가가 오늘의 초점이 되지 않을 수 없다는 사실.

김명인의 시에서, 위에서 본 시와 유사하게 삶의 여정에서의 살아가는 시간의 의미를 확인하고 자각하는 자기 검증적인 시적 자아를 발견하는 일은 의외로 매우 손쉬운 일에 속하는 일이었다. 사회·역사적 체험과 각성이 두드러져 보였던 「동두천」 「영동행각」 등의 초기 시편에서조차 기실 그 사회성의 배면에는 역사 현실의 실체를 자각하는 시적 자아 못지않게

> 비가 내린다 오래 바라보고 있으면/황천 아래로/우리들의 서른 살이 물거품처럼 떠올랐다 꺼져/가는 것이 보인다
>
> ―「영동행각 1」 끝연

에서처럼 실존적 질문에 시달리는 시적 자아의 면모 또한 강하게 자리하고 있었다. 따지고 보면 「동두천」이나 「베트남」에서 혼혈아나 베트남 여인 등의 역사 상황적 대상을 관조적인 자리에서 묘사하고 스스로는 대상에 참여하지 못하는 화자적 위치가 부각된 사연도 어쩌면 김명인 시 본연의 자아가 대사회적 성향보다 다분히 내성적이고 자의식적이기까지한

성향인 데서 온 필연적인 결과가 아니었을까(이제 와서 보니 그 시들은 놀랍게도 모두 과거 경험을 회상하고 반추하는 어투이고, 「영동행각」 연작을 비롯한 많은 시들은 또한 빡빡한 일상의 행로에서 벗어나 홀로 하는 여행길에 접어든 여행자가 생을 반추하는 신산스런 어조를 띠고 있다). 물론 그의 시의 높은 성취는 그러한 기질을 다시 현실을 향해 보다 낮은 지평을 향해 열어 보이려 한 데서 오는 남달리 진솔한 자기 반성, 제 자신마저도 객관화시키는 겸허한 속죄의식 같은 데서 얻어진 것이었다. 그런데 이후 수년 간의 침묵 뒤에 『머나먼 곳 스와니』(1988)로 묶어진 그의 시편들을 찬찬히 들여다보면 사회사적인 관심은 어느덧 썩 뒤로 물러나 있고 일회적 현실살이를 감싸고 흐르는 보편적인 시간 흐름에 자기 존재를 투사하고 확인하는 고단한 인생 여행자의 모습이 시의 표면에서 어정거리고 있음을 보게 된다.

> 내 늑골의 골짜기마다 핏빛 절이며 세월이여
> 비 그치니 지금 눈부시게 불타는 계절은 가을
> 대지의 신열은 가라앉고 생식과 치욕조차 시들어
> 시월의 잎들과 11월의 빈 가지 사이
> 걸어갈 작은 길 하나 걸쳐져 있다
> 잿빛 날개 펼치고 저기 새 한 마리
> 숱한 사연과 사연도 저희끼리
> 공중제비로 흩어 구름 흘러간다
> 목놓아 우는 것이 어디 여울뿐이랴
> 둔덕의 갈댓머리 하얗게 목이 쉬어도
> 그리움의 노래 대답 없으니
> 마침내 위안 없이 걸어야 할
> 남은 시간이 마저 보인다
>
> ―「세월에게」 전문

어느 새 세월은 흘러 가을인데, 이 가을에 이르도록 어떤 일이 있었는지는 구체적으로 알 수 없고 다만 "내 늑골의 골짜기마다 핏빛 절"인 시간이나 "대지의 신열"이라는 집약된 상징 안에 그 과거는 묻혀 있다. 그리고 남은 것은 "걸어갈 작은 길", 그러니까 선택의 여지없이 가야 할 길이며, 더욱이 가도 가도 아무에게도 '위안' 받지 못하는 길 앞에 놓인 자신뿐.

그런데 그는 사실 그 단 하나의 길을 가야 할 존재인 줄을 번연히 알면서도 이렇듯 "지금 눈부시게 불타는" 시간 속에 과거에의 '그리움'과 미래 앞의 체념 사이에서 서성거리고 있다. 연민인가 하면 어느 새 체념이고, 그러나 체념하지 않고 더 나아가지 않는 이 서성거림이 갈수록 김명인 시의 대표적인 시적 자아로 형성되고 있지 않은가. "생식과 치욕조차 시들어"버렸다고 느끼는 시적 화자의 독백 속에 그러나 다시 그 사실을 수용할 수 없는, 체념할 수 없는 자의 연민이 도사리고 있으니 이 역시 진술되는 즉시 그 진술 사실과 위배되는 그 속 내용 사이에서 아이러니가 발생되고 있는 것이다. 연민과 체념 사이의 아이러니 상황은, 재확인커니와 바로 인생을 오래 살아온 고단한 인생 여행자의 정조와 더불어 존재하는 것이고 마땅히 해 저물고 낙엽지는 시간 정황과 연계될 수밖에 없을 것이다.

> 억새 가슴에 저며 서걱이는 빈 들판에 서서/이제 우리가 새삼 불러야 할 노래는 무엇인가/저기 위안 없이 가야 할/남은 길들이 마저 보인다/그러니 여기 잠시만 멈춰 서라
>
> ─「가을의 끝」에서

위와 같이 이미 가을이라는 시간 정황을 배경으로 다시금 지나온 삶

을 성찰하고 고요히 남은 나아갈 길을 바라보는, "잠시만 멈춰 서라"라고 독백하는 자아는 김명인의 『머나먼 곳 스와니』부터 점점 더 주조적인 형상을 이끌어나가고 있다. 이 점 「가을 노래」 「겨울 입구」 「가을산」 「가을걷이」 등 여전히 연민과 체념 사이에서 서성거리는 정조의 시편들뿐 아니라

> 살아서 마주보는 일조차 부끄러워도 이 시절/저 불 같은 여름을 걸어 서늘한 사랑으로/가을 강물되어 소리 죽여 흐르기로 하자
> ―「가을강」에서

에서와 같이 모처럼 비극적 의지를 표방하고 있는 시조차도 거듭 그러한 사실을 입증해 주는 사례가 되며, 나아가 최근작에 해당되는 「유타 시편」에 이르러서도

> 해거름으로 오는 눈발 적막한 잔광 속으로 들끓어/거기, 흩날리는 남루가 있고 내가 묻어 버린/사련의 아픈 뉘우침도 있다, 내게는/아직도 돌아가야 할 약속이 남았는지/눈물겨운 것은 자문하는 중얼거림이 아니라/끝끝내 팽개치지 못하는 그리움, 그 증오를 거쳐/네가 가 닿을 일
> ―「유타 시편1」에서

에서의, 해거름, 잔광의 시간 정황 위에서 "사련의 아픈 뉘우침" 속에서도 "끝끝내 팽개치지 못하는 그리움"을 간직하고 서성거리는 인생 여행자의 모습이 두드러지고 있는 데서 보는 바와 같다.

앞에 제기된 것을 다시 되살려 본다면 저무는 인생길에서 연민과 체념 사이의 잔잔한 자기 성찰이 그렇다면 얼마만한 정서적 울림을 가질

수 있는 것인가의 문제가 다시 상기된다. 이때는 맨 처음 예로 들었던 시 「가을에」로 되돌아가 보는 편이 해결의 실마리를 푸는 일이 되겠다. "채색의 시간 속에 나를 놓아" 달라던 이룰 수 없는 꿈을 독백하던 그 가을 산행자는 이어지는 시행에서 겉모양을 감추고

> 세월은 누가 만드는 돌무덤을 지나느냐, 흐벅지게/참꽃들이 기어오르던 능선 끝에는/벌써 잎 지운 굴참 한 그루/늙은 길은 산맥으로 휘어지거나 들판으로 비워지거나/다만 억새 뜻 없는 바람무늬로 일렁이거나(끝 다섯 행)

로, 흐벅진 참꽃에서 '잎지운 굴참 한 그루'의 시간 경과를 가을 풍경 속에서 반추해 내고 있다. 그리고 어느 새 아이러니는 자연 정경 속으로 녹아들어 정제된 서정적 정조로 바뀌어져 있고, 그 시행은 미완성 구문, 즉 여전히 연민과 체념 사이에서 어느 쪽의 강렬함에도 몸 맡길 수 없음을 암시하는 대목이 되겠으니, 우리는 여기서 애욕과 기대와 집착과 투쟁으로 부지런히 시간을 재촉해 오다 이제 그 열띤 생의 가닥을 가다듬어야 할 나이에 이른 한 사람의 지극한 자기 반성의 떨림을 목도하게 된다. 문득 서서 할 말을 잃고 자신의 생이 가물거리며 시간의 흐름 속에서 편입되고 있음을 감지한 자의 자못 감회어린 속내가 어느덧 풍경의 가녀린 '일렁거림'으로 치환되고 있는 것이다. '나'를, 잎 지운 굴참 나무가 "다만 억새 뜻 없는 바람무늬로 일렁이"게 되는 진지하게 포착된 인생무상의 자연적 풍경 변주에 투사하는 만만찮은 조응력이 그 자기 반성의 떨림의 한순간을 아슬아슬하게 담아낸다. 기실 그 떨림이란 것이 우리가 늘상 시에서 바라 마지않던 시적 긴장이 아닐 것인가. 그리고 그 긴장이 아슬아슬해 보이는 것은 없는 "무성한 초록 귀때기"를 무한한 생성력으로 거듭 자아내야 하며, 그것도 현재 가을 시간에 실재하는 오래 살아 '너덜너덜'한 것들과의 적절한 조응 위에서 탄력적으로 행해져야

한다는 사실 때문. 이를테면

> 아무리 가까이 다가가도/가을은 허전한 공백일 뿐, 어떻게 채워야 하는 줄 모르고
>
> ─「가을걷이」에서

에서의 뒤늦은 깨달음이

> 살아서 마주잡는 손 떨려도 이 가을/끊을 수 없는 강물 하나로 흐르기로 하자/더욱 모진 날 온다 해도
>
> ─「가을강」에서

라고 생의 숙명을 깊이 끌어안을 때의 '비극적 생성' 같은 것과 끝없이 조응될 수만 있다면 김명인만의 서정시학은 비로소 참답게 완성되지 않을까. 살아온 시간에 대한 연민과 이제 가야 할 시간 속으로의 체념 사이에서 머뭇거리거나 서성거리거나 어정거리거나 하는 틈틈이 그것이 하나의 떨림이 되고 긴장을 만들고 마침내 시적 성취로 상승되기까지는 그에게 참으로 머물지 않는 내적 각성이 필요로 했던 것. 연민과 체념 사이의 시적 자아가 앞에 슬쩍 지적한 바와 같이 같은 형태로 되풀이 드러나고 있다는 혐의도 벗어야 할 것(무릇 반성하는 일도 낯설어야 한다는 것. 생성 없는 반성이 바로 반성될 대상이라는 것)이고, 스스로를 향하는 빈번한 청유형 구문 등도 마땅히 극복되어야 하지 않을까. (1992)

한산시(寒山詩), 바쇼[芭蕉], 정신주의
— 최동호가 동쪽으로 간 까닭은?

1.

그는 지금 일본 동경에 있다. 봉직하고 있는 그의 모교(고려대학교)에서 7년 만에 얻은 연구년의 남은 반을 와세다대학의 연구교수로 채우고 있는 중이다. 일본말을 할 줄도 모르고 일본문자를 읽는 데도 더듬거릴 수준의 그가 그곳에서, 그쪽 대학에서 제공하는 연구비를 받으면서 무슨 '연구'를 하고 있을까?

지난 겨울 일시 귀국하였을 때 그는, "바쇼를 보고 있는 중"이라고 말했다. 바쇼(芭蕉). 이 하이쿠(俳句)시인의 단시 한두 편쯤은 보았음직하고, 어쩌면 영미권 시인 에즈라 파운드의 이미지즘 창출에 영향을 주었다는 유명한 하이쿠 구절의 그 시인인지도 모르겠다는 생각이 얼핏 들었지만, 그가 왜 그런 바쇼를 새삼 공부하는지 처음에는 잘 짐작할 수 없었다. "영국이 셰익스피어를 인도와 바꾸지 않겠다고 큰소리쳤듯이, 일본도 그런 식으로 큰소리치는 존재가 바로 바쇼"라는 말에다, "일본문학이 바쇼를 해석하면서 일본 하이쿠의 역사를 쌓았다"는 보충설명을 들으면서 뭔가 감이 잡힐 것도 같았다. 1990년대 들어 한국 문단에 '정신주의'라는 용어를 널리 유포시키면서, 특히 우리 시의 동양사상적인 측면을 시론으로 시로 탐색해 들어가고 있던 그에게 일본 시가의 대명사쯤으로 보이는 바쇼가 어떤 의미로 다가온 것일까.

마츠오 바쇼(松尾芭蕉, 1644~1694). 에도[江戶]시대 전기에 참선과 저술, 여행, 집필 등으로 오십 해의 인생을 채우면서 이전까지 이어오던 일본 시가(대표적으로 俳諧: 하이카이)를 한 차원 높은 예술세계로 격상시킨 사람으로, 현대시가 침체한 일본문학에서 하이쿠의 전통을 오늘에까지 잇게 하고 있는 대시인이라는 소개를 나는 책을 통해 확인했다. 하이쿠란 또 무엇인가? "하이쿠는 한 정경을 순간적으로 보고 느낀 심상(이미지)을 스케치하는 17음절의 정형시인데 그 기법상 계절을 나타내는 말, 즉 계절어[季語]와 감탄조사 등 시의 호흡을 가다듬는 말[切字]이 들어 있어야 한다"(최재철, 『일본문학의 이해』, 민음사, 1995)라고 간략하게 설명하면 크게 틀릴 것 없다 하겠으나, 일단 바쇼가 남긴 한 편의 구(句)로 그 맛을 음미하는 편이 제격이겠다.

古池や蛙とびこむ水の音
연못 속으로/개구리 뛰어드네/물소리인가

위와 같이 번역하고 있는 이영구의 저서 『松尾芭蕉研究』(중앙대학교 출판부, 1994)에 따르면, 이 구야말로 "일본 하이쿠 사상 가장 유명하고 또 가장 많이 회자되고 있다"고 하는바, 깊은 고요 속에서 한순간, 개구리가 연못속으로 뛰어들며 '퐁당'("물소리인가"라는 위의 번역에 비해, 최재철과 같이 "물소리 퐁당"이라는 번역을 취하고 있는 사람도 있다) 하고 물소리를 낼 때의 그 일순에 대한 포착이야말로 정(靜)과 동(動)이 만나는 때,

자(自)와 물(物)이 함께 진상(眞相)을 드러내는 순간에 대한 각성(覺醒)이라는 해석이 가능하겠다.

내친 김에 이영구의 같은 저서에 소개되는 바쇼의 하이쿠를 한 편 더 봐 버리자.

夏草や兵どもが夢の跡
여름 잡초여/병사들 고함소리/꿈 자췰러라

일본이 무사계급이 발달한 나라라는 사실, 즉 무사들이 지배하는 번(藩)과 번끼리의 지배와 대항의 전쟁을 통해 영속해온 나라라는 사실을 안다면(나는 이 점에서 일본의 시가가 우리의 전통적인 짧은 정형시인 시조보다도 더 짧은 이유를 '단칼에' 드러내고 싶지만, 속단은 금물!) 이 하이쿠는 좀 더 이해하기 쉬운 쪽이 아닐까 싶다. 여름 잡초라는 현재적 현상에 깃든 시간들, 그 시간은 단순히 무사들의 전쟁 그 자체만을 일컫는 것은 아닐 것이다. 또는 실제로 바쇼가 체험한 지역에서 얻은 시라는 설명이 이 시를 소개한 지면에 나와 있다. 어쨌든, '전쟁의 시간이 내재된 여름 풀밭'이라는 이해에 거치지 않고, 나아가 그 병사들의 죽음이 마치 여름 잡초와 같이 하찮은 사실일 수 있다는 것(이 대목에서는 우리의 시적 인식에도 풀을 쉽게 민초, 민중과 연계시키는 현상을 떠올릴 수도 있겠다), 아니 그보다는 무사들의 전쟁이든, 그 이전의 오랜 영화(榮華)든, 무수한 병사들의 혈투든 죽음이든, 그 죽음의 시간들이 깃든 여름 잡초든, 그 모든 것들이 무상(無常)한 일이라는 사실을 이해한다면 이 구는 좀 더 절절하게 우리에게 다가오는 사례가 될 수 있지 않을까.

이쯤 되면 하이쿠란, 하나의 현상을 간략하게 제시하면서 현세적 가치 판단을 넘어서는 초월적 각성을 드러내 보이는 그런 시가 아닐까 하는 판단이 서지 않을 수 없다. 하나의 현상을 간략하게 제시하면서 현세적 가치 판단을 넘어서는 초월적 각성을 드러내 보이는 시로 치자면, 대개 그것이 흔히 우리가 말하는 바대로의 선적 경향을 띠고 있는 시라는 사실을 금세 알아차릴 수 있다. 이 선적 경향이란 또 무엇인가? 바로 동경으로 간 그가 자주 말하던 '정신주의'에서, 아니 그 이전에 이미 흔히 동양사상을 말할 때, 가장 두드러진 사실로 말해지던 것이 선적 경향이 아니었던가? 그렇다면 그가 동쪽으로 간 까닭은? 이제 서둘러 말해 버려도 좋을 것이다. 동양의 빼놓을 수 없는 장르인 하이쿠의, 가장 정점에 놓이는 바쇼를 공부함으로써 문학의 선적 경향의 또 하나의 진면목을 진단하고자 했던 것.

2.

그가 『현대시의 정신사』(열음사, 1985), 『불확정 시대의 문학』(문학과지성사, 1987), 『평정의 시학을 위하여』(민음사, 1991), 『삶의 깊이와 시적 상상』(민음사, 1995) 등등의 비평집을 통해 한국시의 정신사적 맥락을 더듬어 오면서 그 두드러진 정신사적 맥락을 '불확정 시대'를 의연히 견디고 선도하는 '평정의 정신'으로, 그리고 점차 '정신주의'란 용어와 이론으로 집약해온 것을 우리는 알고 있다. 차제에 그가 설명하고 있는 우리 현대시의 정신주의적 시의 계보를 잠깐 훑어보자.

> 첫째 한용운과 조지훈으로 이어지는 불교적 현실 참여, 둘째 황매천과 이육사로 이어지는 유교적·저항적 절사(節士) 의식, 셋째 신석정과 김달진이 대변하는 노장적·은둔적 초월주의, 넷째 윤동주에서 김현승 등으로 이어지는 기

독교적 정신주의가 있을 것이며, 1960년대 이후로 본다면, 다섯째 김수영에서
김지하와 황동규로 이어지는 현실 비판적 서정주의와 모더니즘적 서정주의,
여섯째 이용악에서 신경림으로 이어지는 토착적 서정주의 등등……
―「서정시와 정신주의적 극복」에서

    이 계보 설명에 걸맞게 그는 여기에 거명된 대부분의 시인들에 대한 꾸준한 해석 작업을 해오면서, 정신주의란 바로 우리가 옹호하고 더 굳게 맥을 이어가야 할 시 정신이라고 역설하고 있다. 물론 스스로도, 이 정신주의라는 말이 1990년대 "포스트모더니즘 시가 지닌 해체적 탈이성주의 시들이 자기 방기적, 허무적 경향으로 기울어진 데 대한" 비판적인 지점에서 정립되었음을 밝히기도 하지만, 그가 말하는 정신주의는 단순히 현실의 시적 위기에 대한 대안 차원에서가 아니라, 나아가 동시대적 현실인식을 견지하면서도 세속적이고 즉물적인 안목을 넘어서서 "인간과 인간 사이에, 인간과 기계 사이에, 그리고 인간과 자연 사이에 새로운 관계를 맺고 창조적 주체로서 역사 지평의 개척자가 되는 것"을 뜻하고 있다(「정신주의와 우리 시의 창조적 지평」).

    우리는 이 정신주의가 그가 시론가로서 우리의 시적 현실과 시사를 두루 더듬은 가운데 정립한 것으로 대단히 포괄적이고 종합적인 개념이라는 사실을 알고 있다. 즉 그의 정신주의에는 흔히 생각하는 동양적 사상이나 전통적 인식만이 두드러지는 것이 아니라 현실 참여와 미래에 대한 전망, 서구의 기독교 사상까지도 함께 포함되어 있을 정도인 것이다. 하지만 그런 중에도 그가 그에게 폭넓게 진단되는 우리의 정신주의적 계보 가운데서 보다 특별하게 천착하는 대상이 있다는 사실을 우리는 또한 어렴풋이나마 짐작한다. 그가 자신이 정리한 정신주의적 시적 계보 중에서 보다 적극적으로 관심을 두고 있는 시 정신이 어떤 것일까. 가령, 그의 박사학위논문(『한국 현대시의 의식현상학적 연구』, 1981)의 대상 시인인

김영랑, 유치환, 윤동주 등이나, 중후한 비평문의 주제였던 김소월, 한용운, 정지용 등은 워낙 한국의 모든 국문과 교수들의 통과제의적인 대상이었다 하더라도, 이후 그의 비평 대상으로 떠오른 세계는 주로, 김달진의 무위자연 사상으로 대표되는 선적 세계, 조지훈의 「승무(僧舞)」 「범종(梵鐘)」 등의 시가 드러내는 불교적 세계, 이용악의 북방정서로 대표되는 토착적 서정성 들이었다고 볼 수 있다. 또는 정현종에게서 노장적 불교적 세계를 읽어낸 「정현종 시와 노장적 불교적 상상」(1990), 조정권 시의 서정 속에 깃든 강인함과 비움의 정신을 읽어낸 「순연한 감성과 강철의 정신」(1985), 후기 김지하에게서 현실을 감싸고 뛰어넘는 서정의 생명성을 읽은 「정신주의 시와 생명사상」(1993) 등등을 훑어보아도 좋다. 그의 주된 관심이 그가 말한 정신주의 중에서도 사상적으로는 불교와 노장에, 정서적으로는 서정성에 깊이 뿌리를 대고 있음을 흠뻑 느낄 수 있을 것이다.

3.

시론가로서, 정신주의 계보 중에서 시 정신의 핵심에 있는 서정성으로써 동양사상의 핵심에 있는 불교와 노장의 정신과 사상을 빛내는 시들을 옹호해 왔던 그는 과연 자신의 시로써는 무엇을 어떻게 노래하고 있을까? 아니 그는 우리가 그를 시론가로 알기도 전에 언제부터 무엇 때문에 시를 업으로 삼아 버렸을까? 조금은 이색적으로, 시인으로도 시론가로도 자신을 내세울 수 없이 다만 모교 국문과 박사과정에 있을 때 그는

『黃沙바람』(열화당, 1976.11)이라는 시집을 내 시인임을 선언해 버렸다. 이후 시론가로서 한창 활약하던 때 둘째 시집 『아침책상』(민음사, 1989)을 내고, 그러고는 시인으로 더 왕성해져서 『딱따구리는 어디에 숨어 있는가』(민음사, 1995)를 내는 처지에 이른다. 이제 동쪽으로 가서 바쇼를 연구하는 동안 무슨 시를 쓰고 있는지 아직 알 수는 없으되, 어떤 시가 되든 그 정신적 맥락만은 미리 짐작해 볼 수 있을 것만 같다.

벽지 뒤에서 밤 두시의
풀이 마르는 소리가 들린다.
건조한 가을 공기에
벽과 종이 사이의
좁은 공간을 밀착시키던
풀기 없는 풀이 마르는
소리가 들린다.

허허로워
밀착되지 않는 벽과 벽지의
공간이 부푸는 밤 두시에
보이지 않는 생활처럼
어둠이 벽지 뒤에서 소리를 내면

드높다, 이 가을 벌레소리.
후미진 여름이
빗물진 벽지를 말리고
마당에서
풀잎 하나 하나를 밟으면

싸늘한 물방울들이

겨울을 향하여 땅으로 떨어진다.

—「풀이 마르는 소리」 전문

구정 연휴 첫날 일어나보니

눈이 내리고 있었다.

찾아갈 사람을 다 지운 길 위에

바퀴 자국을 남기고

교문을 들어와 닫힌 철제문을 열고

어두운 복도에 들어섰다.

책더미 속에 나무 구멍처럼

나의 자리를 차지하니

마치 고목나무 깊은 산 속에 들어가

겨우살이하는 벌레와 같았다.

어디로부터도 오지 않은 발걸음 소리들,

하루종일 말소리를 전하지 않는

전화기 그리고 더불어

이야기할 사람도 없이

창 밖에 쌓인 눈더미를 바라보며

멈출 줄 모르는 음악도 쉬게 하고

작은 글자들을 따라가

머나먼 산간 계곡의

싱그러운 바람 소리를 들었다.
돌 건물 한 모퉁이에서
모래알이 부스러지고
가끔 書册에서 고개를 내민 글자들이

丁丁한 겨울 나무 속의
벌레처럼 꿈틀거릴 때
딱딱한 부리가 가슴을 쳤다.
햇살 푸르게 되살아나는
구정 연휴 첫날,
딱따구리는 어디에 숨어 있는가.
흰 눈 머리에 함께 쓴 白雲과 道峰이
서로를 비추며 빙긋이 마주보고 서 있었다.

― 「딱따구리는 어디에 숨어 있는가」 전문

 첫 시집의 맨 첫장을 장식하는 시 「풀이 마르는 소리」와 셋째 시집에 실린 「달마는 왜 동쪽으로 왔는가」 연작 8에 해당하는 시 「딱따구리는 어디에 숨어 있는가」, 짧지 않은 이 두 편 시를 찬찬히 읽어보자. 그것들은 모두 혼자만이 있는 시간에 평소 느끼지 않던 어떤 감각을 드러내고 있다. 첫시에서 그것은 주로 소리, 즉 벽에 바른 벽지에서 풀이 마르는 소리와 그것에 화답하는 가을 벌레소리이고, 나중 시에서는 서책에 빠져들었을 때의 글자들의 움직임과 그것에 호응하는 딱따구리 소리 등이다. 이 조용한, 혼자만의 시공에서의 느낌, 그것은 세속적 시간에서 홀로 벗어났을 때 두드러질 수 있는 것이다. 그때의 세속적인 세계에서부터 벗어나는 일은 위 시들에서 보듯이, 책상에서 공부하는 밤이거나, 휴일의 학교 따위, 아니면 세태의 때가 잘 묻지 않은 산 속 등지에서 얻을 수 있다. 물론 그것은 대개 잠시 일상을 빠져나오기만 하면 금세 얻을 수 있겠지만, 사실은 일상에 묻혀 살다보면 어떻게든 스스로 그 세속적 시간과 부단 없는 단절을 시도할 때라야 이룰 수 있는 정신적 경지이기도 하다. 그러니까 그의 시의 중심 정신이란 바로 세속과의 관계를 뛰어넘으려는 지점에서 촉발되는 것이다. 그런데 그것은 실제로 비세속적인 시공 속으로의 여행을 감행하지 않으면 결코 이룰 수 없는 경지라는 사실. 그의 시가 밤이나 새벽, 이른 아침, 또는 그때 심취해 읽은 책, 눈이 덮인 산, 산에서 만난 자연물 들을 거듭 향하고 있는 것은 그런 경지를 부단 없이 지향하고 있다는 얘기가 된다. 고요한 깊은 밤, 벽지에서 풀이 마르는 소리를 듣는 맑은 귀, 풀잎을 밟고 서서 땅으로 떨어지는 물방울을 느끼는 청청한 눈…… 또는 자연에 둘러싸인 조용한 방, 심취한 책 속에서 글자들이 아연 나무를 파는 딱따구리가 되어 가슴을 치는 각성의 순간, 현실에 없는 딱따구리를 내 것인 양 찾는 자(自)와 물(物)의 일체감…… 등등은 그의 시론에서보다 시에서 20년 동안이나 흔들림 없이 '정신주의'를 견지해 왔음을 보여주는 보기 좋은 예들이 아닐까, 그렇다면 지금 그가 동쪽에 가서 쓰고 있는 시도 어김없이 그런 정신주의적 계보에 속하지 않을까.

4.

그가 한때 한산시에 심취해 결국 『한산시(寒山詩)』(김달진 역주, 최동호 해설, 세계사, 1989)라는 책을 편집하게까지 된 것도, 문(文)이 천지(天地)

와 더불어 생겨났음을 가장 분명하게 가장 방대하고 깊이 있게 밝혀놓은 중국 최대의 문학이론서 『문심조룡(文心雕龍)』을 제자들과 함께 역편한 일(민음사, 1994)도, 그의 내면의 정신주의적 맥락으로 보면 마땅하고도 또한 빼놓을 수 없이 중요한 일이다. 한산시…… 당나라 때 한산자(寒山子)란 이가 천태산에 은둔하면서 나무와 바위에 써놓은 시를 국청사(國淸寺)의 중이 편집했다고 전해지는 그 신비로운 시집의 한 편 시…….

> 층층 바위 틈이 내가 사는 곳
> 다만 새 드나들고 인적은 끊어졌다.
> 좁은 바위뜰 가에 무엇이 있나.
> 그윽히 돌을 안은 흰구름만 감돌 뿐.
> 내 여기 깃든 지 무릇 몇 핸고
> 봄과 겨울 바뀜을 여러 차례 보았네.
> 그대 부자들에게 내 한 말 부치나니
> 헛된 이름이란 진정 헛것뿐이니라.
>
> — 寒山子, 「寒山詩」 전문

『한산시』의 해설에 따르면, "한산, 그곳은 거마(車馬)의 자국이 없는 인적이 끊긴 곳이며 둘린 겹산은 항상 눈을 얼리고 그윽한 숲은 매양 안개 토하는 냉엄한 곳인데, 그곳에 가는 것은 한여름에도 얼음이 녹지 않고 해는 떠올지라도 안개만 자욱하여 쉽게 갈 수 없는 곳이다. 이러한 장소는 세속의 오염된 생활에서 벗어나 초월하게 살아가는 곳이기에 수도자의 거처로서는 적당할 뿐만 아니라, 태고 그대로의 원시, 소박한 자연 풍경은 세속적인 탁한 심경(心境)과 번뇌를 벗어난 명징(明澄)한 각성의 경지로 상징된다." 소위 속세를 떠나는 일, 또는 세속적 연을 끊는 일, 그리하여 그 명징한 각성의 경지에 이르는 일, 그것들은 흔히 불교에서 도교에서 즐겨 쓰는 말이요, 정신이다. 그 정신을 가장 집약적으로 보여주는 이 중국의 명시 한산시가, 그의 평가에 따르면 한국의 옛 선시(禪詩)는 말할 것도 없고 현대의 많은 시인들에게 영향을 주었으며, 나아가 그 스스로도 심취하고 또 심취하는 대상이 되고 있다. 바로 다음과 같이.

> 올올한/바위 틈에 찾아올 길 없는/집 한채 지어놓고//때때로/이끼 낀 물소리 베개하고/바람소리 적적한/귀를 씻는다.
>
> ―「여름 寒山詩」 후반부에서

> 겨울 눈 깊어지면/얼음 속에 잡혀 있는 모래알처럼/눈과 더불어 편안한 山寺에 들어가/홀로 寒山詩를 읽으리라.//얼음 기둥 울퉁불퉁 뿌리 뻗은/氷壁 앞에서 충혈된 눈길 씻으며/폭포수 바위 타고 가슴으로 흘러내리는 /淸淨한 물소리를 들으리라.
>
> ―「겨울 寒山詩」 전반부에서

그의 정신주의에 한산시는 이렇게 우뚝 솟아 있다. 그 이유는 너무나도 간단명료한 것. 불교적이고 도교적이며 마땅히 선적인 것의 가장 높은 경지이기 때문. 적적하지만 당당하게 청정한 곳에서 자아(自我)를 지우는 그 순간의 해맑은 깨침의 소리를 그는 내고 싶었던 것. 당연히 그러한 선적인 경지에 맥을 대고 있는 한국의 뛰어난 정신주의 시의 계보가 그의 주된 관심사가 되었고, 이제 일본의 촌철살인적인 명구 바쇼의 하이쿠가 뚜렷이 그의 앞에 떠올라 있는 게 아니겠는가. 그렇다면 이제 그가 동쪽으로 가서 바쇼를 뒤지고 있는 이유를 보다 진정으로 말할 수 있을 것 같다. 바로 동양사상의 핵심의 하나인, 세속의 가치 판단을 뛰어넘는 어떤 초월적 경지를 노래하는 정신주의의 맥락을 이제 한국의 시사를 통해 확인하는 정도가 아니라 나아가 동방의 삼국, 한국과 중국과 일본의 정신주의적 시적 계보를 따지고 정리하기 위해서였던 것이다. 그 중에서 바쇼란, 한때 뛰어난 노인들이 '무언이 곧 진리'라는 사실을 실세로 보여주기 직전에 한마디 말씀으로 세상 이치를 설파했던 것처럼, 단 17음절로 일순의 현상을 노래하면서 깨침을 드러내는 선적 경지의 한 전범일 수 있다는 판단을 그가 했음에 틀림이 없다. 그의 6개월 간의 연구가 조만간 어떤 모습으로든 드러낼 것이란 사실은, 그의 부지런함 덕분에 당초보다 조금 더 바쁜 인생을 살고 있는 나 같은 사람이 아닐지라도, 그를 아는 누구든 충분히 짐작할 수 있는 일이다. (1996)

반추, 또는 허망
— 이영춘 시집 『네 살던 날의 흔적』

"곁에 있던 소중한 사람들이 많이 떠난"(시인의 서문) 때문일까, 아니면 이제 그도 그의 생을 되돌아볼 나이가 온 것일까. 순수에의 열정을 사물과 자아의 대비로 보여주던 그의 시는 『네 살던 날의 흔적』(문학세계사, 1989) 오면서 그 열정의 삶을 반추하고 그것의 덧없음을 노래하는 형국으로 변해 있다. 삶에 바쳐진 모든 열망이 어느새 식어 사라지고 남은 것은 찌든 육체뿐, 바라던 가치는 무형상의 본체로 돌아가 버렸다는 짙은 허무의식이 이 시집을 지배하고 있는 것이다. 우선 그 삶에의 반추와 그 행위로 확인되고 붙잡게 되는 허무의식을 확인해 보자.

문득문득 오던 길을
되돌아본다
왠가 꼭 잘못 들어선 것만 같은
이 길.

가는 곳은 저기 저 계곡의 끝
그 계곡의 흙인데

나는 왜 매일매일

이 무거운 다리를 끌며

가고 있는 것일까.

아, 돌아갈 수도

주저앉을 수도 없는

이 길.

─「길」 전문

　이미 들어서 걸어온 길이 멀다. 지향하던 곳은 어디인가. '저기 저 계곡'이 그곳이라면, 내가 가는 이 등성이 길이 아닌데, 왜 나는 길을 잘못 들었는가, '왜 매일매일 이 무거운 다리를 끌며' 어디로 '가고 있는 것일까.' 진정 '잘못' 든 길인지도 모른다. 아니 가야 했던 곳이 계곡인지 어디인지는 명확한 것인가. 분명한 것은 아무래도 바라던 그 길 아닌 다른 길을 들어섰으며, 들어선 지가 너무 오래라 이제는 되돌아가기는커녕 주저앉을 수조차 없어 무작정 가던 대로 갈 수밖에 없다는 사실이다. 바라지도 꿈꾸지도 않은 삶을 그래도 무작정 살아야 한다. 덧없는 일, 열망 없는 그 일은 그래서 허무 그 자체다. '되돌아' 보니 허무하다. 즉 반추, 그리고 허무의 확인인 것이다.
　그렇다면 되돌아보지 않는다면 그 삶이 허무하다 느끼기에는 어렵지 않겠는가. 안 돌아다보다니, 이미 그는 아무런 담보도 없이, 걸어온 그 길을 되돌아보았지 않은가. 문제는 왜 되돌아보는가일까, 아니면 되돌아보아서 느끼고 붙잡는 허무의 실체란 어떤 것인가일까. 전자에 대해서라면 이 시는 아무런 단서 제공이 없다. 후자에 대해서라면 이 시는 그 실체의 대강은 보여 준다. 다른 시에서는 어떨까. 그래도 우선 전자에 대한 단서를 찾아보자.

이 시집에는 연작으로 씌어진 시편들이 세 종류 있다. 하나는 아버지의 생애에 바쳐지는 「대지의 노래」 연작이고, 또 하나는 민주화의 제단에 목숨 바쳐진 아우에 대한 연민의 기록인 「네 살던 날의 흔적」 연작이며, 다른 하나는 '순결한 영혼'의 시간을 추억하는 「그대 영상을 위하여」 연작이다. 세 종류 연작의 공통점은 그 대상이 이미 모두 사라져 가는 것이라는 사실이며, 그것이 또한 순수하게 살고자 하는 열망의 다른 이름이라는 사실이다.

   1) 후드득 후드득
     빗물이 듣는다.
     여린 배춧잎이
     흙 속에 넘어진다.

     빗물이 아버지의
     눈물인가 했더니
     흙 속에 묻힌 배춧잎은
     아버지의 '전신(全身)'이었다.
                        —「대지의 노래 · 3, 배추밭에서」 전문

   2) 너의 무덤,
     이 세상에는 없다.

     무덤처럼 남아
     살고 있는
     우리들 가슴 속에
     있을 뿐이다.

― 「네 살던 날의 흔적·8, 너의 무덤」 전문

3) 무심타 무심타
    아득히
    멀기만 한
    네 영상

― 「그대 영상을 위하여·5, 구름」 전문

　1)에서의 아버지는 육체 하나가 생산도구의 전부인 사람으로 일가족의 '밥'을 위해 그 육체를 다 바쳤다. 아버지가 한 일은 다양하다. 농사를 지었고, 공사장 인부가 되었으며, 도로포장 일꾼이 되었고, 미장공이 되었으며, 고기잡이가 되기도 했다. 그러나 그의 일은 그에게 언제나 좌절만 안겨 주었을 뿐이다. 정성들인 배추 농사는 갑작스런 장마로 실패로 돌아갔고, 끝내 집문서를 넘기고 이농을 해야 할 만큼 논밭의 일에서 빚만 졌다. 도시 막노동꾼으로서 육체를 바치지만 그 흔한 '아리랑' 담배도 못 피울 정도로 가세는 호전될 줄 모르고 육체만 병들어 갔다. 시멘트 바르기는 '목숨' 바르기였다. 그는 그에게 기쁨처럼 건져올려져 식탁에 오르던 물고기 뼈, 생선뼈가 되어 '쪼르륵 쪼르륵 졸아' 허무하게 허물어져 갔다. 그 아버지는 시인의 기억 속에 일평생 가족의 밥이라는 '멍에'를 지고 그것에서부터 자유를 얻지 못하고 시든 사람으로 각인되어 있다. 가족의 안녕을 도모하던 최전선의 생산자가 그 꿈의 실현을 느끼지 못하고 살았다. 시인은 그 순수에의 열정을 추억하고 있다. 즉 육친의 버림받은 생의 '마침표'가 시인의 반추 행위를 유도하고 있었던 것이다.
　2)에서의 아우는 시인의 진술에 따르면 스물두 살에 세상을 떠났다. 1)에서의 아버지의 한계가 그의 학창 생활을 가난하게 만든 모양으로 그

는 추운 날 '포장마차' 아르바이트를 하면서 '눈물'의 찬밥에 작은 신발로 도스토예프스키의 책을 읽으며 살았고, 지방대학에서 '민주주의를 외치'다가 죽어갔다. 구체적으로 그 죽음의 원인이 무엇이고, 그 시기가 정확히 언제인지는 알 수 없다. 다만 민주화 투쟁이 그 참다운 피를 뿌리던 시절 세상을 등졌던 것으로 짐작되는 그 아우에 대해 시인은 여전히 '영롱한 목소리'로서의 그를 기억해낸다. 그 생이 순수한 것이었기에 무덤도 없이 한줌 재로 사라졌으나 '우리들 가슴 속에' 남아 있을 수 있다. 그의 무덤은 없는데, '무덤처럼 남은 것은 살아 있는 우리'라는 표현은, 순수의 죽음에 대한 안타까움의 깊이 때문에 가능한 것이다. 역시, 혈육의 순수했던 생의 마감이 시인의 반추 행위를 유도하고 있었던 셈이다.

3)에서의 '아득히 멀기만 한 네 영상'은 시인의 가슴속 가장 먼 기억의 언저리에 남아 있는 순수 자아라는 절대 심상의 의미를 갖는다. 그것은

> 내 심층 구석에서
> 여름 빛살로 타는 너는
> 내 순결한 아이의 동화였다.
> ―'연작 2'의 「무지개」에서

의 그 '순결한 영혼'이다. 시인은 그것을 부르고 있다. 그리하여 그 '최초의 바람'의 순간들이 다가오기도 하고 다가오다가 '오리무중'이 되기도 한다. 기억을 재촉하면 선명해지다가도 그 실체를 만지자면 아득해지는 영상, 그 환상과 실체의 변주가 이 시편들 위에서 묘기를 부리고 있다. 여전히 시인은 과거를 돌아보고 과거와 현재 사이의 시간층에 대해 안타까워한다.

1) 2) 3)은 모두 이제는 사라지고 없는 순수에의 열망의 이름으로 그

빛을 발하고 있다. 그 대상은 시인의 핏줄 속에 살아 있던 실재적 표상이다. 시인이 그 대상을 반추한다는 것은 따라서 그 대상과의 이별, 그 가치 상실의 안쓰러움을 노래하여 그것들의 가치를 돋보이게 한다는 의도인 동시에 제 자신 속에 살다 상실해 버린 모든 열망을 되짚어 본다는 의미가 있다. 그 대상들은 노래할 대상이면서 그 노래의 주체인 자아를 밝히는 상관물들이다. 그러니까 왜 되돌아보는가의 문제에 대하여, 1) 2) 3) 연작들은 '자기로부터의 순수 상실'이라는 중요한 한 단서로 제공될 뿐이다. 그 단서가 되돌아보는 이유의 모두는 되지 못하는 것이다. 주변상황이 그를 반추하게도 했지만 시인 스스로 이미 자신을 되돌아봐야 할 시기에 와 있는 것이 아닌가. 말을 좀 바꿔보면, 그의 반추 행위는 무의식성 위에 의도성이 지나치게 얹혀진 게 아닐까, 사라진 것이 모두 아름답다는 상식적 복고주의의 침해를 받고 있는 게 아닐까.

그렇다면 남은 문제는 되돌아보아서 느끼고 붙잡는 허무의 실체란 어떤 것인가 하는 것이다. 허무의 실체라…… 물론 이 말은 자체로 모순이다. 허무란 이미 무형상이기 때문이다. 허무의 무형상적 실체라면 어떨까. 무형상적 실체…… 바로 시가 그런 것 아닐까. 그러니까 허무의 실체를 논리적으로 설명해 보여준다는 것이 아니라 그것을 시로써 감각하게 하면 된다는 것이다. 가령,

>먹는 것, 입는 것
>일체의 모든 것은
>포장의 옷일 뿐이다.

―「본질」에서

는 논리적 단계에서의 설명이지만,

우리가 아파트로 이사오던 날

　　개는 팔려가면서 울었다

　　아이들도 울었다

　　나는 운다고 때렸다

　　우는 아이들은 더 크게 울었다

　　개 장수는 히죽히죽 웃고 섰다가

　　아이들 손에

　　천원짜리 한 장씩을 건네 주었다

　　아이들은 내동댕이쳤다

　　나는 그가 줍기 전에 먼저 주웠다

　　아이들은 더 크게크게 울었다

　　　　　　　　　　　　　　　　　　　　　—「차이」에서

에서의 웃음/울음, 돈/동심의 대비적 변주는, 편리를 추구하며 살아가는 자기 삶에 대한 반추와 그것에 의해 확인되는 허무의 실체를 감각하게 만들어 준다. 시인이 보다 천착할 대목은 그 감각화까지의 경로를 자연스럽게 하는 것, 스스로 그 허무한 삶이 되었음을 꾸밈없이 드러내는 일일 것인데, 이때 이 시인의 시집에서 하나의 재미있는 매개물로 쓰이는 것이 '거울'의 이미지이다.

　　관절마다 일어서는 거울

　　　　　　　　　　　　　　　　　　　　—「몸이 아픈 날」에서

　신경통인가, 관절에 통증이 온다, 그렇구나, 이것이 세월이구나, 하는 그 깨달음이 자기를 반추케 하는 '거울' 이미지로 바뀌어 드러난다. 이처럼 그 스스로 자기 바라보기, 자기 드러내기의 과정 그대로 드러나게 되면 허무라는 시적 주체는 생생히 감각되고 살아난다.

> 한 폭도 못 되는 내 손등을 들여다보면서
> 손등 면적보다도 넓고 깊게 골진
> 세월을 읽는다.
>
> 애써 공들이지 않았어도
> 애써 힘들이지 않았어도
> 이토록 골 깊이 뿌리내린 세월.
>
> 한많은 그 광음 속에서
> 진정 내가 심은 것은 무엇인가?
> 새삼 내 정원이 텅 빈 것을 알았을 때
> 어이없게도 그 텅빈 사잇길로
> 구름 몇 조각이 흘러가고 있었다.
>
> ―「세월」 전문

　자기를 드러내는 거울이 여기서는 어느새 '손등'으로 변주되어 있다. 손등에 세월이 쌓인 것은 사소하지만 때로 우리를 퍼뜩 놀라게 하는 사실이 된다. 그때 그것은 또 하나의 거울이다. 나이 들어 쭈글쭈글해진 손등의 살갗을 보노라면 그 쭈글쭈글한 것이 손들의 전부로 인식된다. 열심히 살았거나 어쨌거나 알아볼 틈도 없는 사이에 그만큼 늙어버린 것이다. 그래도 이제라도 그 세월 동안에 내가 한 일이 무엇일까, 돌이켜 보면 아무것도 일궈 놓은 것이 없다. 세월만 쌓인 손등이요, 텅 빈 밭이요, 나무 한 그루 안 남은 내 집 정원이다. 손등 ― 정원, 손등의 골 ― 정원의 사잇길의 재미있는 변주가 '구름'이라는 그 허망한 것을 낳고 있다.

허망? 그렇구나, 이제 시인은 사라진 순수에의 열망이 애당초 자기 것이 아니었음을 아는 것이다. 그의 허무의식은 지금껏 사라진 것에의 애닲음, 순수 자아의 고독한 실존으로서 남아 있었지만, 이제 그것마저 허망한 것임을 알아버린 것이다.

> 채워도 채워도
> 채울 수 없는
> 허망.
> 해질녘 하늘 끝의
> 아득한
> 그 허망.
>
> ―「사랑과 접시」 전문

이 허망은 열망이 가득했던 자의 자기 확인에서 얻어낸 현재적 자아 인식의 다른 이름이다. 중요한 것은 '삶은 허망한 것' 할 때의 그 허망에 이른 자아를 인식하는 오래고 힘든 자기 반추, 자기 각성이지 허망 자체가 아니다. 이때의 반추와 각성은 편의적 세계 해석으로는 도달할 수 없는 비극적 진실이라는 가치를 지니면서 그 허망을 시의 공간에 아름답게 흩뿌려 놓게 된다. (1989)

단절과 영속, 또는 낡음과 새로움
— 김백겸 시집 『비를 주제로 한 서정별곡』

시어상으로나 구문상으로 본다면 김백겸은 전혀 새로운 시인이 아니다. 그는 1980년대의 신인이면서도 1980년대 시의 장기인 대사회적 표현 양식에서부터 아주 동떨어진 자리에 있다(이 말은 그가 참여하고 있는 '시힘' 동인으로부터도 여지없이 해당되는 말이다). 그것이 역설적으로 그를 새롭게 보게 할 때가 아주 없을 수는 없겠지만 그의 시의, '복고'보다 '답습'이라 해야 옳을 표현법은 그를 자못 신인답지 않은 신인으로 비치게 하는 데 기여한다. 그의 시는 가령,

> 숫돌에 갈아낸 화살의 슬픔으로 바람을 찌르면
> 얻어내는 암호는 무엇인가
> ―「풍향계」에서

에서처럼 세련된 이미지로써 내재된 진의를 치장하는 일에 능숙한 1960년대의 관념성 서정시들을 닮아 있기도 하고,

> 강력살충향에도 죽지 않는 어둠

—「捕蟲」에서

에서처럼 일상의 사물로써 현실의 고통을 비유하는 데 뛰어났던 1970년대의 현실참여적 서정시들을 닮아 있기도 하다.

> 햇빛나라 폭격기들이 東進중임
> 경계경보를 발하고 흐림 1호 흐림 2호 흐림 3호 미사일을 대기시킬 것
> 좌표는 한랭전선 100km: 강우 150mm
> 레이다로 고기압國과 하늘연합의 동태를 감시하고
> 바람1 바람2 바람3 함대는 풍랑2호의 경비태세로 돌입할 것
> —「기상예보4」에서

위에서 보는 우의적 기교를 색다르다 여길지 모르지만 이 경우도 우의화된 극적 상황을 설정하는 데까지는 이르지 않고 있다는 점으로 늘 있어온 대로의 말의 관념화, 말의 비유화와 다를 바 없는 것으로 보이고 만다.

김백겸의 시가 이처럼 낡은 방법 위에 서 있음을 처음부터 밝혀두는 것은 그러나 그의 시가 낡았다고 말하려는 의도에서가 전혀 아니다. 어떠한 충격적인 인식도 새로운 형식을 만나지 않으면 빛날 수 없다는 말에 견주어 형식의 새로움이라는 것이 시의 내용에 기여하지 못할 때는 한낱 생경한 포장행위에 지나지 않는다는 말을 취할 수 있겠는데, 여기서 한걸음 더 나아가 아무리 낡은 표현법이라도 그것이 시의 내용에 걸맞은 것이라면, 그리하여 소기의 시적 목표에 이를 수 있었다면 그때 그것이야말로 가장 새로운 표현법이 된다는 말도 가능할 것이다. 답습이 창조의 한 방도가 된다. 나는 지금 이 '아이러니컬'한 가설의 실례로 김백겸의 시를 거론하고 있는 것이다.

김백겸 시집 『비를 주제로 한 서정별곡』(문학사상사, 1987)을 꼼꼼히 읽어보면 자신이 처하고 있는 현재 상황을 보다 긴 역사의 시간 위에서 파악하려고 애쓰고 있는 한 시인의 끈질긴 노력을 느낄 수 있다. 그는 현재 상황이 참다운 가치를 지니려면 과거 역사와의 튼튼한 교감체계를 이루어야 한다고 믿고 있다. 그 반면에 과거 역사와 단절된 현재 상황은 마치 그 자체만의 상황인 듯 과거 상황과의 단절을 피하고자 한다. 무엇인가가 현재와 과거와의 연계를 끊으려 하고 있는 것이다. 그는 그것을 적대감으로써 지켜본다.

> 최전선에 배치된 병사처럼 무감동한 너
> 도시 근교 숲을 이룬 소나무, 가문비나무 밑둥에
> 삽날을 들이대는 너
> 몇 백 년을 자라온 生들을 쿵쿵 무너뜨리고
> 역사를 지켜온 바위들을 우지끈 들어내는 너
>
> ―「불도저」에서

서구의 물질문명은 우리 삶의 질서를 바꾸어 놓기에 족했다. 과거로부터 현재로 이어온 이 유구한 역사의 관습을 뒤흔들고 우리 문화의 토양을 파헤쳐 놓았다. 우리의 삶은 어제의 삶이 아니다. 과거와 단절된 현재적 삶이다. 과거 우리 삶의 모습은 기억의 저편으로 아스라이 사라져 가고 있다. 어느날 갑자기 우리 역사의 맥에 닿아 있던 삶의 뿌리가 뽑혀나가고 전혀 이질적인 삶의 양식이 새롭게 뿌리를 내리고 있다. 우리는 문명의 이기에 잘 길들여져 가는 대신으로 우리 자신의 영육을 있게 한 인간성의 고향을 상실해 가고 있다.

서구의 물질문명이 우리에게 실향정서를 팽배하게 했다는 이러한 인식을 앞에 두고 많은 시인들은 산과 들과 꽃과 새를 노래하며 혼자만의 서정시의 동산을 가꾸어 왔었다. 김백겸 시의 일부도 이에 해당하는데, 그러나 상당 부분 그러한 실향정서의 인식을 품고도 서정시의 동산으로 달아나기를 거부하고 실향정서가 시작되는 현장에 남아 있다는 점에서 그가 유별나 보인다. 그는 차라리 물질문명의 힘이 압도하고 있는 현재 상황의 한 틈서리에 남아 있을지도 모를 과거의 시간을 찾는 데 힘을 쏟는다. 그의 시 속에 무수히 등장하는 '시간'이란 시어는 그것을 입증하는 한 가지 예이다.

> 시간은 수정구슬 속 깊이 숨어 있다.
> 삼베 수건을 눈에 동여도 생시보다 분명히 보인다.
> 칼소리 자욱하게 걸어오는 백제
> 무덤 속 아사녀 팔찌 속에도 숨어 있다.
>
> ―「술래」에서

시간이 살아 있다. 이미 과거와 현재 사이에서 도망쳐진 줄 알았던 그 시간이 현재의 사물 속에 몰래 이어져 살아남아 있다. 그것은 놀라운 생명력이 아닐 수 없다.

> 뭉게구름은 왜 깊은 계곡 샘물처럼 솟아올라
> 생각의 뿌리를 적시는지
> 햇빛은 왜 처마 밑을 불개미떼로 파고들어
> 버려진 쇠붙이의 꿈을 갉고 있는지
> 아느냐, 찔레꽃 향기로 화장한 담장아
>
> ―「秘答을 찾아서」에서

단절과 영속, 또는 낡음과 새로움

이 가혹한 물질문명의 삶 속에 이처럼 오랜 역사를 통해서도 변치 않는 진리들이 살아 숨쉬고 있다는 사실은 환희요 경이다.

그러나 그 살아 있음이란 당당하고 버젓한 것은 아니다. 몰래 숨어서 살아 있음에 기뻐하고 놀라워하고 있을 수만은 없다. 날로 물질문명의 힘은 가증스러워질 것이다. 과거와의 교감을 꿈꾸는 현재의 우리 삶에 무차별 압력을 가해 올 것이다. 합리주의의 이름으로 편리할 거라는 명분으로 새로움이란 모양새로 우리의 전통과 관습을 한낱 낡고 어리석은 것으로 치부해 버릴 것이다. 그 힘 앞에 많은 삶들이 무릎을 꿇고 복종할 것임에 틀림이 없다. 그 힘 앞에 어떤 시인들은 '새것 콤플렉스'를 추스르지 못하고 그 문명을 제 것인 양 노래할 것이고 어떤 시인들은 거듭 자기만의 서정시의 동산으로 달아날 궁리를 할 것이다. 김백겸은 이 두 가지 길을 모두 버리면서도 시간 단절의 위기 상황의 현장에 남아 있음으로써 때로는 단절의 괴로움을, 때로는 영속의 기쁨을 느끼게 된다.

> 어느날 아침 아버님은 나무의 꿈에 대해서 말씀하셨습니다.
> 상수리, 측백, 가문비, 히말라야시다, 오얏
> 아궁이에 던져지는 잡목 따위가 아니라
> 손이 닿기 전에는 결코 깨지지 않는 백년의 시간을 떠받치고
> 깊은 계곡에 소롯이 서 있는 삼림에 대해서 말입니다.
>
> 커다란 절을 성냥갑처럼 부쉈다가 다시 세우고 하셨던 아버님은
> 먹물로 나무의 허리를 재는 도목수이셨습니다.
> 날선 대패로 나무의 시간을 깎아 들어가노라면
> 백년 전 어린 나무의 귀에 떨어지던 햇빛과 바람소리가 보이고
> 나이테마다 힘찬 획으로 그어져 있는 생명의 힘이
> 진한 물감으로 묻어난다고 말씀하셨습니다.

붓으로 그려낼 수 없는 목숨의 빛깔은 얼마나 싱싱한지
새봄에 하얗게 돋은 손녀 명희의 앞니처럼 촘촘하게 살쪄 있는
나무의 꿈은 얼마나 부드러운지, 시간의 밑둥을
깎아보지 않은 사람은 결코 알 수 없는 비밀이라고
턱에 묻은 막걸리를 훔치며 눈을 멀리 두셨습니다.

명색이 언어를 깎는 목수인 나도 눈을 멀리 두어
언어의 삼림을 쳐다봅니다.
시베리아 원시림처럼 찬 바람이 이는 말의 나무들은
내가 쳐놓은 은유의 덫을 벗어나
햇빛 속에 잎사귀를 날리고 있습니다.
내 대패가 아버님의 대패처럼 날이 서서 나무의 힘을 깎기 위해서는
얼마나 긴 시간의 어둠을 숫돌에 벼려야 하는 걸까요.

— 「대패」 전문

아버지의 삶을 바라보며 자성하는 아들의 진술로 전개되는, 모두 4연으로 된 이 시는, 지금의 나무가 있게 된 나무의 시간(i)이 그 나무의 시간을 깎으며 시간 속에 숨은 나무의 꿈들을 확인하는 아버지의 시간(ii)으로 전이되고, 그것이 다시 앞으로 내가 깎으며 살아야 하는 나의 시간(iii)으로 전이되는, 전 3연의 시로 읽힌다. 이 사실을 단순화시키면 다음과 같다.

i) 1연: 나무의 시간: 대과거
ii) 2연·3연: 아버지의 시간: 과거
iii) 4연: 나의 시간: 현재

여기서 i)은 내용상으로 ii)의 목적격의 자리에 놓이면서 ii)의 시간 속에 용해되어 있다. 따라서 i)과 ii)는 대과거와 과거의 시간적 선후관계이면서 시간의 영속성으로 이해될 수 있게 된다. 나무의 역사가 아버지의 삶 속에 살아 있는 것이다. 그런데 ii)와 iii)의 관계는 다르다. ii)는 내용상으로 iii)의 목적격의 자리에 있지 않고 보격(補格)인 자리에 보다 가까이 가 있다. ii)의 아버지는 나무의 힘을 깎는 실제의 목수였지만 iii)의 나는 은유의 나무를 깎는 언어의 목수이다. ii)는 iii)의 시간 속에 용해되어 들어가지 못하고 시간의 단절이라는 위기 상황으로만 전제되어 있다. i)에서 ii) 즉 대과거에서 과거로 이어지던 시간의 영속성은 ii)에서 iii) 즉 과거에서 현재를 잇는 상황에서 단절의 위기를 맞고 있다. 시인은 그 위기의 상황에서 끝내 시간의 영속성을 노래하기 위해서 또는 그러하지 못할 것만 같아서 자기 시의 대팻날을 버릇처럼 안타까움처럼 숫돌에 벼리고 있는 것이다. 스스로 질문하는 의문형 표현에서 드러나는 그의 행위는 관념적인 행위가 아니라는 점에서 더욱 값지다. 이 물음은 사물의 역사성이 주는 참다운 가치를 확인하고 지키겠다는, 그러나 그 일이 엄청나게 괴로운 일임을 알고 있는, 고통스럽지만 의지적인 자기 다짐과 같은 것이다. 이는 과거와 단절되는 현재의 위기상황에 직면한 시인 내적 번민과 그것을 오롯이 견디는 시적 의지와도 다르지 않을 것이다.

그의 시에서 불도저・블레이크・엔진・콘크리트・컴퓨터 등 문명성향의 사물들은 시간의 영속을 꿈꾸는 그의 의식을 고통스럽게 하면서 시간의 단절을 가능하게 한 상징물로 등장한다. 반면에 나무・비・강・언덕 등 자연성향의 어사들은 시간의 영속을 확인하게 하는 매개물로 등장한다. 이에 따라 낡은 어사로써 낯익은 풍경을 재현해 놓는 일에 자연스러운 그의 시의 표면 성향, 즉 표현의 답습 문제는 바로 시간의 영속의 확인을 통해서 삶의 가치와 시인적 가치를 찾고자 고뇌한 자의 한 가지 방편으로 여길 만하다. 답습이 창조에 기여한다! 정치·사회적 충격으로 일찍이 경험하지 못했던 시적 변혁기를 겪고 있는 현재 상황에서, 우리 시가 '새것 콤플렉스'로부터도 자유스럽지 못하고, 창조에 기여하지 못하는 복고와 관념으로부터도 자유스럽지 못한 이때, 시의 표면이 주는 편견을 뚫고 꼼꼼한 시 읽기로써 내면의 새로움을 찾아내는 일이 무엇보다 중요하다는 사실을 말하고 싶다. 이 점에서 김백겸의 시가 더욱 참된 내면의 새로움을 창출해 나가기 위해 경계해 둘 일을 적어두는 것이 순서일 것 같다.

그 첫째는 문명에 대한 무조건적인 거부감의 표출이다. 「비 속의 포니」, 「리틀 버드」, 「불도저」, 「운전연습」 등등의 시에서 확인되는 그 사실은 거듭 성찰될 필요가 있는 것으로 보인다. 다음으로, 이 거부감의 반동으로,

> 비는 방직공장 톱니바퀴를 돌리고 있다.
> 누이의 잠을 실로 자아
> 한반도 삼천리를 감아내고 있다
> 백두산을 감고 태백산맥을 꿰어서 마라도 끝까지
> 여직공의 땀을 뿌리고 있는 비
> 한국의 가난한 삶 누에의 꿈으로 감싸고 있다.
> ―「비를 주제로 한 서정별곡 5」에서

에서처럼, 비록 비→실비→실, 비→물→물레방아→방직공장 톱니바퀴의 재치 있는 시어 변주에도, 너무 흔한 낭만적 민족주의 색채를 반성 없이 차용한다는 점이다. 그의 시에서 계룡산·금강·계백 등으로 상징되어 나타나는 이른바 백제정신이 오늘날의 집단정서로 살아남기를 원하는

그의 기대가 어긋나지 않으려면 이 점은 충분히 재고되었으면 한다.

> 그리움이 잎을 피우고 가지를 쳐서
> 오늘은 그림자를 무성하게 이루고 있는 후박나무 아래
> 나는 생각을 잡는 술래가 되어 누워 있지만
> 반세기를 한 치도 움직이지 않고 늙어온 후박나무
> 할아버지가 걸어간 옛길을 따라 자신의 발자국을 남겨보는 일이
> 꿈일 것만 같습니다.
>
> —「시간 속을 걸어가는 후박나무」에서

에서처럼 과거에서부터 현재로 이어져야 할 긴 역사성이 단절될 위기 상황에서 고통스럽게 그 상황을 지켜보며 시간성 속의 삶의 가치를 확인하려는 노력을 거듭해 나갈 때 그의 시는 아무도 흉내 내지 못할 "시간과 나만이 알고 있는 암호"(「암호」)를 언제나 새로운 시적 재산으로 증식해 나갈 수 있을 것이다. (1987)

분노의 새로운 변용
— 이승하 시집 『폭력과 광기의 나날』

1.

이승하의 네 번째 시집 『폭력과 광기의 나날』은, 우선 눈에 두드러지게 시사적으로 낯익은 사진을 주요 표현 매개로 내세운 시편들을 주로 담고 있다는 특징을 보인다. 그 사진은 『TIME』 『동아일보』 등 시사지에 실린 사진에서부터 뭉크의 그림, 최민식의 사진 등 예술작품을 옮겨 놓은 사진에 이르기까지 인간 사회에서 행해진 폭력과 고문과 전쟁과 학살과 기아와 강간과 감금과 기만에 관한 내용이 주를 이루고 있다. 그 사진은 역사적으로 상징적인 사건을 담고 있기도 하지만 대개 다 구체적이고 선명한 내용을 담고 있고 따라서 낯익다. 이 낯익은 사진들이 시의 전면으로 들어왔다. 그러니까 그 사진들을 원래 그 사진이 놓인 자리, 신문이나 미술관이나 하는 곳에서 보게 된 것이 아니라 시, 시집 안에서 보게 된 것이다. 그것은 흥미롭기도 하고 그저 그렇기도 하다.

이 사진들은 당연하게도 같은 시편 안에서 전혀 이질적인, 그러나 시의 속성으로 보면 본질적인 시적 매개인 문자들과 만나게 된다. 이 문자들 또한 이미 사진에서의 내용과 다름없이 여전히 인간사회의 "폭력과 광기"에 대한 기록으로 일관되어 있다. 그 문자와 사진의 관계는 어느 편인가 하면 문자가 사진에 종속되는 관계인 것처럼 보인다. 예를 들면, 「이 아이의 눈동자 앞에서」라는 시를 보면 "에이즈 걸린 루마니아 어린이: 차우셰스쿠 정권은 이런 어린이들의 존재를 숨겨왔다(2월)"라고 설명을 붙인 에이즈 걸린 아이 사진(시사저널, 1990. 12. 20)을 먼저 제시해 놓은 뒤 문자 시행을 이렇게 출발시키고 있다.

    이 아이 앞에서
    성호 긋지 말기를
    이 아이의 눈동자를 보고
    기도드리지 말기를
    다만 묵상하기를

또 타임지에 게재된 소말리아의 굶주린 어린아이 사진을 제시하며 "내가 우연히 펼친 『TIME』지의 사진/이 까만 생명 앞에서 나는 도대체 무엇을"(「이 사진 앞에서」) 할 수 있는가 하고 탄식한다. 영화 『뻐꾸기 둥지 위로 날아간 사나이』의 주인공 맥머피(잭 니콜슨 분)의 스틸사진을 내세우며 "나를 노려보지 마라. 잭 니콜슨/아니 맥머피"라고 대화한다. 무릇 시의 언어가 시적 대상에 의해 이미지화되는 것은 당연한 이치이며 따라서 이들 시편들 또한 사진이라는 대상에서부터 시적 언어를 얻었다고 보면 되겠지만, 이 시의 남다른 점은 말할 것도 없이 그 대상 즉 사진을 직접 시의 한 언어로 내세운다는 점이다. 대상을 있는 그대로의 모습으로 직접 보여주고 그로부터의 표현 언어들을 보태어 그 두 요소로써 함께 시를 완성해 간 그런 시편들이 여기에 마련된 것이다.

사진 작품과 언어 시행을 함께 읽어 한 편의 시로 온전히 받아들여지는 시. 이런 시가 흔치는 않으니까 새로운 것이라 볼 수 있지만, 그 방법으로 말하면 별로 새로운 것은 아니다. 하나의 창작품이 특히 다른 창작품을 매개로 이루어져 있음을 구체적으로 드러낼 때 우리는 그것들의 '간텍스트(Intertext)'적 관계를 논하게 되는바, 이승하의 이런 시들이 좋은 예다. 여기서 간텍스트로서의 문학에 대해 설명할 필요는 없겠으되, 이승하가 요즘 많은 문학 작품들에서 많이 엿보이는 간텍스트적 성향을 굳이 차용하는 이유는 얼마간이라도 밝혀지는 것이 좋을 성싶다.

2.

이승하 시의 경우 애초의 사진 작품에서 그 다음의 언어 시행을 얻어내기는 하는데 그 얻어진 언어 시행이 그 사진 작품의 의미 자체를 특별한 의미로 변환시켜 가지는 않는다는 점이 주목된다. 다시 말하면 제시된 대상 텍스트인 사진작품에서 현 텍스트인 언어 시행 사이에 변별성이 존재하지 않는다는 사실, 사진 작품만을 제시해서 얻는 효과와 사진작품에다 언어 시행을 곁들여 얻는 효과 사이에는 표면적으로 큰 차이가 느껴지지 않는다는 사실, 이 사실을 좀 더 주시함으로써 이승하 시의 간텍스트성을 비롯한 여러 가지 의미를 살펴볼 수 있지 않을까.

위에 예든 시에서 보듯, 에이즈 걸린 루마니아 어린이의 맑고 애처로운 눈동자 사진을 보고 더 말할 수 없이 착잡한 기분이 되는 일차적 느낌과 "이 아이 앞에서/성호 긋지 말기를/이 아이의 눈동자를 보고/기도 드리지 말기를/다만 묵상하기를" 하고 더 할 말 없다고 고백하는 말 사이에는 질적으로 아무런 차이가 없다. 폭력과 광기를 내용으로 하는 사진들을 시라는 문자매체 안으로 옮겨올 경우 조성되는 낯설게하기 상황이 이미 하나의 느낌을 가지게 하는데 그 느낌의 대부분이 바로 시인이 기술하는 언어 시행의 내용과 흡사한 것이다. 또는 우리는 '아이티'라는 나라의 정치적 변동의 이면에서 총알을 맞고 쓰러진 한 사내의 시체를 한 장의 사진으로 보며 '끔찍하다'고 생각할 뿐만 아니라 "무서운 역사"와 그것에 무관심해진 "끔찍이도 무관심한" 나 자신을 반성할 수도 있다. 그 생각 그 느낌들은 그러니까 글로 더 말하지 않아도 느낀 것, 감동한 것이다. 특히 그 사진은 비록 인쇄 과정을 복잡하게 겪어 시집에 실린 것일 텐데도 너무 선명하지 않은가. 그런데 시인은 그 느낌 그 생각을 언어로 굳이 다시 시행으로 표현하여 사진 다음에 덧붙여 놓는 것이다.

> 나는 사로잡혔다 사진 한 장에
> 너무나 자연스럽게, 너무나 평화롭게 죽어 있기에
> 이제 이웃과 조국과 역사가 그의 이름을 지우리라
> 내 일을 남에게 떠맡기면서 내가 나를 지우게 되듯
> 거리의 핏자국 금세 지워질 테고 무풍의 거리
> 한가운데 나뒹그러진 자네 몸 금세 부풀어오르리라
> 한낮의 침묵, 침묵의 공포, 공포의 한낮에
> 나는 사로잡혀 있다 질식할 것만 같다 타인의 삶에
> 끔찍이도 무관심한 이웃을 배경으로 죽은 깜둥이.
> ―「공포의 한낮」에서

시인이 선택해 시적 상황으로 제시한 사진은 이미 "나는 사로잡혔다 사진 한 장에"라고 말하지 않아도 될 "낯선 상황", 즉 시적 환기력을 기대하는 상황이며, 역시 나의 "질식할 것" 같은 사로잡힘에 대한 것도 마찬가지다. 그럼에도 그 덧붙여지는 말들은 사진을 보았을 때의 느낌에서 한 치도 벗어나지 못하게 우리를 그 사태 속에 가두고 때로 우리를 탄식하게 하고 때로 우리를 분노의 도가니로 몰고 간다. 그리하여 우리는 시종 엄숙하게

> 문밖에서 서성거리고 계신 神이여
> 죽음을 지니고 태어난 저희들은
> 생명을 키울 용기가 없기에
> 아이를 낳지 않거나
> 낳은 아이를 버립니다
>
> 입가에 피를 흘리며
> 광란의 이 밤을
> 도박과 마약의 밤을
> 집단 자살과 집단 학살의 밤을
> 굶주림과 굶어죽음의 밤을
> AIDS 감염의 이 밤을
> 견디고 계신 의롭고
> 외로우신 神이여
>
> 문 안으로 못 들어오시는 神이여
> 죽음을 지니고 태어난 저희들은
> 생명을 거둘 용기가 없기에
> 살인을 하지 않으면

살인 방조자가 됩니다.

―「이 아이들을 위해 함께 기도를」에서

　에서처럼 "자살과 학살과 기아의 밤"을 폭로하고 듣는 일에 동참해야 하며 그 밤을 살아가고 있는 우리 시대의 버림받은 삶들에도 구원이 있는가를 질문하는 시간 속에 함께 있어야 한다. 물론 사진과 언어는 생각을 전하는 전혀 다른 매개물이므로 사진을 볼 때의 느낌이 다시 언어 시행을 읽을 때의 느낌에 의해 더 강화, 확대될 수는 있다. 이를테면 "이 밤을 견디고 계신 외롭고 외로우신 神"이라는, 또는 "살인을 하지 않으면 살인 방조자"가 된다는 말의 아이러니는 사진과 같은 시각적 표현 매개로는 잘 접하지 못하는 언어만의 맛이다. 그러나 그 경우라 해도 그 사진과 그 언어 사이에 달라진 의미는 아무것도 없다. 그 사진은 구체적이고 그 언어 역시 직설적이다. 이승하의 이번 시의 언어들은 폭력과 광기로 얼룩진 이 인간의 땅을 고발하는 사진들을 그와 같은 내용으로 재확인하면서 취해진 것들이다.

　그렇다면 이승하 시는 이미 사진이라는 예술 행위 또는 고발 행위로써 소기의 효과를 발휘하게 된 것을 굳이 언어로 살을 붙이려 한 것일까. 이 질문을 해결하면 이승하 시의 간텍스트적 특성도 설명될 수 있다. 이승하가 일차 텍스트, 즉 사진으로 보여주고 고발하고 있는 상황은 인간의 비인간적인 상황이다. 다시 말하거니와 그것은 인간의 역사를 통해, 과거에서 현재까지 반복되고 증폭되는 전쟁과 학살과 강간과 기아와 고문과 감금과 기만에 대한 기록이고 고발이고 탄식이고 참회고 분노다. 이미 그 자체로 더 많은 말이 필요하지도 않을, 말도 안 되는 상황이다. 사실 그 말도 안 되는 상황이 우리 인간 사회 내에서 하루도 빠짐없이 계속되고 있는 것이 아닌가.

　사실 사진 앞에서 우리는 사진을 찍은 사진작가나 사진을 끌어와 낯선 상황에 얹은 시인이 의도한 대로 그 비인간적인 일에 분노하고 탄식하게 된다고 했지만 필경 그것만은 아니다. 어느새 그 반복되는 사실에 대해 우리가 할 수 있는 일이라고는 고작

>폭력 없는 사회가 존재했던가
>광기 없는 사회가 존재할 것인가.
>
>— 「폭력과 광기의 나날」에서

이런 대답 없는 외침 정도가 아닐까. 그리고 그 사진에 덧붙여진 설명들을 보는 둥 마는 둥하고는 지나치는 일 이상으로 할 수 있는 일이 무엇일까. 우리는 무감각해져 있는 것이다. 무감각해진 사실에조차 무감각해진 인간들인 것이다. 이럴 때 이승하의 언어는 다시금 처음 사진을 시의 공간으로 끌고 와 만든 그 낯선 상황의 환기력을 붙잡는다. 특별한 언어로써가 아니다. 별로 꾸미지 않고 언어적 시적 수사를 감행하지 않고 폭로와 분노의 감정을 응어리지게 한 채로 있게 한다.

이승하 시의 언어 시행은 이렇게 사진으로 가져다 놓은 낯선 상황에 지속적인 환기력을 불러일으키려는 것이다. 그렇기 때문에 마치 사진이 일시에 보여주고 있는 것처럼 그 언어도 폭로와 탄식과 분노와 참회로 일관되게 한다. 이승하의 시어가 더없이 흥분되고 있는 것처럼 보이는 이유가 이런 데 있다. 그 흥분의 끝에서 가끔

>재림하신 예수님
>단 한 마디의 설교도 없이
>통곡의 벽 앞으로 가
>머리를 짓찧고 있는 모습이
>내 눈에는 보이네.

—「아우슈비츠21세기」에서

에서와 같은 처절하게 아름다운 이미지를 찾아내기도 한다는 사실도 기억해두면서, 그러나 여전히

> 고문의 시대가 가면
> 고문의 시대가 다시 오리니
> 고문의 시대가 가면
> 고문한 자와
> 고문당한 자만이 기억하리니
> 고문당하지 않은 자는
> 그 사실을 까맣게 잊어버리니
>
> —「고문에 관하여」에서

에서처럼 일관되게 격앙된 어조가 왜 필요하고 왜 그럴 수밖에 없는지 이해하자.

3.

인간성을 회복하자는 당연한 말들은 대개 설득력이 없다. 더 무리해서 말하면 모든 당연한 말들은 다 설득력이 없다. 왜냐하면 그 말들을 듣는 사람들이 그 비인간적인 모순된 상황이나 그런 유의 말에 길들여져 무감각해 있기 때문이다. 그래서 많은 시인들은 애써 낯선 기호를 만든

다. 그 기호는 무감각해졌던 우리의 감정을 각성시키고 그 낯선 기호에 시선을 두게 한다. 당연한 말을 당연한 것이 아닌 것처럼 말하는데 결국엔 당연한 말의 의미를 주입하게 되는 것 따위 말이다. 이름하여 '낯설게 하기'란 언제나 유효한 것이다. 그런데 그 '낯설게한' 것조차 전혀 새롭게 보이지 않을 때가 있다. 이미 그것은 실패한 '낯설게하기'다. 그런데도 이 실패한 '낯설게하기'의 언어 속에 갇혀 있는 뭇 시들을 보게 되는 안타까움이 우리에게 있다. 이 가짜로 치장된 언어들이 오히려 단순하게 말하면 다 알아들을 것을 제대로 못 전하는 어리석음을 범한다. 그런 언어들은 신문기사보다 새로울 것 없다. 그런 언어들은 구체적인 현실을 전하는 사진 한 장보다 나을 것 없다.

　이승하가 이번 시집에서 동원하고 있는 사진들은 앞에서 말한 것처럼 역사적으로 상징적인 사건을 담고 있기도 하지만 대개 다 구체적이고 선명한 내용을 지니고 있고 따라서 낯익다. 어느 정도인가 하면 그 한 장의 사진으로 인간 역사의 광폭한 일면을 간략하게 설명해 낼 수 있다. 이승하는 그 낯익은 내용의 사진을 시로 가지고 와서 일단 수많은 말들을 대신해 버렸다. 그런데 이 낯익은 사진들이 그것이 있어야 할 사진첩이나 전시회, 신문 지면과 같은 원래 자리를 떠나 시라는 다른 공간에 있게 되면서 낯섦의 첫 단계가 연출되었다. 낯익은 의미들을 낯선 상황 속으로 끌어들여 다시 원 의미를 환기시키기. 이승하가 첫 번째로 노리는 것은 이것이었다. 물론 이 시집에는 사진이나 그림 따위가 동원되지 않은 시들도 많다. 그런데 그 시들은 대개

　　　기웅이와 함께 삼촌을 따라간 복날…… 맑은 공기…… 깊은 숲속이었다…… 여기가 좋겠어…… 동네 청년들은 잠시 앉아 땀을 훔쳤다…… 삼촌이 시작하자고 외쳤다…… 날씨 화창한 그날, 울창한 나무 사이로 쏟아지는 몇 줄기 무심한 햇살…… 신이 나서 껑충껑충 뛰던 누렁이를 삼촌이 한 청년의 도움

으로 자루에 집어넣었다……

— 「상황(6)」에서

에서 보듯이 그 스스로 하나의 내용 선명한 그림(그래서 제목도 「상황」이나 「정신병동 시화전」 등이다)으로 묘사되고 있다. 또는 정신병동의 신상메모 내용(「회복기의 하루」)이나 정신병동에서의 일기, 시 따위의 기록문들(「정신병동 시화전」 등)이 다른 시에서의 사진 효과를 고스란히 내고 있다(이런 유의 시들에서 인간 사회 집단이 가진 광기를 읽어 낼 수밖에 없었던 시인의 남다른 성장기를 엿볼 수도 있을 것이다).

그러고는 정작 낯선 언어들이 판을 치는 이곳에서 사진에서의 낯익은 내용 그대로 낯익은 이야기만을 엮어 감으로써 사진이 시로 들어왔을 때의 낯선 정조를 지속시킨다. 그때의 이야기 내용은 인간 사회에 대한 분노를 주조로 한다. 다시 말해 더 말할 가치도 없는 인간 사회의 광포함에 대한 분노의 내용을 이승하는 잘 아는 내용의 사진을 시로 끌어들여 낯선 정조를 만든 다음 다시 잘 아는 내용의 말들을 되풀이하면서 시로 승화시켜 간다. 사진을 끌어와 언어를 보태는 손쉬운 간텍스트 기법을 차용하는 한편으로, 말과 사진의 내용으로부터 격앙되는 분노가 그 말과 사진의 형태적 어우러짐 때문에 삭여지는, 그런 '분노의 새로운 변용' 세계를 만들어 보였던 것이다. (1993)

붙박음의 터전에서

— 황학주의 시

1.

　문학용어상으로 볼 때 온당하게 쓰였는지 어떤지 모르지만 나는 황학주 시 등으로 대표될 수 있는 1980년대 후반 시의 주목할 만한 한 양식을 '서사적 자아의 서정적 발현'(『시의 세상 그늘 속까지』, 흔겨레, 1988, 55~61쪽)이라는 말로 표현한 바 있다. 이 일이 행해진 경로는 대체로 이렇다. 전 시대에 비해 1980년대 초반의 주목 받은 시들의 가장 특징적인 표현 양식은 탈서정 양식, 더 포괄적으로 말해 서사적 양식이다. 이에 반하여 황학주의 첫 시집 『사람』(1987, 청하) 등의 시들은 그러한 양식 속에 깃든 서사적 내용을 그대로 수용한 채 다시 그것을 서사적 양식 이전의 서정적 방법에 크게 의존하여 표현하고 있다는 것이다. 이때 예로 든 시는 『사람』 이후에 다른 두 편의 시와 함께 처음 공식 지면에 발표된 「아아아」라는 것이었는데 이 시집에는 제목도 바뀌고 부분적으로 개작도 가해져 다음과 같이 게재되어 있다.

입 안에 우물거리는 품값 구운 조개가

녹고 있는, 불콰해지는 계화도 계화산 해안선

아아아 살던 물길 내 말씨 딱딱 쓰며 왁자지껄 왜 못 흐르나

소리쳐 보는 백두산 북간도도 기운 좋고 큼직한 삶

그 장골 가슴 속에 갈려서 더욱 그리운 터에

이 맑은 날 수몰 고향도 끝내 못 건지는 가슴

물 들어 잠긴 썩은내.

불편한 몸이 얹힐 데도 없이 피붙이 챙겨 생계 하나 조붓하게 앉힌

조선철쭉 불뭉치 뜨는 구릉에서

쪼개지고 깨어진 정신을 자식에게 줘?

―「조선철쭉 뜨는 구릉에서」 전문

관형형 어사의 중복이나 잦은 도치, 지나친 생략들 때문에 크게 방해받게 되긴 하지만 이 시에는 확실한 서사적 내용이 있다. 거칠게 요약하여, 수몰 고향을 떠나와 계화도 간척지 노동자가 되어 살면서 자손에게 물려줄 땅이라도 장만해 보고자 애쓰고 있는 이야기가 그것이다. 여기서 수몰이라는 지형적 변동 사실과 계화도라는 실제 지명 등이 언급되고 있음을 중요하게 보면 이 이야기는 시인의 단독 체험에 의해 얻어진 것만일 수 없다는 판단이 가능할 것이다. 고향이 수몰되어 새로운 땅 간척지에 나가 살게 된 사람들의 사연은 우리의 근대화 정책으로 파생된 이주민들의 공동 체험과 연계될 수밖에 없다. 시인 스스로도 '자서'에서 슬쩍 비추고 있는 일이지만, 여러 경로를 통해 얻은 자료를 보면 특히 계화도 간척지에 이주민들이 와서 살게 된 경위가 우리의 복잡한 현대사의 질곡 위에 서 있음이 그대로 확인된다.

i) 일제 때 농토를 넓히기 위한 수단으로 김제 부근의 해안을 간척했고, 이 간척지의 농업용수로 끌어 쓰기 위해 섬진강 상류를 막는 댐 공사를 시작했다. 이 두 공사는 대동아전쟁과 6·25 등으로 중단과 속개가 반복되다가 5·16 후에 각각 계화도라는 섬과 부안군 동진면 하단을 잇는 대규모 간척공사와 섬진강 하류까지 넣은 대규모 댐 공사로 확대 속개되었다.

ii) 댐 공사로 3개 면 22개 리의 수몰지구에 약 2만 명의 수몰민이 발생했는데, 이 중의 반 정도가 간척지 배정 증서를 들고 계화도 간척지로 내려가 간척지 농사를 지으며 살기 시작했다.

iii) 계화도 간척지는 당장 갈아먹고 살아야 하는 이주민들에게는 좋은 농지가 될 수 없었고, 5년 내에 개발공사를 해 주겠다던 당국의 약속이 연기되는 바람에 이주민들의 생계는 수년 동안에 거의 몰락 단계에 이르렀다. 이때 상당수의 이주민들이 생계를 위해 간척지 배정 증서를 서울의 토지 브로커들에게 헐값에 팔아넘기고 소작인이 되거나 고향인 댐 근처 산으로 돌아가 버렸다. 땅 값은 몇 년 사이에 엄청나게 뛰어올랐고, 서서히 소금기가 빠진 계화에서 나는 쌀 계화미는 한국 제일의 쌀로 평가되고 있는데, 계화 농민들은 용케 증서를 간직하여 몇 필지의 땅을 소유하고 있는 사람들을 제외하면 대부분 소작농으로서 가난한 삶을 영위하고 있다(이 사실에 대해서는 양성우 시인의 섬진강 기행문「척박한 땅에서 부르는 노래」와 부안군지『변산의 얼』을 참조하기 바란다).

앞의 시를 포함하여 이 시집 1부에 실린 52편의 시들에는 이러한 i) ii) iii)의 실제 사실에서 얻은 서사적 내용이 그대로 담겨 있거나 시의 전제 상황으로 깔려 있다. 그런데 이렇듯 시에 전제된 서사적 내용은 서사적 양식으로 우리 앞에 나타나고 있지 않다. 도리어 그것은 내면화되고 응어리진 어떤 정황으로 드러나고 있다. 수몰·탈향에서 이주·정착까지의 내용 위에서 시인은 그 내용을 드러내려는 것이 아니라 뿌리 뽑힘에서 붙박음까지 동안의 가슴속 깊은 상처를 드러내고자 하는 것이다. 그래서 수몰된 고향은 '물 들어 잠긴 썩은내'처럼 후각화되고, 고향을 빼앗기고도 그 보상을 받지 못한 억울한 삶은

> 가슴 붉은 구덩이 침묵과 아우성을 몇 다발이고 안아다 막은
> 상처를 또 간소하게 이야기를 할까
>
> ─「수요일 밤」에서

에서처럼 서술적이지 않고 시적인 '붉은 구덩이' 같은 상처로 표현된다. 황학주의 시는 서사적 내용을 드러내는 서사적 양식으로 발현되지 않고 서사적 내용을 안고 있는 자아의 모습을 드러내는 서정적 양식으로 발현되고 있었던 것이다.

2.

지도에서조차 사라진 수몰 고향을 떠난 뿌리 뽑힌 사람들이 제대로의 보상을 받지 못하고 척박한 간척지에 이주해 살아야 한다면 그 고충이 어떠하리라는 것쯤은 쉽게 짐작할 수 있는 일이다. 낯선 땅 계화벌에 와서 살면서 남의 땅에 얹혀서만이 생계를 꾸려 나갈 수 있는 그 삶은 문자 그대로 가난의 나날이다.

> 계화 흙바람 속에서

    내 흙이 다 되지 못한 이 흙 위에서

    　　　　　　　　　　　　　　　　— 「봄맞이」에서

아무리 파도 "내 흙이 다 되지 못"하는 남의 땅에서

    소금 먹은 논 위에 기울은 늦벼 이파리
    갉아가며 도는 고모 허리 둘레의 병

    　　　　　　　　　　　　　　　— 「눈무신 고모」에서

몸을 다 바친 노동으로

    세대 아파트 방 한 칸 월세에 흰 도자 화병같이
    천행으로 찡겨 앉아

    　　　　　　　　　　　　　　　　　— 「공」에서

삶의 잠자리가 될 방 한칸이라도 얻은 것이 천행일 정도다. 가족들은 힘든 노동으로 병을 앓으며

    환자 카드를 가진 순정이 소리 내는 다락

    　　　　　　　　　　　　　　　— 「라면 다섯 개」에서

    내일이면 낫고 일어난다, 너는 앓고
    나는 찻봉지를 뜯을 때
    엑스—레이에 나타나는 파열이나 안개처럼 오는 눈발

    　　　　　　　　　　　　　— 「너의 눈 앞에서」에서

한칸 방에서 애써 그 병을 몰아내며 가난한 밥상을 둘러앉는다. 가난한 밥상 위로 그들의 머리 위로 눈발이 흩날리기도 한다.

> 문간방 하얀 창지가 터지면서
> 짚이엉 같은 가슴 속으로 진눈깨비
> 굽은 콧대 밑에 닿는 겨울 대기
> 앉아, 어려운 집에 가난한 상
> 오물딱지에서 눈부시게 시도 기어나오는 살림 위로
> 찾아오는 눈.
>
> ―「눈」 전문

창지 틈새로 새어든 눈발은 그들의 가난을 더욱 안쓰럽게 보이게 한다. 그러나 그것은 '파열이나 안개처럼' 와서 상처투성이의 허허로운 가슴을 드러내 줌으로써, 그 가난한 살림에서 시를 '기어 나오게' 하는 동력으로 작용한다.

> 물에 말은 밥을 뜨다 담배를 물면
> 성냥 불꽃이 순간 손목을 잡는 것이 고맙고
> 상 위에 비지, 아 눈물도 있군
> 내가 드디어 하나님보다 뜨거워지고
> 쓸쓸해지는 것 같다.
>
> ―「내가 드디어 하나님보다」에서

그들은 그나마 그런 가난한 삶이나마 있게 해 준 하늘이 고맙다고 말한다. 가난도 많으면 부자가 된다고 말한다. 그들은 가난을 감싸안는다. 그 감싸안음은 그러나 상처의 은폐가 아니다. "상 위의 비지, 아 눈물도 있군"의 시행에서 보듯 눈물 속에 가려진 상처를 드러내기 위한 반어적인 방법이다.

그들에게 그 같은 가난한 삶이나마 있게 하는 노동행위는 계화벌에서의 농사를 중심으로 산복공사·조개 캐기 등에다 농촌 마을을 함께 이루는 다방·세탁소·술집·구멍가게·사진관 등에서의 일이 된다. 그들은 그렇게 살아간다. 여느 마을처럼 떠나고 돌아오는 사람이 있고 태어나고 죽기도 하며 일하다 병나고 다시 일어나 일터로 가기도 한다. 하지만 짐작되는 바대로 그들의 노동은 노동의 주체자로서의 혜택으로부터 크게 소외되는 노동이란 점에서 처음부터 불행한 것일 수밖에 없다.

> 짚북더기 속에 마르고 꺼먼 몸
> 심상치않은 공기들과 마찰하면서 흘러온 몸을
> 눕히면
> 줄포리에서 대교리까지 나간
> 가로면 은사시나무가
> 계화벌 논 안에 다 들어 있다.
> 물꼬에 살충제를 쓰고 넘어졌다
> 일어난 나를 깔고
> 저 은사시나무 길 따라
> 급한 박씨 자전거 발판을 돌릴 때
> 혈관에 서른셋 시든 모이같이 뒤적거리는
> 시름시름한 피 거꾸로 쳐들어 붓고
> 나도 다시는 이 들판같이 처지지 않았으면 하고 슬피 생각한 날이 있었군.
> 피가 식은땀처럼 따라 흐르던.
>
> ―「계화벌」에서

계화벌 소작농사에서 쓰러진 서른세 살 농부에 대해서 눈여겨보아 줄 사람은 없다. 짚단처럼 쓰러진다 해서 그를 먹여 살려 줄 사람은 없다. 그의 삶은 그의 몫인 것이다. 따라서 그는 비록 남의 땅이긴 하지만 그 땅을 파먹고 살아야 한다. 지주와의 계약대로 농기계 대여료를 물고 수확량의 상당 부분을 농지 사용료로 물고 나서도 제 식솔들의 생계를 책임지자면 병든 몸으로도 그곳에 붙박음하려는 노력을 거듭해 살아남아야 한다. 뿌리 뽑힌 자의 상처를 안고 다시 그런 상처를 입지 않기 위해서 붙박음해야만 한다. 뿌리 뽑힌 자의 아픔을, 땅 없는 자의 슬픔을 그들보다 더욱 생생하게 기억하는 자 누구이겠는가. 그들이 땅에 집착하게 되는 것은 결코 우연이 아니다. 다음과 같은 시는 모든 고난과 질병과 맞싸우며 붙박음해 가는 몸부림의 현장으로 비친다. 그 제목마저 「땅」이다.

> 눈물이 늙어서 부드러워지지 않는 손을 만질 때 기분난다.
> 그러면, 옛 사랑 줄 간 눈가에 독에 맞는 돌멩이 같은 눈초리도 살아나고
> 기름물 떨어지는 삼겹살 안주 쪼각처럼 보면 즐거운 논배미들
> 저기서 여기까지 절름발이 강약으로 절룩이며 피칠해 두었다
> 아랫말 물 손 안에 꼬나쥐고 낮은 언덕 제쳐 버리고 댄
> 이 논, 부자지 삽처럼 박고 사는 땅 아니냐.
>
> ―「땅」전문

농부에게 벼가 익어가는 모양만큼 기쁜 모양은 어디에 있겠는가. 모를 심고 벼가 고개 숙일 때를 상상하는 일만큼 즐거운 일은 어디에 있겠는가. 가뭄에 단비 만나듯, 없는 물을 끌어들여 넉넉히 논물을 채우고 그 논물에 손을 씻는 농부의 뿌듯함은 곧 노동의 즐거움이며 땅에의 사랑을 확인하는 일이다. "절름발이 강약으로 절룩이며 피칠해"둔 땅. 그것은 그 새로운 땅에 붙박음하고 살아가려는 이주민의 염원을 극명하게 드러내고 있는 말인 것이다.

3.

  시인은 지금껏 수몰·탈향에서 이주·정착으로 이어진 이주민을 주목해 뿌리 뽑힘에서 붙박음까지의 상처를 드러내 왔다. 그것은 "조선철쭉 불뭉치 뜨는 구릉에서/쪼개지고 깨어진 정신을 자식에게 줘?"(「조선철쭉 불뭉치 뜨는 구릉에서」)에서 보듯 나라 잃고 국토가 두 동강난 우리 민족의 수난사에 비견되기도 했다. 시인의 의식은 나아가, 이주의 현장 계화벌 내륙이 동학혁명군의 항쟁지였으며, 그보다 훨씬 이전 삼국시대 때는 백제의 마지막 항쟁지였다는 역사적 체험의 영역까지 포용하고 있다.

    칼이며 창 비행기소리를 싣고 와서 폭포는 밑으로 쏴버리고
    9층 10층 층층이 백제 사람들
    철철 아픔이 넘치는 이맛전을 3단으로 찍으며
    하얗게 내뿌리는 우린 항쟁자 명단
    변산 땅을 깡깡한 힘줄로 쑤시고 내려간다.

                                                 —「직소폭포」에서

  저 땅을 지키려고 목숨을 내건 사람들의 정신을 그 땅을 지키는 '깡깡한 힘줄'로 이해하는 시인의 의식은 그러나 섣불리 민족주의의 옷을 입지는 않는다.

    뵈지 않는 강, 할 말은 아니지만
    흥건하게 눌러주는 오줌발 소리 들은 날 있는데
    긴 강처럼 자라가고 싶은 힘이더라구

                                                 —「뵈지 않는 강」에서

에서처럼 서두르지 않고, 여자의 오줌발마저 역사의 긴 강으로 표현할 수 있는 여유로 뿌리 뽑힘과 붙박음의 민족사 위에서 우리가 끝내 지켜야 할 것에 대해서 제시하고 있는 시인의 힘은 놀랍다.

> 마을 강가에 각진 산 되어 서서
> 텃세가 센 깔깔한 풀도 심고
> 무수하다는 동백꽃이 떨어진 그 봄처럼
> 부강하게 사람을, 질탕하게 새끼를 낳고
> 우글우글하게 나는 너를 거부하리라
>
> ―「마을 강가에 각진 산 되어」 전문

제 땅을 지키지 않으면 우리는 백제의 유민들처럼 떠돌아다녀야 한다. 제 땅을 지키는 힘이 없다면 우리는 우리 땅을 잃고 그 보상도 받지 못하고 낯선 땅에 가서 가난과 질병에 시달리며 비지와 눈물의 밥상을 안고 살아야 한다. 제 땅을 지킬 정신이 없으면, 우리 땅에 일본의 유독성 고철이 들어와 바다를 오염시키고 미국의 담배가 들어와 대기를 오염시키고, 우리 말을 잃고 우리 삶을 잃고 마침내 우리 땅을 잃게 될 것이다. 우리는 우리 땅을 지키는 각진 산이 되지 않으면 안 된다. 텃세가 센 깔깔한 풀이 되지 않으면 안 된다. 뿌리 뽑힘과 붙박음의 민족사는 이제 더 이상 이어져서는 안 된다. 우리는 그 어떤 누가 쳐들어와도 두 손 들고 돌아가게끔 '우글우글하게' 살아 버티어야 한다. 그리하여 "미래 대대로도 이 들판 사람들에게는 땅을 바르게 굴리는 힘살이 꿈틀댈"(「내려가는 길에서」) 수 있는 것이다.

뿌리 뽑힌 자들의 상처를 드러냄으로써 붙박음의 힘의 소중함을 일깨워 준 황학주의 시는 그러나 한 가지 난점을 안고 있다. 앞서 얼핏 지적한 구문의 까다로움이 그것이다. 이 점은 물론 '서사적 자아의 서정적 발현'이라는 특성 속으로 용해될 수는 있다. 그러나 서술의 주체가 되는 화자의 신분이 모호한 경우가 있고 중복되는 관형형 어사들이 시의 표면적인 내용 전달을 방해하는 때도 자주 있다. 말의 삐걱거림은 방법적으로만 존재해야 한다. 항상 시인은 힘 없는 말을 버리고 진정한 가치를 지닌 말들의 붙박음을 위해 싸워야 한다. 붙박음의 자리에서 그 말들이 짙은 상처의 편린으로서 빛나야 한다. "똥구덩으로 빠지던 말 같은 냄새"로 구리고 고통스럽게 우리 앞에 내뱉어져야 한다. 이 일은 그의 시를 우리 시사의 시로, 민족사의 시로 자리잡게 하는 지름길이 될 것이다.

> 너 이 더러운!
> 가슴이 하도 막히니까
> 똥구멍으로 빠지던 말 같은 냄새
> 뇌리에 남는 관사 홈통 줄 밖으로 어그짝나 열리지 않던 창짝
> 너와는 끝이다, 그리고 내일
> 다시 시작하자.
> 서로의 가슴에서 굴러떨어지고 나면 캄캄하게 아픈 지상.
>
> ―「내일」 전문
> (1988)

세우고, 버려서 더욱 빛낼 소멸 미학
— 박형준 시집 『나는 이제 소멸에 대해서 이야기하련다』

박형준의 첫 시집 『나는 이제 소멸에 대해서 이야기하련다』(문학과지성사, 1994)를 보면서 흥미롭게 느낀 점들.

하나. 대부분의 시가 미성년 신분(현실적으로 부모로부터의 경제적 분화나 고립을 경험하지 않은 상태)의 시적 화자를 두드러지게 내세우고 있다는 점. 시집의 반 정도는 차지할 유년 회상 시들도 그렇거니와(모든 유년 회상의 시가 다 그렇다는 게 아니라, 특히 박형준의 유년 회상에는 유년과 현실을 잇는 구체적인 전기가 개입되고 있지 않다는 점에서 지적하는 말이다) 가령, 화자의 현실적 조건이 분명한 시인의 등단작 「家具의 힘」에서 졸부가 된 외삼촌을 두고 어머니와 화자가 취하는 태도,

> 어머니가 방마다 사각 브라운관 TV들이 한 대씩 놓여 있는 것이
> 여간 부러운 게 아닌지 다녀오신 얘기를 하며
> 시장에서 사온 고구마순을 뚝뚝 끊어 벗겨 내실 때마다

> 무능한 나의 살갗도 아팠지만
> 나는 그 집이 뭐 여관인가
> 빈방에도 TV가 있게 하고 한마디 해주었다.

를 보면, 화자의 미성년성이 얼마나 두드러져 있나를 쉽게 알 수 있다.

둘. 그 시적 화자가 또 하나의 가부장으로 성장하기 위한 현실적 시간 속에 놓여 있음에도 불구하고, 생성되는 것에의 몰입보다 소멸되는 것에 대한 반추로써 본질을 드러내고 있다는 점. 시집의 표제시 「나는 이제 소멸에 대해서 이야기하련다」의,

> 지붕에 널어 말린 생선들이 이빨을 딱딱 부딪치며
> 전혀 다른 말을 하기 시작하고,
> 熔岩처럼 흘러다니는 꿈들
> 점점 깊어지는 하늘의 상처 속에서 터져 나온다
> 흉터로 굳은 자리, 새로운 별빛이 태어난다

에서처럼 상처에서 꿈으로, 흉터에서 별빛으로 이미지가 변주되는 것에서 보듯이, 그 현실에서 생성되고 있는 것들조차 결국 소멸될 때 참다운 가치를 빛내게 되는 것이니, 소멸되는 것을 반추하는 일의 당위성이 저절로 생기는 셈이다. 박형준의 시가 봄보다 가을을(봄을 말하는 중에서도 봄의 분주해지는 상황보다 아지랑이 아른대는 봄의 환영을), 아침보다는 저녁을, 떠나는 사연보다 돌아오는 사연을 즐겨 택하고 있는 것도 모두 소멸되는 것에 대한 반추에 익숙해 있기 때문이다. 그는 이렇게 소리치곤 한다.

> 황혼이여, ─저녁 하늘의 수술 자국이여, ─꿈이 태어나는 居所여,
> 이 저녁에 또 하나 별빛이 통증처럼 뻗어나온다
> 나는 말하지 않으련다, 아물지 않는 상처가
> 얼마나 아름다운가를!
>
> ─「이 저녁에」에서

저녁은 아름답다, 소멸은 아름답다, 하고 그냥 소리치지 않고, 그 저녁, 소멸이 일상의 시간이 쌓인 상처이자, 그 상처를 안고 꿈을 잉태하게 되는 새로운 시작의 근원이 됨을 말함으로써 그의 독특한 소멸의 미학이 자리한다.

현실적으로는 소멸인데도 그 소멸 미학에서는 생성인 그의 시에 유년의 시공이 개입되는 것은 당연한 일이다.

> 냄새로 풍겨나오는 어린 시절을 물끄러미 바라보며
> 밥 먹으러 식당 가는 길, 저녁에
> 문득 날이 밝아오고
> 어둠이 개이고 새들은 공기의 속으로 날아
> 내 마음은 자꾸만 자리가 넓어진다
>
> ─「중국집」에서

저녁으로 향하는 시간에 유년의 냄새가 맡아지고, 소멸되는 시간과 유년에의 그리움 사이에 시적 자아의 마음은 밝아지고 넓어지고 있다.

그의 시 안에 어느새 깊이 들어와 찬 유년 공간을 여기서 다시 거론할 수 있겠다. 그의 유년은 소멸의 미학을 완성하는 가운데서 반추된 것이므로, 이미 지나갔으되 마음은 늘 그곳에 머물러 있는 곳, "사랑을 둥글게 구부려 주었던 기억"(「공원에서 쉬다 3」)과 더불어 있다. 그곳은 정태

적이고 평화롭고 꿈과 현실이 분화되지 않은 혼몽한 공간이다.

> 나는 장롱 속에서 깜빡 잠이 들곤 했다
> 장에서는 항상 학이 날아갔다
> 가마를 타고 죽은 할머니가 죽산에서 시집오고 있었다
> 물 위의 집을 스칠 듯—
> 뻗는 학의 다리가 밤새워 데려다 주곤 했다
> ―「장롱 이야기」에서

무슨 이유 때문인지 장롱 속에서 잠을 자곤 했던 소년. 몸을 구부리고 깜빡, 잠이 들어 꾼 꿈속에서 죽은 할머니가 시집을 오고 있다. 현재와 유년, 잠과 꿈, 산 자와 죽은 자가 서로 명료한 경계 없이 혼융된 이 혼몽한 공간은 박형준 시에서 특징적인 서정 공간으로 자리잡고 있다.「유년의 뜰」연작을 비롯, 많은 시편들이 그 몽환적인 서정 공간을 아름답게 구축하고 있다.

셋. 현실 시간에서의 미성년의 어투로, 저녁 시간으로 대표되는 소멸의 시간과 유년 공간을 앞세우며 획득하는 소생의 이미지를 아우르는 독특한 서정 공간을 구축하던 그가 어느 정도 자신의 시적 행위를 객관화하고 지적으로 통어하려는 노력을 보태고 있다는 점. 시집 전체로 보면 저녁과 유년을 노래하는 시들에 비해, 비교적 시적 화자의 눈에 객관적으로 비치는 상황을 노래하는 긴 시편들에 그런 면모가 두드러진다는 점.

> 사내는 코를 풀었다 아주 천천히,
> 추억이란, 추억이란, 추억이란 크리스마스 캐럴이 어디선가 울렸다

> 추억이 대체 무엇이란 말인가
> 그의 발밑에 나이테가 희미하게 돌아가고 있었다
> 소용돌이
> 정말 어떤 마룻장들은 틈이 벌어져 있었다
> 추억이란 저 마루의 틈을 벌리는 시간은 아닐까
> 마루 복도 밑 바닥에
> 아이들이 빠뜨린 젓가락같이
> 아주 사소한 것들까지 이 저녁 내 가슴을 벌리려 애쓰는 것은 아닐까
> ―「크리스마스 캐럴」에서

소멸의 시간 속에서 저녁과 유년의 서정적 공간을 설정하며 생성의 의미를 읽어 내던 시인이 이제 자신을 지탱해 주고 있던 그 '소멸'의 의미를 자문하고 있다. 그런데, "추억이란 저 마루의 틈을 벌리는 시간은 아닐까"에서 보듯이 자기를 향한 그 질문은 사실은 당장 답을 구하는 질문이 아니라, 질문의 몸짓일 뿐이라는 사실이 중요하다. 이들 시편들에서 그의 어투가 미성년의 어투를 벗어나,

> 이 여자는 이 늦은 저녁 시간에 왜 생선 궤짝을
> 저렇게 조심스럽게 안고 들어가는 것일까.
> 하필 그런 몰골로 뒤돌아본 것일까.
> 도대체 궤짝 속에는 무슨 이름을 가진 생선이
> 죽어 있는 것일까. 갈치? 정어리? 그러면 조기?
> 아니다. 그 속에 토막난 시체가 비닐에 싸여
> 뒹굴고 있다 해도 놀랄 이유가 없지 않은가.
> ―「시외버스 정거장」에서

에서처럼 다분히 지적이고 문제제기적인 어투로 바뀌면서 사물의 움직임을 객관적으로 관찰하고 그것을 분석하는 태도를 견지하고 있음을 주목하자. 모르긴 해도 이 변화는 의도적인 것일 뿐 아니라, 우리나라의 많은 서정시가 겪어온 통과제의적인 면모의 하나이기도 하다. 이러는 사이에 그의 시는 자연친화적인 묘사며 동일성을 회복하려는 서정적 목소리를 버리려 하다 미처 못 버린 채 여전히 능란한 수사를 빛내는 한편으로, 형이상학적이고 실존적인 질문들로 시적 중후함을 더해 가면서 관념적 모호함에 부딪쳐 버리기도 한다. 대상을 객관화하고 명료한 인식으로 해석하려는 태도 안에서 여전히 그 대상이 "노파들이 오래 된 도시의 주름 속에서 느릿느릿 새어 나오는 광경"(「공원에서 쉬다!」) 따위이기 때문에 모호성이라는 난데없는 적과 부딪친 것인데, 그 적은 서정 공간에 안존해 있던 자로 보면 힘든 상대임이 분명하지만 그 역시 통과제의적인 과정으로 마주 대할 수밖에 없다. 그 점에서 그는, 일찍이 남달리 고된 경험을 함으로써 자신도 모르는 사이에 우리 시단의 미래를 짊어질 시인 훈련을 단단히 받고 있는 신인이란 사실을 증명받고 있는 셈이다.

> 이 세상 것이 아닌 마음
> 이 세상 것이 아닌 형체
> 아무도 내가 왜 유독 저녁의 노래만을
> 부르는지 모른다
> 젖은 태양과 흐릿한 어둠 속으로
> 사라져 가는 것들의 뒷모습을
>
> 순간의 형용할 수 없는 밝음과 어두움을
> 동시에 날개로 펴는 저녁의 울음
> 들어라, 너희는 다 어디로 갔는가

> 향료 섞인 바람에
> 살결이 희어지는 여인들
> 세월에 닦여 반들거리는 가구와
> 무엇인가 채워지길 기다리는
> 그릇의 문양들은 다 어디로 갔는가
>
> 저녁에는 왜 이리 많은
> 닳은 지문들이 방바닥에 떨어져 내리는지
> 무릎을 싸안고 들여다보면,
> 오 선명해지는 너희 지친 모습이여

― 「저녁의 노래를 들어라」 전문

위의 시는 "내가 왜 유독 저녁의 노래만을 부르는지" 자문하게 된 이후에 여전히 "세월에 닦여 반들거리는 가구" 등에 남아 있는 '반들거리는' 수사에 점점 명료해지는 인식으로 다시 한 번 '저녁의 노래'의 선명하고 지친 아름다움을 노래하는 당당한 태도가 얹어진 예로, 그의 앞날을 신뢰하게 하고도 남음이 있다.

넷. 이 어린 시인이 스스로 세계와 맞싸우고 있는 자신의 장기가 한없이 유약하다는 것을 잘 알고 있다는 점. 즉 세계를 노래하는 자신의 소멸 미학이 어쩌면 하잘 것 없는 서정시 타령이 되고 말지 모른다는 불안감 때문에 그는 자신의 미학적 행위를 인식하는 순간 형이상학적인 몸짓으로 자신을 치장하면서 미성년의 어투를 서서히 벗어나 고유의 서정 공간에 관념적 깊이를 더하게는 되었는데, 그러는 사이에 유약한 그는 많은 선배들의 도움을 받아야만 했다는 사실. 「家具의 힘」에서의 일상어투는 접어 두더라도 "하마여 너는 설운 동물이다"(「하마」), "갈대의 춤 속에서 비애가 씻기고 있다"(「갈대」) 할 때의 김수영 식 언어표현(그것이 방법적 패러디라 할지라도)을 비롯, 이성복, 이문재, 기형도, 송찬호 등으로 이어지며 드러나는 붕괴된 농경 가족사의 이미지에 얼마간 빚지고 있는 그는, 20대의 나이로 1990년대를 살면서도 여전히 농경 정서로 사고할 수밖에 없고, 그 때문에 시대적 고통 속에서 자기 내면과 치열한 싸움을 벌인 농경사회 출신의 선배들의 흉내를 부지런히 내야 하는 이 땅의 젊은 서정시인들의 운명을 고스란히 닮아 있는 셈이다. 이 말은 서정성을 기반에 둔 젊은 시인이면서 뛰어난 선배 시인들의 맥을 그렇게라도 대고 있다는 점에서 그 선배들보다 더 깊고 오래 앓아 다음 시대의 중심 시인이 될 소지를 그가 충분히 가지고 있다는 뜻이다. 그리고 아마도 그때 그는, 자신의 청년기를 빛나게 했던 소멸 미학을 소멸의 시간에 넘기고, 앞의 시간, 자기에게 다가오는 시간을 감당하고 있는 자신을 발견할 것이며, 그때서야 지금 세웠으나 곧 버려야 할 그의 소멸 미학이 오히려 더 아름다운 잔상으로 우리 시사를 장식하게 될 것이다. (1995)

낙엽의 무게로 깊어진 세계

— 박라연 시집 『생밤 까주는 사람』

1.

  3년 만에, 박라연이 두 번째로 낸 시집 『생밤 까주는 사람』(문학과지성사, 1993)을 흥미롭게 보고 있다. 나로 말하면, 그가 처음으로 낸 시집 『서울에 사는 평강공주』(문학과지성사, 1990)에서 큰 흥미를 못 느낀 사람 중의 한 사람이었다. 시집이란 것이 시집을 발간할 무렵에 쓴 시들만으로 엮어지지 않는다는 점을 고려하면 첫 시집을 낸 지 3년 만에 나온 이 시집이 첫 시집에 비해 한참 후 시기에 특별히 다른 상태에서 씌어진 시들이 엮어진 것이라고 볼 수 없음은 분명한데, 왜 두 시집을 대하는 내 감정이 서로 다른 것일까. 가령 『서울에 사는 평강공주』에서 그가

      홍여새 날아와 둥지를 틀지만
      4월의 단풍나무 그대는
      그대의 키 큰 가을을 위하여

작은 잎새마다 촘촘히

붉은 눈물 밤새워 물들일 뿐

슬픔을 슬픔이라 말하지 않는다

— 「4월의 단풍나무」에서

라고, 밝은 내일('키 큰 가을')을 위해 오늘의 슬픔('4월의 희생')을 견딘다고 말할 때, 그 인고와 희생의 세월이 결실의 내일로 전환된다는 믿음이 어째서 가능할까 하는 의문에 부딪혔다. 그의 많은 시들은 이를테면 상황 전환, 또는 이미지 전환의 내적 필연성 같은 것이 더 필요하지 않을까 하는 느낌을 가졌던 것이다. 그의 시는 너무 손쉬운 화해를 지향하고 있지 않았던가. 그리하여 그의 시는 "이제 나는 산동네의 인정에 곱게 물든 한 그루 대추나무 밤마다 서로의 허물을 해진 사랑을 꿰맨다"(「서울에 사는 평강공주」)에서처럼 허물을 사랑으로 꿰매는 언어들만을 주로 추구하고 있지 않았던가. 물론 때로는 "살아온 날의 죄만큼 내 꿈속을 날카롭게 파고드는 회한의 주사바늘"(「식물인간」)에서처럼 강렬하게 제 살을 도려내는 아픔의 시간을 얹을 때도 있지만, 나아가 그것마저도 언제나 화해를 예비하는 시간으로 감안해 버리고 있지 않았을까. 이 점, 「서울에 사는 평강공주」를 비롯한 그의 초기 발표작들이(즉 시인이 되기를 꿈꾸었던 그의 시들이) 시의 내면에서 어우러지고 걸러지고 해야 할 삶의 내용에 시달리기보다 섬세하고 단아한 표현 언어를 통해 구김살 없는 미적 공간을 구축시키는 일에 훨씬 더 많은 공을 들인 탓이 아닌가 싶었다. 항상, 아담하고 소박하되 오늘을 넘어 내일의 시간을 열어 가고 나를 넘어 이웃을 향해 시선을 확장해 가는 그의 시를, 내가, 이념에 시달리고 세태에 시달리던 우리 시사를 아쉬워하는 지점에서도 소중한 아름다움의 세계로 흔쾌히 받아들이지 않은 이유가 그런 데 있었던 것 같다.

2.

하지만, 이번의 『생밤 까주는 사람』이 영판 다른 시집이 아닌데도, 그러니까 여전히 그 소박하고 아담한 언어들이 "아직 철 안 들어 떫은 꽃잎들의/ 저 아찔한 화냥기!"(「아카시아, 반란」) "비 갠 뒤 봄 숲을 보면/ 달려가 후루룩후루룩 빨아들이고 싶다"(「봄 숲을 보면」),

> i) 울면서 불안한 이마를 뚫고 나오는 저 기미, 주근깨의
> 농성
>
> ―「선택」에서

> ii) 내가 내 몸의 살점들을
> 한점한점 떼어내어 떨어뜨리면
> 공중의 공중 속에서도
> 하얗게 트이던 길
> 그 길을 따라 공중새 한 마리
> 날아, 날아, 날아간다
>
> ―「어느 슬픈 잠의 풍경」 전문

등에서처럼 생생하고 예리한 감각으로 살아 움직이는데도 뭔지 그 안에 가벼이 대할 수 없는 깊이가 내재되어 있는 것만 같은 것이다. 그 깊이란 어떤 것이며 어디서 연유하는 것일까? 잘은 모르겠으되, 나는 그가 삶을 살고 시를 쓰는 어느 지점에서부터 지금보다 더 깊은 어떤 것을 찾아 나서야 한다는 심상찮은 다짐을 한 까닭으로 보고 있다. 예를 들면 이 시집 첫 장을 장식하는 다음 시를 보면 그 점을 잘 느낄 수 있다.

男裝을 하고
세상을 한번 건너고 싶다
그때 그 병원에서 나를 잃었다고
차라리 그렇게 생각해줄 수 있다면
팔도강산 돼지우리에 세상 그리운 쓸쓸한 풀밭에
旅裝을 풀고
온갖 냄새를 한번 맡아보고 싶다
왕오천축국전은 아니라도 돌아오는 내
머리카락이 다른 슬픔으로 흩날릴 수 있다면
내 詩가 세상 건너는 자세를
흉내라도 낼 수 있다면
너무 어려서 잃어버렸거나
너무 진지해서 갈 수 없었던 그 길을
찾아 헤매보고 싶다
내 영혼 풀리고 풀리어서
되감아질 수 없는 시궁창에 이르러서야
만나게 될 스승 한 분 계실 것 같아
그 병원에 나를 두고
길 떠나고 싶다

— 「왕오천축국전」 전문

　　서역을 기행하고 돌아와 『왕오천축국전』을 쓴 신라의 중 혜초와 가지 않았던 길을 갔다 오고 싶어 하는 화자가 동일시되는 이유에 대해서 일단 접어 두면, 화자(시인)가 어떤 큰 병을 앓은 것을 계기로 세상 사는 법을 모르고 살아왔다는 자탄을 하게 되어 마침내 세상의 끝, 세상의 바닥이라도 가서 큰 깨달음(스승)을 얻어 오고 싶어 하는 열망을 쉽게 읽을 수 있는 시이다. 물론 이 시가 주는 감동이야 그 열망의 크기에서 오는 것인데, 바로 내가 주목하고 싶은 것은 그 열망이 왜 그처럼 커 보일 수 있을까 하는 점이다. 그 열망은 어디서 온 것일까. 그것은 그가 가고자 하는 곳이 "온갖 냄새" 나는 "팔도강산 돼지우리"요, "내 영혼 풀리고 풀리어서 되감아질 수 없"어도 좋을 시궁창이라야 한다는 점을 내세우고 있다는 점에서, 아니 더 중요하게는 그런 곳에 가야 할 만큼 그가 "세상 건너는 자세를 흉내"조차 못 내는 자기 시, 자기 삶을 깊이 있게 반성하고 있다는 점에서 오는 것이 아닐까. 그 때문에 "내 머리카락이 다른 슬픔으로 흩날릴 수 있다면"과 같은 감각적인 비유들에 너무 오래 시선을 붙들리는 일도 없어지고, 자기를 앓고 있는 사람의, 자기를 되찾으려는 열망의 분위기에 오래 젖을 수 있게 되는 것이리라. 그리고 보면 앞서 예든 시행들에서도 느낄 수 있다. 어느 날 제 얼굴에서 "불안한 이마를 뚫고 나오는 기미"(i의 시)를 발견하듯, 그는

> 벌에 쏘이듯 만연사의 백일홍
> 수천의 꽃잎들이 내 온몸을 쏘아댄다
> 퉁퉁 부어올라 영혼까지 부어올라
> 내 이름마저 잊을 때
> 그때에 소름 돋듯 돋아나줄는지도 모른다
>
> — 「萬然寺의 백일홍」에서

에서처럼, 어떤 힘들이 제 몸으로 달려들어 제 영혼까지 뒤흔드는 순간들을 겪어내며, "나는 지금, 어디쯤 서 있는지 내가 묻고 내가 대답"(「그곳에 이르기 위하여」)하는 시간들을 겪어내며, 나아가 제 존재를 공중에 날려 부화시키는 과정을 추체험하기까지 한다.(ii의 시)

물론 그 사이에는 시인의 두 가지 내용의 실제 삶이 개입되었으리라. 앞의 시 「왕오천축국전」에서 보고 넘겼듯이, 그의 병상 체험과 여행 체험이 바로 그 두 가지 삶의 내용들이다.

> 病깊은 사람 눈망울에 가슴에 피어나던
> 처절한 꽃송이들
>
> ―「꽃피는 병동」에서

에서처럼, 생 전체를 뒤돌아볼 수밖에 없을 정도의 큰 병을 앓았다는 사실, 그리고

> (……) 여기가 온천의 고유명사가 아닌 진짜 지옥이라면 나는 조국도 이름도 시도 버리고 눌러살고 싶었다네 지은 죄에 비하면 너무나 황홀한 흰 연못 지옥 귀퉁이에서 모락모락 피어나는 지옥 안개 숲에 묻혀서 누군가가 태우는 흥허물 냄새를 맡으며 잊고 싶었다네 눈뜨면 타고 올라야 할 하루분의 사다리며 하루 한번씩 빠져야 할 저 음습한 生의 웅덩이를.
>
> ―「지옥 순례」에서

에서처럼, 서역, 중국, 일본 등지를 여행하면서 지나온 삶을 반추하게 되었으리라는 사실. '죽음'이며 '지옥'이며를 떠올려야 하는 그의 두 가지 종류의 체험이 결국 그의 삶을 반성케 하고 거듭 그의 시를 "세상 건너는" 욕망으로 가득 채우게 하고 있었던 것이리라. 자기를 성찰하는 과정이 내재되지 않고 남을 향하고 세상을 향하는 시선만 돋보일 때 어느덧 진정성은 사라지는 게 아닐까. 그는 이제 진지하게 자기를 앓음으로써 새삼 진정성을 회복하고 있는 것 같다.

3.

　　그의 시가 오래 시적 육신을 얻어온 과정을 주로 첫 시집에 담았다면 이번 시집에서는 그 육신 속에 시적 영혼이 채워지는 과정을 주로 담았다고 보면 어떨까. 다 그런 것은 아니지만(메기, 사마귀, 뿌리, 해바라기, 수선화 등의 사물을 시적 대상을 내세우는 그의 시가 여전히 그 대상을 묘사하는 표현 언어에 시적 자아가 함몰되는 것을 방임하고 있는 모습을 나는 본다), 모르긴 해도 그 덕에 그의 시는, 섬세하고 감각적인 표현 언어와 넓게 열리고 감싸안는 화해로운 내용 세계로 빛을 발할 때보다 더 남달리 생의 밑바닥까지 가 보려는 사람의, 그러나 가 닿지 못하고 울음 우는 열망과 고독의 세계를 가치 있게 빛낼 수 있게 되지 않았을까. 그러나 이 아름다운 화해와 화해를 향한 깊은 열망의 차이란 사실 무엇일까. 또한 내가 그의 시에서 귀하다는 것과 그렇지 않다는 것의 차이란 어떤 것일까. 이즈음에서 다음의 시 한 편을 읽어 보면 좋을 법하다.

> 그리움에도 시절이 있어
> 나 홀로 여기 지나간다 누군가
> 떨어뜨린 부스럼 딱지들
> 밟히고 밟히어서 더욱 더디게 지나가는데
> 슬픈 풍경의 옛 스승을 만났다
> 스승도 나도 떨어뜨리고 싶은 것 있어 왔을 텐데
> 너무 무거워서 여기까지 찾아왔을 텐데
> 이렇게 저렇게 살아온 발바닥의 무늬
> 안 보이는 발그림자 무게를
> 내 다 알지 하면서 내려다보는 화엄사의

눈매 아래서 우리가 흘리는 눈물은 무엇인가

탁탁, 탁탁, 탁탁

모질게 신발을 털며 가벼웁게 지나가려 해도

안 떨어지는 낙엽

화엄사의 낙엽은 무엇의 무게인가

―「가을 화엄사」 전문

떨어뜨려야 할 삶이 무거워 떨어뜨리러 찾아간 산행에서 그가 깨달은 것은 무엇일까. 가을 산은 젖어 길을 걸으면 신발에 흙이 끼이고, 그의 몸은 그것이 무겁다. 무척 많이 살아온 듯이, 무척 많이 아는 척 말도 제법 줄여 보지만 그는 결국 신발에 끼이는, 흙에 버무려진 낙엽의 무게 하나 해명할 수 없다. 그 낙엽의 무게의 의미에 부딪치기 위해, 그 하찮기 그지없는, 그러나 하나의 뜻 깊은 질문과 만나기 위해 시인에게는 우리나라 제도가 원하는 시인이 되는 길 이상의 체험을 겪어내는 시간, 끊임없이 자기를 반추하는 시간이 필요했던 것이다. 낙엽의 무게로 깊어진 그의 시 세계가 이제 깊은 울림으로 다가오기 시작한 것이 아닌가.

그런데 그 낙엽의 무게로 그는 깊어졌는데, 다시 「왕오천축국전」으로 돌아가니 먼 여행과 모험을 통해 세상 끝까지 가기 위해서는, 세상 끝에 가서 큰 깨달음을 얻기 위해서는 남장(男裝)을 해야 했던 것, 그래서 남장을 하지 못하는 그는 아직 길을 떠나지 못하고 있는 것이니, 그가 얻은 깊이란 또한 아직 가벼운, 단지 열망하고 있다는 그 점에서 깊이의 시작인 지점에 머물러 있는 셈이 아닐까. (1994)

중심을 찾아 이탈한 자의 전율
— 김중식 시집 『황금빛 모서리』

1.

　1990년대와 더불어 자신의 시작 생활을 열어 놓은 젊은 시인 김중식은, 1980년대를 시의 시대로 활짝 열기 시작했던 선배 시인 이성복의 "우리는 어디에서 왔나 우리는 누구냐"(「다시, 정든 유곽에서」)식의 어투를 연상시키는 말로 다음과 같이 노래한다.

　　우리는 어디로 갔다가 어디서 돌아왔느냐 자기의 꼬리를 물고 뱅뱅 돌았을 뿐이다 대낮보다 찬란한 태양도 궤도를 이탈하지 못한다 태양보다 냉철한 뭇 별들도 궤도를 이탈하지 못하므로 가는 곳만 가고 아는 것만 알 뿐이다 집도 절도 죽도 밥도 다 떨어져 빈 몸으로 돌아왔을 때 나는 보았다 단 한 번 궤도를 이탈함으로써 두 번 다시 궤도에 진입하지 못할지라도 캄캄한 하늘에 획을 긋는 별, 그 똥, 짧지만, 그래도 획을 그을 수 있는, 포기한 자 그래서 이탈한 자가 문득 자유롭다는 것을

—「이탈한 자가 문득」 전문

　이 시를 산문으로 이해하면, 전체를 두 가지 내용 단락으로 나눠 볼 수 있다. 어디론가 갔다가 거기서 돌아오고는 했는데 그 가고 옴이란 것이 숙명처럼 자기 꼬리를 물고 제자리를 뱅뱅거리는 일에 불과했다는 내용이 시의 전반부 진술에 해당하며('알 뿐이다'까지), 영원히 돌아오지 못할지도 모르는 단 한 번의 궤도 이탈이 마치 캄캄한 하늘에 획을 긋는 별똥별처럼 자유롭다는 걸 깨달았다는 내용이 시의 후반부 진술에 해당한다. 이 두 가지 내용 단락을 다시 하나의 이야기 내용으로 이으면 이렇다. 자기 삶의 궤도를 한 번도 벗어나지 못하고 살았던 사람이 자기 삶의 궤도란 것이 다람쥐 쳇바퀴에 다름없을뿐더러 그마저 숙명적이라는 사실을 깨달은 어느 순간, 삶의 포기라 할 정도로 자기 궤도를 이탈하게 될지라도 그것이 도리어 자유로운 것임을 깨닫는다…….
　그렇게 본다면 이 시는 자유를 못 누리는 예속된 삶보다 비록 위험하기 짝이 없더라도 이탈하여 자유를 누리는 삶이 더 낫다는 흔한 낭만주의자의 노래로 들릴 수도 있으리라. 그러나 이 시가 실제로 낭만주의적이든 어떻든 적어도 '흔해빠진 낭만가'로 들려지기는 거부하고 있으리라는 걸 우리는 잘 알고 있다. 우선 표면적으로, 그 지향하는 삶이 일시적인 이탈만을 수반하는 것이 아니라 삶을 포기하는 영원한 이탈을 수반하는 것이라는 극단적인 낭만주의 즉, 탐미주의적이기까지 하다는 점이 심상찮다. 나나 우리의 쳇바퀴 돌리는 삶을 어느새, 우주 궤도 안의 태양과 별들의 운행으로 확장시켜 보여주다가 그 연장에서, 궤도 이탈하는 별똥별을 "캄캄한 하늘에 획을 긋는 별, 그 똥"으로 시각화하는 이미지 변주도 독창적이다. 구문상으로는, '보았다'와 '자유롭다'를 도치시키는 어법은 그렇다 치고라도, 특히 "이탈한 자가 문득 자유롭다는 것을" "나는 보았다"로 써서 단순한 도치 구문을 낯설게 만든 대목, 그 '문득'이라는 말의 쓰임이 시의 전언을 재고하게 만들기도 한다.

그렇다면, 이 시에서 지향하는 삶의 내용은 어떤 것이며, 왜 그런 삶을 지향하고 있는가에 대해 곱씹어 볼 수밖에 없어진다. 전반부 진술에서, 자기 꼬리를 물고 도는 자기 궤도의 삶이란, 그러니까 살기는 사는데 자기 의지가 얹어지지 않았던 삶, 자기 중심을 잃은 자의 삶, 자기 중심이 없음으로 해서 존재할 수 있었던 삶이라는 사실이 진술되어 있는데, 이때 중요한 점은 "태양보다 냉철한 뭇별들도 이탈하지 못하므로" 등의 진술에서 보듯이, 그 진술이 자기가 자기를 인식하는 형태 즉 '자각'의 내용이 되고 있다는 것이다. 후반부 진술은 전반부의 자각과 더불어 낳아진 것이다. 캄캄한 하늘에 획을 긋는 별똥별을 통해 이탈한 자가 자유롭다는 사실을 자각하고 있다는 그 사실이 되겠다. 그리하여 "문득 자유롭다는 것을"의 '문득'은 그렇게 깨달은 자신의 자각을 뚜렷이 내세우려는 무의식이 "나는 문득 보았다" "이탈한 자가 자유롭다는 것을"이라고 표현해야 할 것을 "나는 보았다" "이탈한 자가 문득 자유롭다는 것을"이라는 뒤바뀐 어순을 낳은 셈이다. 그렇게 본다 해서 이 시에서 지향하는 삶이 내가 문득 느낀 이탈한 자의 자유만일 수 있을까 하고 물으면 쉽게 그렇다고 답할 수 없는 지점에 이 시가 있고 '문득'의 낯설게하기가 있다. 전반부에서 자신의 중심 부재의 숙명적 삶을 자각한 자는 후반부에서 이탈한 자의 자유를 깨닫는 것만으로 다시금 자신의 중심 부재의 삶을 자각할 뿐 어떤 행동 변화의 계기도 보여주지 않는다. 이를테면 자유를 바라보는 자의 비자유스런 현재를 보여주는 아이러니 상황이 연출되고 있는 셈이다. 단지 중요한 것은, 내가 자유롭지 않다는 자각, 그리고 절대 부자유 지점에서 단 하나 무엇이 자유일 수 있는가라는 것을 생각하는 그 자각일 것이다.

김중식의 첫 시집 『황금빛 모서리』(문학과지성사, 1993)의 첫머리를 장식하고 있는 위의 시는, 이렇듯 자기 중심을 잃고 살아온 오랜 자기 삶의 시간을 자각한 자가 자기 중심, 자기 의지로서의 삶에 대해 비로소 자각하고 있는 한순간을 담아 보이고 있다. 요약하면, 중심이 없다는 절망적인 자각과 중심을 찾을 수 있을까 하는 비관적인 질문 사이에 이 한 편의 시가 서 있는 것이고, 이 점에서 아마도 이 시인이 가장 크게 지배받았을, 1980년대의 문화적 자장의 중심에 있었던 시인들이

> 먼 나라여
> 地圖가 감춘 나라여 덧없음의 없음이여
> 뒤집어진 車바퀴가 헛되이, 구르는 힘이여
> 먼 나라여
> 오래 보면 먼지나는 길에도 물결이 일고
> 길 가던 사람이 풀빛으로 변하는, 먼 나라여
> ― 이성복, 「口話」에서

> 나무는 자기 몸으로
> 나무이다
> 자기 온 몸으로 나무는 나무가 된다
> ― 황지우, 「겨울―나무로부터 봄―나무에로」에서

등에서처럼 고통스런 내면을 세계의 중심 안에서 드러내던 것에 반해, 이미 세계의 변두리로 밀려난 세대의 중심 잃은 면모와 그 괴로운 되찾기 인식의 일면을 보여주는 새로운 세대 시인으로서의 특징적인 태도를 잘 드러내게 된다.

2.

　김중식의 시에서 중심이 부재한 삶의 양태는 대체로 두 가지 면모로 나타난다. 우선 시의 표면에서 예시되는 구체적인 내용으로서는 남에게 의존해서 살아가는 일, 이를테면 가난한 가족에 기대어 살 수밖에 없었던 성장기적 체험이나, 자기 내부의 변화보다 사회의 변혁을 앞장서 주도해야 한다는 논리에 기대야 했던 학창시절 체험도 있겠으며, 외면할 수 없는 한국적인 정서, 봉건적 관습이나 제도 등에 길들여진 삶의 면모도 있겠다. 예를 들면 그것은

> 밤늦게 귀가할 때마다 나는 세상의 끝에 대해
> 끝까지 간 의지와 끝까지 간 삶과 그 삶의
> 사람들에 대해 생각하게 된다 귀가할 때마다
> 하루 열여섯 시간의 노동을 하는 어머니의 육체와
> 동시 상영관 두 군데를 죽치고 돌아온 내 피로의
> 끝을 보게 된다 돈 한푼 없어 대낮에 귀가할 때면
> 큰길이 뚫려 있어도 사방이 막다른 골목이다
>
> ―「食堂에 딸린 房 한 칸」에서

에서처럼, 작은 식당집 단칸방에서 식구들에 의지해서 "놀구 먹구 있"는 아들의 체험 같은 데서 쉽게 엿볼 수 있다. 식당에 오는 연탄공장 인부들에게 "기생충 버러지 같은 놈이라고" 손가락질 당하는 이 "대학씩이나 나온" 아들은 이미 세상의 끝에 몰려 있는 자기 집에서도 소외된 사회적 소외 계층의 체험 인식을 표상해 주고 있기도 하고, 모르긴 해도

내게도 진리를 구하던 시절이 있었다
진리는 책상보다는 길거리에, 안보다는 밖에
있었으므로 동굴과 우물에서 나오려 밧줄을
던졌지만 이미 썩어가는 밧줄이었다 나를
가두는 건 나 자신이지 껍질이 아니라고
어쩌면 그럴지도 모르겠다고 껍질 속에서
웅크려 몽상하기도 했고 신문에 매일 나오던
누구의 환한 이마에 바늘을 꽂으며 저주를 하거나
한 여인 덕분에 세상의 뒷면을 알아차리기도
했지만 역부족이었다 삶은 그런 게 아니었다
언제 어디서든 솜털 하나도 자유스럽지 못했다
— 「미드나이트 헤드라이트」에서

에서 보듯 "공화국의 공기가 젊음을 질식"(「참회록」)시키는 시대의 아픔 속에서도 진리를 구하려는 적극적인 몸부림을 치기도 했고 분명한 적의 "이마에 바늘을 꽂으며 저주를 하"(「미드나이트 헤드라이트」)기도 했던 동세대 대학생의 고뇌에 맥을 대고 있는 부분도 있다. 또는 개인사적으로는 "한 여인 덕분에"(위의 시) 아마도 실연의 상처를 앓기도 했고, 실제로 깊은 육체의 병을 앓으며(「새벽 통증」, 「길」 등 참조) 혼자만의 시간을 더 깊이 감싸 안아야 했던 변두리인의 모습도 배어 있다. 또는 어쩔 수 없이 자본논리에 의해 부품처럼 이끌려 가고 있는 현재적 삶이

수인선 두 칸짜리 협궤열차가 각각
左右로 뒤뚱거릴 때
가장 똑똑한 놈들이 가장 자주 두리번거린다
— 「떼」에서

에서처럼, 자기 중심을 상실하고 부차적으로 생을 유지하고 있는 일상인의 모습으로 제시되고 있기도 하다. 그 어떤 자리이든 그는 혼자이며 그가 머무는 곳이 중심이 아니고 끝이라는, 중심을 찾으려 했으나 끝("동굴과 우물에서 나오려 밧줄을 던졌지만 이미 썩어가는 밧줄이었다"—「미드나이트 헤드나이트」)이라는 인식이 그의 시편들 곳곳에 산재해 있다.

김중식의 시에 나타나는 중심 부재 인식의 또 하나의 유형은 위에 지적된 구체적인 삶의 내용들에서 관념화되고 이미지화된 형태로 변주되는 지점에서 찾을 수 있다.

> 소가 길들여진 건 그게 편했기 때문일 거다
> 지붕 아래서 태어난 것들
> 인간의 배[腹]에서 나온 金氏도
> 울밑의 돼지
> 집짐승이다
>
> —「家」에서

위는 가족에 또는 가족으로 대표되는 인습에 길들여져 살 수밖에 없는 자신의 내면 갈등을 집짐승의 길들여짐에 비유하는 관념놀이가 돋보이는 시다. 그의 시에서 이런 관념놀이는 이중 삼중의 역설로 짜여 있어 더러 혼란스러워 보일 때가 있다. 관념놀이로 극대화한 시인 중에는 이상이 있고, 김수영이 있지만, 김중식으로서는 이상과 김수영, 그리고 그 연장선에 놓을 수 있는 오규원이나, 또 그에 뒤이어지는 이성복, 황지우 등 1980년대의 문학적 이미지 군을 형성한 주지주의 시인들의 영향을 자기화하지 못했다고 할 수 있다. 김중식의 시가 세상의 모순에 대해, 그러니까 자신의 변두리적 삶에 대해 진지하게 앓고 있음에 틀림없다는 신뢰감을 주면서도 때로 그 앓음에 스스로 너무 깊이 젖어 있는, 아직 유약하고 불투명한 세계에 머물러 있지 않은가 하는 의구심이 뒤따르게 되는 것은 이 때문이다. 그렇게 된 원인은 김중식에게 있기도 하지만 더 중요하게는 그의 세대, 또는 그 세대가 성장 배경으로 삼은 한국적 자본주의에게 더 있다. 그 점에 대해서는

> 젖소들이 엉덩이를 어깨걸고 밥을 먹는다
> 또 한 별은 뭇별이고
> 나는 뭇별의 합창소리에 풍덩 뛰어든다
> 음계의 아슬아슬한 표면장력
> 외롭다 어느 날부터
> 사람을 벗어나면 외롭지 않다
>
> ―「어느 날부터」에서

와 같은 시가 "나는 뭇별의 합창소리에 풍덩 뛰어든다"와 같은 참신한 비유를 취하면서도 어떻게 닫힌 관념놀이에 머물게 되고 마는가를 이해하는 작업과 더불어 함께 따져볼 문제로 남겨 두자.

그러나 그 관념놀이가 다양한 이미지에 의해 이끌리게 될 때 그의 시는 독특한 탄력을 얻게 된다. 이때 그 다양한 이미지들은 주로 하나의 물적 대상을 형상화하는 일을 통해 얻어지는 것들이다.

> 바다가 불러도 바다에 간 적 없고 바다를 사랑한다면서도 깨어지는 파도가 되기를 두려워한 놈이외다 山을 사랑한다면서도 떨어지는 잎새가 되기를 두려워하였으므로 山이 움직여도 山에 들어간 적이 없는 놈이외다 이런 놈이외다 붉은 山 푸른 바다 사이에서 고개 숙인 채 오도 가도 못하는 의지, 박약한
>
> ―「갈대 3」 전문

'갈대'라는 하나의 물적 대상을 내세움으로써 이 시는 시적 자아의 내면 상황을 구체적 실감으로 제시할 수 있었던 경우에 속한다. 육지의 끝과 바다의 시작 지점쯤에서 몸 흔들며 끈질기게 살아가는 갈대의 실체성이 이상과 현실 사이, 논리와 실제 사이, 머리와 몸 사이의 괴리 속에서 방황하는 자아의 갈등상황을 선명하게 제시하고 있는 것이다. 물론 이런 경우야 시의 원론적 의미 상에서의 비유적 속성을 지적하는 사례일 뿐이지만 김중식에게는 이 비유 언어 상황의 속성이 그가 품고 있는 가지가지 상념, 중층적인 인식들을 감싸 안을 때 남다른 세계를 구축해 보일 수 있다는 점이 주목되어야 할 것이다.

> 그러나 이곳에서도 온갖 風波 다 겪고 이곳은 적막강산 노을에서도 피비린내 나므로 이 몸은, 領地에서의 安住를 포기했을 뿐이라고 변명하외다 고로, 존재하외다 전율로서, 외곽에서.
> ―「갈대 2」에서

물적 대상을 구체화하는 이미지들 속에서 그 시적 자아는 보다 진솔하게 그 본질적인 면모를 드러낸다. 그 자아는 세계의 타락을 알면서 싸우지도 못했고 그렇다고 타락한 세계에서 용기있게 벗어나지도 못했다. 다만, 그 스스로 "領地에서의 安住를 포기"했다는 사실에 가치를 부여하고 있는 하찮은 자기 존재를 인식한다는 것, 그럴 때의 전율이 바로 김중식의 가장 남다른 점이다.

3.

그때의 전율은 기실 이중적이다. 우선 그 전율은

> (……) 상처를 건드리면 고름이 줄줄 흐르외다 흐른다는 것은, 멈추고 싶지 않다는 것이외다 (……)
> ―「고로쇠나무」에서

> 숲裸인 바닷물이 여름 내내 땡볕에 피말려 소금을 만들어내는
> 아, 쓰라림의 환희
> ―「수차」에서

등에서처럼 자기 상처에서 끝없이 고름이 나는 것을 보고도 더 큰 상처 속으로 걸어가려는 의지에서 오는 것이다. 자신을 길들게 하는 모든 힘으로부터의 억압을 감수하면서도 그 온전한 변두리에서 자기 중심을 복원하는 꿈을 꾸는 일에서 전율이 있다. 그때 그 전율은 중심 밖으로 이탈해 가면서 끝없이 중심을 회복하려는 의지의 다른 이름이다.

그리고 그 중심은 회복되지 않았으므로 온전한 변두리로의 이탈은 지속될 수밖에 없다는 것,

> 중심에 있었을 땐 敵이 분명했었으나 이제는 활처럼 긴장해도 겨냥할 표적이 없다
> 그러나 타협하지는 않겠다고 결심한다 빗방울을 퉁퉁 튕겨보낸다 박살낸다 그러다가
> ―「이탈 이후」에서

나를 더욱, 그늘지게 해 다오. 세상과의 絶緣이 나로 하여금 세상을 넘보게
하였노라. (……)

— 「城에서」에서

에서처럼, 나를 옭아매는 중심의 적의 모습도 분명치 않게 된 이탈지에서 도리어 다시 나를 옭아매라고 소리질러야 하는 역설의 전율, 그래서 폭이 커지고 더 절망적으로 보이는 전율이 또 다른 모습이다. 앞에 예든 「갈대」 연작들, "쉰 목소리일 뿐이었다 내가 나를 어쩌지 못했을 뿐이외다 虛했다 아아 속이 虛했을 뿐이외다"(「갈대 1」) 등이 좋은 예이다. 또는 "한 시대가 무너져도 끝끝내 살아 남는 놈들 앞에서 내 가시로 내 대가리 찍어서 반쯤 죽을 만큼만 얼굴 붉히는 이 짓은 또 얼마나 당당"(「호라지좆」)한가 하고 자학하는 몸짓이며, "호곡 소리와 봉두난발 지랄 같은 청승 없이는, 뒤틀리지 않고는 한 순간도 감당할 수 없다"(「깃발」)고 온 몸을 뒤트는 전율도 좋은 예가 된다.

중심을 찾아 이탈을 시도하는 변두리 어느 지점에서 전율이 일어났다. 그 전율은 중심을 찾아 나섰지만 기존의 중심 체계가 만들어준 구심력을 잃은 자의 방황으로 나타나기도 하고, 그 방황 속으로 기꺼이 걸어 들어가는 자의 의지가 뒤얽히고 화해하고 해체되는 모습으로 나타나기도 한다. 그 방황과 의지가 뒤얽히는 것을 통어하지 못할 때 앞에서 지적한 바와 같은 닫힌 관념놀이가 행해지게 되고 시의 난해함이 거기서 발생된다. 그 방황과 의지가 뒤얽히는 일을 시적 자아가 통어해내고자 할 때 그 전율의 시는 상당 부분 "죽어서도 棺에 두 개의 무덤을 지고 들어"(「완전무장」)가는 낙타의 모습처럼 선적 경향을 띤다.

사랑이 고통일지라도 우리가 고통을 사랑하는 까닭은

고통을 사랑하지 않더라도 감내하는 까닭은

몸이 말라 비틀어지고

영혼이 꺼멓게 탈진할수록

꽃피우지 못하는 모과가 꽃보다 지속적인 냄새를 피우기 때문이다

— 「木瓜」에서

에서 보는 것처럼, '모과'라는 물적 대상에 '몸'과 '영혼'을 이미지화하면서, "가난에 찌든 모과여 亡身의 사랑이여!"(위의 시)의, 살신성인의 가르침이며 "죽음 하나하나가 生의 징검다리다"(「물방울은 빈도로써 모래를 뚫지 못한다」)의 불교적 관념을 발현시키는 김중식의 시를 보라. 세대적 한계 안에서도 자기 중심의 세계를 찾아와 하나의 깨달음을 노래하는 그의 노력을 우리는 지켜 봐주어야 한다. 그는 1990년대를 열어갈 새 세대의 시인이다. 그러나 다시 보라. 그의 시는

아니, 홍수가 大勢라면

나보다 괴로운 것 많나니

많은 쪽에 휩쓸리고 싶다.

— 「홍수」에서

우물가 큰 그늘

드리운 버드나무의 밑동을 치니까

몸 전체가 쓰러진다

단 한 번 쓰러지면서 단 한 번 신음하는 버드나무를 보니까

사소한 일들이 사소해 보였다

잎새처럼 앙앙거리는 우리들이 정말 사소해 보였다

큰 그늘 드리우고

단 한 번 쓰러질 때까지 신음하지 않던 버드나무가
단 한 번 쓰러지면서
고통의 우물을 메꾸었다
고통의 밑바닥을 기는 사람만이 고통의 우물을 메꿀 수 있다면
우리는 삶을 운명이라 부를 수 없다
비록, 아무리 메꾸어도 메꾸어지지 않는다 할지라도.

— 「우물 하나둘」 전문

에서 보듯이, 경전의 세계, 깨달음의 세계, 잠언적 세계, 선적 세계, 그러니까 선배들이 몇 시대를 살아 도달한 세계, 그 경지를 경전으로써 알아 미리 도달해 버린 게 아닌가. 삶을 더 체득하기 전에 경전을 너무 많이 읽어 그 삶에서 추출될 가르침을 미리 알아버린 세대가 와 있음을 김중식의 시는 자기 중심을 찾아 이탈한 자의 전율로써 보여주고 있는 셈일까. (1993)

제3부 맥락과 확산

한국인 첫 노벨문학상 수상작가 점치기
동아시아 작가의 '초자아' 문제 - 모옌(莫言)을 중심으로
혼돈이라는 정체성 - 터키에서 오르한 파묵을 만나며
1990년대 남북한 정세와 통일지향의 문학
개발독재기의 한국소설의 표정 - 1970년대 소설을 중심으로
역사적 필연을 말하는 당당한 통속 - 이병주의 「삐에로와 국화」를 내가 다시 읽는 이유
문학강의실에서 가르치는 전상국 소설들
압록강 월경(越境)과 간도 디아스포라 체험 - 김주영 대하소설 『야정』을 중심으로
쫓고쫓기는 인간사의 유전으로 보여주는 인간 존중의 길 - 이청준 장편소설 『인간인』
뿌리 찾기와 민족 화합의 당위성 - 이동희의 『단군의 나라』에 부쳐
척박한 자본주의 시대의 순박한 직업인의 표정 - 이채형과 이경만의 소설
자본주의의 감옥을 부순 자는 누구인가 - 이순원 장편소설 『그곳엔 비상구가 없다』
화합, 투쟁, 변신 - 전후작가 소설 3편으로 보는 근대사의 한국인
작가는 어떻게 탄생되는가

한국인 첫 노벨문학상 수상작가 점치기

1.

"한국 작가 중에 누가 언제 노벨문학상을 받을 거라 생각하세요?"

이렇게 묻는 사람 치고 책 많이 읽는 예가 없다고들 한다. 문학을 하고 있는 까닭으로 나 역시 이런 물음에 수도 없이 접했는데, 실제로 그렇게 물은 사람 대부분은 우리 문학을 별로 접하고 있지 않는 사람이라 할 수 있다.

그런 물음에 대한 내 대답 또한 그때그때 달랐다. 1990년대 중반 일본 동경에 갔을 때 재일동포 한 분에게 같은 질문을 받았을 때 나는 이런 대답을 했다.

"앞으로 50년 내로는 한국인 노벨문학상 수상자가 절대 안 나올 것이다!"

무슨 복잡한 심사가 있어서 이렇게 대답한 건 아니다. 우리 작품의 해외 번역이 양적으로 절대 부족인 데다 질 또한 의심스러우며, 한국이라는 나라 자체에 대한 세계인의 관심이 절대적으로 부족한 판에 한글이라는 지극히 특별한 문자로 씌진 한국문학을 특별한 공력을 기울여 현지어로 번역해서 읽어볼 만한 여유가 유럽인이나 미국인에게 있을 까닭이 없으니 어떤 위대한 한국문학가라도 가시권 밖에 놓일 수밖에 없다는 게 내 생각이었다. 그때로부터 50년 정도 동안은 그 사정이 별로 달라지지 않을 것이며, 어쩌면 그 이후까지도 지속될 가능성마저 크다고 생각할 만큼 나는 한국문학의 세계화 수준에 대해 부정적이었다(그러나 한편으로는 노벨문학상 수상 시기에 대한 내 예측이 틀린다고 해서 나쁠 게 전혀 없기 때문에 나는 자주, 그때의 내 예측을 재미있게 추억하곤 한다).

50년이 아니라 불과 십수 년 만에 내가 짐작한 것과는 달리 사정은 크게 나아졌다. 미주에서 활동하는 작가 중에는 미국을 중심으로 한 문학 시장에서 두각을 나타낸 사람이 꽤 생겨났고, 정부 지원에 의존해온 우리 작품의 해외 번역이 시장 주도형으로 확장되고 있는 상황이 되었다. 어느 작가의 작품이 해외 십수 개국에서 번역되었다거나, 어느 작가가 유럽의 어떤 나라에서 주는 문학상을 수상하거나 수상 후보 대열에 올랐다거나, 어느 작가의 해외 번역본이 쇄를 더해 발매되었다거나 하는 소식을 우리는 간간이 접하고 있다. 세계인들이 한국을 전에 없이 주목하고 있다는 걸, 골프, 수영, 축구, 야구, 피겨 스케이트 같은 스포츠 분야나 한류로 말해지는 연예사업에서뿐 아니라 기술, 산업, 경제, 문화 등 여러 분야에서 함께 확인할 수 있다. 즉 세계인이 한국의 많은 것에 관심을 두고 있는 상황이 되었고, 그 이면에서 문학도 특별한 관심의 대상이 되기에 이르렀다고 봐도 좋다.

최근 수년 동안에는 노벨문학상 첫 한국인 수상 후보로 고은 시인이 유력하게 거론되고 있다. 어느 해인가는 고은 시인의 집 앞에 내외신 기자들이 발표 하루 전부터 몰려드는 진풍경이 벌어지기도 했고, 지난해 10월에도 습관처럼 유사한 상황이 빚어졌다. 지난해도, 그 이전 해에도,

또 그 이전 해에도 수상자가 동양권에서 나온다면, 또는 소설가가 아니라 시인이 수상하게 된다면 하는 단서를 단 채 고은 시인의 노벨문학상 수상 예언이 한국의 10월 초를 뜨겁게 하고 있었다. 어쨌거나, 50년 동안은 절대로'라는 내 예측이 아무래도 빗나갈 것 같은 흥겨운 상황이 매해 이어지고 있다.

2.

"한국 작가 중에 어떤 분이라면 노벨문학상을 받을 수 있을까요?"
어느 지방의 문학 행사 뒤풀이에서 마침 중앙 문단에 글깨나 올리고 있는 4인 비평가에게 정색을 하고 이렇게 질문한 지역 문인이 있었다. 술자리라 해도 우스개로 넘기기 어렵게 아직은 제법 진지한 분위기가 남아 있던 때라, 결국 그 4인이 돌아가면서 노벨문학상 수상 가능 수준의 작가를 거명하게 되었는데…… 그걸 가나다순으로 풀어보면 고은, 김지하, 이청준, 황동규 식이었다. 그런데 실은 이청준 선생은 작고한 직후였고, 남은 세 분은 모두 시인인 거였다. 물론 신경림, 최인훈, 황석영, 이문열 등 많은 국가 대표급 문학인들이 거명되었고, 연륜이 더 쌓인다는 전제를 두면서 김연수, 김영하가 예로 들어지기도 했다. 이를테면 이런 식의 언사들이 오갔다.

– 왜 황석영이 아니고 이청준인가 하면, 황석영 소설이 '대중적 서사'를 확보해 두루 읽힌다는 장점에도 불구하고 소위 노벨문학상의 배경에

있는 유럽식 형이상학의 높이와 깊이에 대해서만큼은 취약한 게 아닌가. 그 점에서라면 한국에서는 이청준이 경쟁할 수준에 이른 유일한 분이 아닌가 한다. 최인훈 또한 그런 형이상학을 말할 수 있는 분인데 그러나 너무 일찍 작품을 접어서 산업사회 후, 또는 냉전체제 이후의 세계에 대해서는 전혀 짚어내지 못했다. 장편『화두』같은 것에서 부활의 불을 지핀다고 봤는데, 그 뒤로 무소식이라 안타깝다.

― 유럽식 형이상학이라는 것에 내놓을 수 있는 걸 시로 말하면 바로 황동규가 되겠다. 우리 시단이 흔히 '선'이라 자랑하는 게 저 유럽의 '관념'과 대적할 만한 것이 되자면 그 선의 경지에 이르는 사유하는 과정이 녹아 있어야 하는데 우리 시는 그러지 못한 감이 있다. 그런데 황동규 시는 동양의 선도 있지만 서구의 이지적 사유가 살아 있어서 유럽 문학과 경쟁이 가능하다. 또, 그런 만큼 번역을 통해서도 그 맛과 깊이를 유럽인들도 꽤 진하게 느낄 수 있을 것이다.

― 사실, 사유의 폭으로 보면 뭐니뭐니해도 미당이 압권이었고, 그래서 미당이 인간적 흠결이 없었고 또 더 살아 주었다면 노벨문학상이 가능했을 수도 있다. 단, 미당의 많은 것은 번역을 통해서 그 맛을 잃어버릴 가능성 또한 컸다. 고은의 경우도 이 번역이 문제겠다. 시, 특히 한국에서의 뛰어난 시가 의미화되지 않은 어떤 가치로 존재하는 경우가 많은데 상당수의 고은의 시가 그렇지 않은가. 서방에서 고은의 대표작으로 거론되는『만인보』연작마저도 그게 과연 유럽에서 진짜 제대로 이해되고 있는지 알 수 없다.

― 노벨문학상을 생각할 때 김지하는 참 아까운 존재다. 김지하가 고은이나 황석영처럼 세계로 가는 길에 자신의 몸을 맡겼다면, 그의 시 또

한 많은 세계인들에게 친숙해질 통로를 얻었을 것이다. 그런데 세속적인 현실에서도 실제 시에서도 김지하는 안으로 깊어지는 쪽을 택했다. 김지하가 동학을 말하고 천지개벽을 말할 때, 서방 중심의 세계는 이미 소통과 통합을 지향해 갔다. 김지하는 한국의 큰 시인임에 틀림이 없지만 아무래도 세계의 노벨문학상하고는 거리가 멀어진 듯하다.

― 이문열 역시 서구에서 볼 때 지극히 변방적이지 않은가. 독자 대중을 많이 얻었다는 건 노벨문학상 후보군에서 결코 장점이 되지 못한다. 혹자는 무라카미 하루키 같은 희한한 대중작가의 세계 문학계에서의 급부상을 상업주의적 승리라 보기도 하지만, 그런 것만이 아니라 무라카미 하루키가 지닌 '탈아(脫亞)'적인 면모가 실로 매우 세계지향적이자 미래지향적인 데가 있어서다. 게다가 그는 번역 문제를 스스로 극복해 버렸다. 그러나 이문열의 문학은 소재주의적 측면도 강하고, 또 동시대 한국에서의 가치 속에 머물러 있다.

― 어쨌거나 노벨문학상도 현실 논리에서 벗어날 수 없다. 심사위원이 표를 던져야 수상하는데, 심사위원이 제대로 접해 본 적도 없고 의미도 잘 모르는 작가의 손을 들어 주겠는가. 그 점에서 역시 고은이 그들에게 썩 친숙해져 있는 게 사실인 것 같다. 자꾸 접하다 보면 잘 모르던 의미도 어느 정도 파악될 것이다. 의미를 뛰어넘는 그 무엇을 느끼게 하는 것 그게 또 시가 아닌가. 고은은 자기 몸에 시를 실어 그곳에 자주 가서 몸으로도 시로도 그쪽에 친숙해진 시인이다. 국가대표가 골을 넣어야 월드컵 16강에 오르는 거다. 고은은 여러 국가대표 중 한 사람이지만 어떻든 국가대표고 그것도 여러 A매치에서 골 맛도 많이 본 공격수다. 팀이 약체라 해서 상대 공격수를 수비하지 않는 팀은 없다. 여러 뛰어난 국가에서 고은이 한국 국가대표 골게터 중 하나라는 사실을 알아서 수비를

하고 있는 형국이다. 즉, 월드컵에서 골, 그것도 결승골을 넣는다면 그 누구보다 고은의 발에서일 가능성이 크다.

대개 이런 투요, 이런 내용이었다. 이쯤하고 보니, 노벨문학상이 월드컵이냐고 따질 사람을 금세 만나게 될 것 같다. 문학은 축구가 아니지만, 그러나 사실 문학상은 축구대회와 유사한 감이 없지 않다는 걸 부정하기란 쉽지 않을 것이다. 문학만큼 내실을 다져야 할 게 어디 있으랴만, 우리가 노벨문학상을 말할 때는 이미 다져진 내실 다음의 일에 대해서였던 것이다.

3.

고은 시인의 노벨문학상 수상이 점쳐지던 2006년, 실제 노벨문학상은 터키의 오르한 파묵을 향했다. 1933년생의 고은과는 거의 이십 년 연하(1952년생)의 작가였다.

나는 2004년 8월 한국의 작가 박영한과 함께 오르한 파묵을 터키에서 만났고, 몇 시간 동안 함께 있었다. 당시 내가 총무이사로 있던 한국문예창작학회의 터키 심포지엄 진행차 거기 가게 되면서 나는 그해 4월 국내에서 발간한 파묵의 소설 『내 이름은 빨강』(이난아 역, 민음사 간)을 주목했다. 한국의 국제전쟁 유경험자이자 문창학회 소속 교수(동의대)인 박영한을 떠올려 파묵과 일합(一合)을 하게 하면 재밌겠다는 생각으로 조선일보와 민음사에 말을 넣어 후원을 받아냈다. 물론 한터문화교류협회의 힘도 빌렸고, 파묵 문학의 대표 번역자 이난아 씨의 힘도 빌렸다. 우리는 파묵의 소설을 읽고 갔지만, 그는 당연히 우리의 작품을 알지 못했다. 그래도 그때 그는 떠오르는 작가였지 '대가'는 아니어서인지 우리 말을 경청했고, 우리 질문에 진지하게 응했다. 그가 여름 동안 머무는 에게해의 작은 섬 헤이벨리의 한 허름한 음식점과 그의 집필 별장이 교류의 무대였다. 주로 『내 이름은 빨강』의 그 현란한 예술론이 화제가 됐다. 스토리를 먼저 쓰고 그 스토리에 맞게 그림을 그리는 오스만 제국의 이슬람 화법과 이야기를 담되 선(線)으로 모양을 만들고 여백을 많이 두어 이야기를 뒤로 감추는 한국의 동양화 전통이 서로 비교되기도 했다. *

박영한은 1947년생으로 서른 줄 들면서 베트남 전쟁 참전 체험을 다룬 장편소설 『머나먼 쏭바강』(1978)을 발표해 일약 화제의 작가로 부상한 작가다. 한국의 베트남전 참전 체험이 문학 속으로 불쑥 들어온 게 바로 이 작품부터라 할 수 있다. 1980년에는 베트남 전 종전 뒤에 살아남은 베트남인들이 주인공이 되는 장편 『인간의 새벽』을 냈다. 황석영의 대표작 중 하나인 『무기의 그늘』, 미국에서 먼저 알려지고 역수입 형태로 국내 베스트셀러에 오른 안정효의 『하얀 전쟁』 등 두 편의 이름난 베트남전 참전 체험 소설도 선도성이라는 점에서는 박영한의 업적에 미치지 못한다. 1980년대 후반부터 박영한은 도시 변두리에서 근대 자본주의 가치와 봉건 습속이 충돌하는 현장을 다분히 해학적인 어투로 묘사한 「왕룽일가」 「우묵배미의 사랑」 등을 발표하면서 또 한 차례 '박영한 붐'을 일으킨다. 소설의 영화화, 드라마화, 유수 문학상 수상 등 경력도 화려한 이 박영한도 한국 대표급이라 할 만한데, 유럽과 미국으로 번역돼 명성을 쌓아가던 오르한 파묵에 비하면 그는 한 차례도 제대로 '세계화'에 놓

---

* 박영한과 오르한 파묵의 대담기는 조선일보 2004년 8월 21일자에 게재되었다. 내가 오르한 파 묵을 만나고 와서 쓴 글 「혼돈이라는 정체성-터키에서 오르한 파묵(Orhan Pamuk)을 만나며」는 『문예중앙』 2004년 가을호에 처음 실었으며, 이 책 제3부 셋째 글로 게재했다.

인 적이 없었다. 2004년 8월 오르한 파묵을 만나고 돌아온 박영한은 오르한 파묵이 노벨문학상을 수상하기 두 달 앞선 2006년 8월에 위암이 재발해 세상을 등지고 만다.

노벨문학상은 유럽인이 만든 국제문학상인데, 많은 것이 그렇듯이 이 지상에서 가장 영향력이 큰 문학상이 되어 있다. 축구하면 월드컵이듯이, 영화하면 아카데미이듯이, 문학하면 노벨문학상인 걸 어쩌겠는가. 그런데 보시다시피 우리의 뛰어난 문학가는 그 노벨상으로 가는 길 위에 제대로 한번 서 보지 못한 채 사라졌고 사라져간다. 아니, 사라지는 것은 문학이 아니고 문학가이니까, 그래서 결국은 그 문학가도 사라지는 게 아니니까, 이건 월드컵과 아카데미 앞에서 속 태우고 실망하는 것과는 전혀 다른 성질의 '이바구'다. 궁극적으로 우리에게 필요한 것은 끝없이 내공을 쌓아온 자들의 지속적인 생존일 것이다. 어느덧 중견에 이르렀으되 아직도 짐 지고 갈 것이 너무 많은 김연수와 김영하 같은 급의, 어느 세계인도 무시하지 못할 폭넓은 경험과 깊은 인식의 지속적인 확장 같은 것이라야 그나마 노벨상 본선 무대에 오를 수 있지 않을까. 바로 그렇기 때문에 노벨문학상은 아직도 우리에게는 요원한 '머나먼 쏭바강'이 아닐는지. (2009)

동아시아 작가의 '초자아' 문제

― 모옌(莫言)의 소설을 중심으로

1.

지난 9월 말에 한국에서 대산문화재단 주최로 개최한 '제1회 한일중 동아시아 문학포럼' 덕분에 여러 중국, 일본 작가를 대할 수 있었다. 그중에 중국 작가 모옌과 일본 시인 히라이데 다카시를 내가 재직하고 있는 대학교 대학원 개원 50주년 기념 세미나에 초청했고, 내가 모옌의 발제에 대한 질의자로 나서서 함께 대화를 나눌 수 있는 기회를 가졌다.

모옌의 발제문은 「남조선소설집'을 읽고(我读『南朝鮮小说集』)」라는 제목의 글이었다. 『남조선소설집』은 중국이 우리를 '남조선'이라 부르던 시절인 1983년 2월 상해역문출판사(上海譯文出版社)가 출판한 한국 작가 16명 총 17편의 작품이 담겨 있는 소설선집이라고 했다. 그 책에 실린 작품이 김동인의 「배따라기」로부터 주요섭의 「사랑손님과 어머니」, 염상섭의 「두 파산」, 김이석의 「실비명(失碑銘)」, 김승옥의 「생명연습」과 「서울, 1964년 겨울」, 이병주의 「망명의 늪」 등이라는데, 실은 시대적으로도 주제적으로도 그런 작품들이 한국을 대표하는 자리에 함께 나설 만한 명분은 크지 않게 느껴졌다. 어쨌거나, 대부분의 국제행사에서 이루어지는 작가간의 만남에서 상대 국가 작가가 우리 작품을 읽고 평을 하는 사례가 거의 없다시피 해온 형국이어서 모옌의 발제는 그 점에서 매우 흥미롭고 유익했다.

모옌은 발제문 말미에 17편의 한국 작품을 읽은 전체적인 소감을 다음과 같이 요약했다.

> 이 글을 쓰기 위해 나는 이 책을 다시 한 번 통독하였다. 십여 년 전 읽었을 때보다 더 많은 것을 느낄 수 있었다.
>
> 첫 번째 느낌은, 진정한 문학 작품은 시간의 시험을 겪어낸다는 점이다.
>
> 두 번째 느낌은, 진정한 문학 작품은 민족과 국가의 경계를 초월한다는 점이다.
>
> 세 번째 느낌은, 한국의 문학이 휘황찬란하다는 점이다. 1917년 이광수의 장편소설 『무정』으로부터 시작하여 90여 년 동안 한국에는 수많은 작가와 시인이 나왔으며, 그들이 이룬 성과는 매우 뛰어나다. 한국 작가가 걸었던 길은 바로 중국 작가가 걸었거나 지금 걷고 있는 길이다.
>
> 네 번째 느낌은, 한국과 중국, 일본은 길고 긴 역사 속에서 수많은 공동의 문화유산을 축적하였고, 삼국의 문학 작품은 공동의 인문적이며 미학적인 지향을 갖고 있다는 점이다. 위로 거슬러 가면 거슬러 갈수록 이런 공동의 것들이 더욱 많을 것이다.
>
> 다섯째 느낌은, 한국 작가들이 모두들 소설 속에서 술에 대해서 쓰기를 좋아한다는 점이다. 이 소설집 안의 매 소설에는 술에 관한 묘사가 있다. 술을 마시거나 술에 취하거나 술을 빌려 화를 가라앉히거나 또는 마음속의 말을 내뱉거나 등등 모두 술을 빌려 이야기를 이끌어나간다. '한국 소설과 술'은 한 편의 학위 논문감이다.[1)]

한국을 대표할 만한 소설들이라 쳐도 겨우 17편을 읽고 나서 한국소설의 전반적인 특징을 설명한다는 것 자체가 모순이겠지만, 모든 소통의 시작이 원래 그런 것이렷다. 나 역시 중국의 현대소설을 따라 읽지 못한 처지지만, 겨우 몇 권 읽은 모옌 소설을 중심으로나마 나름대로 소통할 '꺼리'를 만들어봄으로써 장차 더 폭넓은 교류의 초석을 다지는 일에 일조했다고 자위해 본다.

2.

나는 모옌의 다섯 가지 소감에서 모옌과의 보다 손쉬운 대화를 위해 특히 두 가지 점을 주목했다. 그 한 가지 질문이 다음과 같았다.

> 당신은 한국소설을 읽고 난 네 번째 소감으로 "한국과 중국, 일본은 길고 긴 역사 속에서 수많은 공동의 문화유산을 축적하였고, 삼국의 문학 작품은 공동의 인문적이며 미학적인 지향을 갖고 있다는 점이다. 위로 거슬러 가면 거슬러 갈수록 이런 공동의 것들이 더욱 많을 것이다."라고 말했다. 이에 공감하면서 한 가지 질문을 드리겠다. 당신의 고향 산동성의 까미오 현을 무대로 펼쳐지는 중편소설「붉은 수수밭」에는 일본의 강제 점령기에 저항한 그곳 인물들이 영웅적으로 그려진다. '위잔아오' 사령관(소설 전개 과정에서 화자 '나'의 할아버지로 밝혀진다), '루어한' 아저씨 등이 그들이다. 여기에 '나'의 할머니 따

---

1) 『아시아 문학의 정체성과 문화콘텐츠』, 단국대학교 대학원 개원 50주년 기념 문예창작학과 국제 문학 심포지엄 발제집(2008.10.2), 16쪽 참조.

이펑리엔도 포함할 수 있겠다. 나의 할머니(영화에서는 아홉 번째를 뜻하는 '주얼'이라는 이름으로 불렸다)는 만 열여섯 때 동북지방의 소문난 부자 딴띵시우의 외아들 딴삐엔랑한테 시집을 갔는데, 끝내 이를 받아들이지 않는다. 따이펑리엔이 시집갈 때 가마꾼이던 위잔아오는 수수밭에서 따이펑리엔을 취하고 나서, 몰래 부자 딴띵시우와 아들 딴삐엔랑을 죽이는 것으로 설정된다. 이 덕분에 따이펑리엔은 과부가 되지만 부도 얻고, 위잔아오와의 관계도 그만큼 자유로워진다.

내가 묻고 싶은 것은 좀 특별하달 수 있다. 한국 소설에 묘사되는 영웅적인 인물이라면 적어도 그가 도적이거나 부랑배라 할지라도 도덕적이고 윤리적인 차원에서 '위잔아오' 식의 전혀 명분이 없는 살인을 하는 것으로는 묘사하지 않는다. 만일 그런 살인을 한 인물이라면 반드시 그것에 대해 나중에라도 참회하는 대목을 설정하기 마련이다. 또는 적어도 그렇게 비도덕적, 비윤리적 행동을 한 영웅을 그린 작품은 독자들로부터 많은 질문을 받을 것이다.

가령, 한국에서 역사적 소재를 소설화해 뚜렷한 성과를 올린 바 있는 김훈의 근작 소설 『남한산성』에서 대신 김상헌이, 무능한 조정에 대해 당당한 말로 비판하면서 조국에 대해서건 청나라 군사에 대해서건 돈을 벌게 해주는 쪽이면 다 취하겠다는 한 뱃사공을 칼로 베어 죽이는 장면이 나온다. 이 장면은 한국소설에서 매우 특이할 뿐만 아니라 전혀 리얼리티가 없는 설정이라는 비판이 제기되고 있다. 같은 작가의 『칼의 노래』의 주인공 이순신도 무장으로서 부하를 벌줄 때 사형을 명하기도 하지만, 그건 어디까지나 실제 임진왜란 당시 수군의 '군율'에 의해서다.

그런데 「붉은 수수밭」에 등장하는 위잔아오의 두 부자 살해는 아주 사적인 일이라 할 수 있다. 그것은 어떤 이데올로기적 실천이라 할 수도 없다. 내가 생각할 때, 중국 작가들이 역사를 다룰 때 한국 작가에 비해 윤리와 도덕 면에 매우 자유롭지 않은가 싶다. 이 말은 한국이 중국에 비해 더 유교 관념이 강하지 않나 하는 생각과도 맞닿는다. 이런 점은 한국과 일본이 또한 차이가 있는 것으로 판단되는데, 당신의 생각은 어떤가?

그때 한 내 질문을 간단히 줄이면, 모옌의 「붉은 수수밭」의 영웅이 영웅으로서는 해서는 안 될 비윤리적인 살인을 저지른 것으로 설정되는데, 한국소설에서는 찾기 어려운 이러한 예를 볼 때, 중국 작가는 한국 작가에 비해 윤리 도덕 면에서 매우 자유로운 게 아닌가 하는 것이다. 나는 사실 여기에 중국 근대문학의 아버지격인 루쉰의 「아Q 정전」의 '아Q'나, 최근 중국문단의 인기작가로 부상된 여화의 『허삼관 매혈기』의 '허삼관'과 같은 주인공에 대한 작가의 냉소적이리만치 객관적인 시선 유지 같은 예도 보태고 싶었지만, 심포지엄에서 질의자가 누릴 시간적 한계 때문에 더 설명하지는 못했다.

내 질의에 대한 모옌의 답변은 대강 이러했다.

    '위잔아오' 같은 인물은 이 세상에 객관적으로 존재하는 인물이다. 각양각색의 인물을 등장시키는 것이 다양한 군상들이 있는 사회의 모습을 반영하는 일이므로, 나는 그런 뜻에서 '위잔아오' 같은, 실제로 살아 있을 법한 인물을 그린 것이다. 실은, 중국 소설에 '위잔아오'와 같은 살인자들이 수없이 등장한다. 『수호지』의 주인공 도적들도 모두 그런 유의 죄인들 아니겠는가. 내가 특별한 인물을 그린 것이라 할 수 없다. 지난 역사 속에 그런 인물이 많았고, 나는 그런 인물을 그린 것이다.

대부분의 심포지엄이 그러하듯, 질의자의 질의에 대한 발제자의 답변에 대해 다시 심도 있는 질의를 가하기란 우선 시간이 허락하지 않는다. 나의 당초의 질의가 통역을 통해 제대로 전달되었는지 어쨌는지 모르겠지만, 나는 사실 좀 더 진지하게 '한-중' 작가의 인식에 투여된 일종의 '초자아(super-ego)'적 관념 같은 걸 비교하고 싶었다. 무협지로 대표되는 중국 전통 서사문학의 소위 '뻥'(과장)이 중국 현대소설에도 녹아 있다고 나는 생각해 보는데, 한국 현대소설에는 그런 '뻥'은 통하고 있는 것 같지는 않다. 『삼국지』나 『수호지』의 서사적 전통과 맥을 댄다고 볼 수 있는 한국의 의적소설 『임꺽정』(홍명희), 『장길산』(황석영), 또는 『객주』(김주영) 같은 민중소설만 해도 그런 '뻥'이 현저히 약화되어 있을 뿐만 아니라, 주인공의 행동도 대단히 양심적이라 할 수 있다. 이게 다 작가의 초자아의 차이 때문일 거라는 게 내 생각인데, 단순히 말하자면, 한국 작가는 중국 작가에 비해 초자아의 억압을 한결 강력하게 받고 있다고 본다. 그럼, 일본은 어떤가? 역시 거칠게 말하면, 일본은 대단히 '내면적'이다. 중국 작가는 초자아의 억압에서 비교적 자유롭고, 한국 작가는 초자아의 억압에 직접적인 영향을 받는 편이며, 일본 작가는 초자아의 억압을 내면의 문제로 견디는 편이라는 것이 내 견해이다.

3.

내 얄팍한 독서량으로는 감당이 불가능할 주제로부터 도망쳐 이제 좀 재미있는 얘기로 넘어가자. 모옌 자신도 이 대목을 말하면서 안면 하단에 슬며시 솟는 웃음을 어쩌지 못했으리라는 추측을 하면서 모옌의 소감 하나를 옮겨 쓴다. 모옌의 다섯 가지 소감 중 마지막이 이러했다.

> 한국 작가들이 모두들 소설 속에서 술에 대해서 쓰기를 좋아한다는 점이다. 이 소설집 안의 매 소설에는 술에 관한 묘사가 있다. 술을 마시거나 술에 취하거나 술을 빌려 화를 가라앉히거나 또는 마음속의 말을 내뱉거나 등등 모두 술

을 빌려 이야기를 이끌어나간다. '한국 소설과 술'은 한편의 학위 논문감이다.2)

모옌이 이런 얘기를 해서 잠깐 내가 쓴 소설도 반추해 봤다. 당연히 나 역시, 술 안 마시는 남자 주인공은 설정할 수 없는 작가 중의 한 사람이다. 어쨌거나, 모옌의 술 이야기에 나도 흥겹게 질의로 응할 수 있었으니 그 질의 내용은 이러했다.

> 아주 재미있는 지적이다. 한국 작가들은 술에 대해 쓰기를 좋아할 뿐 아니라, 실제로 술을 잘 마시고, 술을 마시면서 어제 술 마시고 어떻게 취했나에 대해 말하기도 아주 좋아하는 정도이다. 그런데, 사실 술 얘기라면 모옌 당신을 빼놓을 수 없지 않은가? 「붉은 수수밭」에도 수수로 빚은 고량주 얘기가 숱하게 나오고(또 내가 아주 좋아하는 칭다오 맥주도 거명된다), 이는 소설 전체의 이미지와 주제에도 큰 영향을 준다. 게다가 당신은 『술의 나라』(또는 『술 취한 나라』라고도 번역이 되고 있다)라는 장편소설에서 아이를 잡아먹는다는 마을을 수사하러 간 수사관이 그 지방 사람이 권하는 술에 취해 곤욕을 치르는 장면이 자세히 묘사된다. 또 『술의 나라』에는 당신의 고향 마을의 여러 술들이 거명되고 있고, 술 박사도 등장하고, 등단을 하기 위해 작가 모옌(소설에 주고받는 편지를 통해 직접 등장한다)에게 술을 선물하는 아마추어 작가도 등장한다. 자, 당신 소설에서 술이 지니는 의미에 대해 듣고 싶다. 또는 술을 포함해 토속적 문화와 문학작품간의 관계에 대해 말해 주면 좋겠다.

「붉은 수수밭」은 오랜 역사를 통해 한 마을을 지킨 영웅들이 묘사되지만, 그 마을의 역사를 통해 본다면 주인공은 바로 '붉은 수수밭'이다. 중국 땅 어디서나 흔히 잘 자라는 그 수수는 저 유명한 중국술의 대명사

---
2) 위의 책, 16~17쪽 참조.

고량주의 원료다. 당연히 소설「붉은 수수밭」에도 수수로 고량주를 빚는 풍습이 녹아들어 있다. 『술의 나라』의 주제는 술이나 음주와 관련된 것이 아니지만, 소설 전면이 온통 술 얘기로 넘쳐난다. 모옌의 소설에 나타난 술과 한국 소설의 술 소재는 차원이 다르지만, 더 심도 있는 소통의 윤활유 삼아 나는 술 얘기를 해 본 것이다. 모옌의 답변은 그리 길지 않았다.

> 중국 시에 술 얘기는 참으로 많다. 술과 더불어 일생을 살았던 이태백의 시와 삶은 널리 알려져 있다. 삶의 역사가 술과 더불어 해 왔으니 술 얘기를 소재로 삼는 일은 당연하다고 하겠다. 마침 내 소설 두 편이 술을 소재로 하고 있으나, 사실은 각각의 소설에 나타나는 술의 의미는 다르다. 「붉은 수수밭」의 술은 용기를 발휘하게 해주는 힘을 지녔으며, 『술의 나라』의 술은 사람을 타락시키는 술이다.

용기를 발휘하게 해주는 술! 그리고 사람을 타락시키는 술! 모옌은 그 술들을 말했다. 술이라는, 너무나 일상적이며 또한 역사적인 하나의 소재를 이렇게 명료한 의식으로 밀고 나갈 작가는 나는 아직 보지 못한 듯한데, 이 점은 사실 술에만 국한되는 것이 아니다. 역사와 전통을 오늘에 되살리는 활달한 서사와 문체주의로 불릴 만한 치밀한 감각으로 중국의 정체성을 묻고 있는 모옌의 진정성은 이 명료한 인식에서 확보되는 것이다. 한데, 몇 편의 독서, 몇 마디 대화로 얻은 이러한 확인이나마 나에게는 큰 수확이라 할 만하지만, 그에게 한국 작가의 진정성에 대해 더 전달하지 못한 아쉬움은 그대로 남아 있다. (2008)

혼돈이라는 정체성
― 터키에서 오르한 파묵(Orhan Pamuk)을 만나며

1. 이스탄불의 섬 헤이벨리

2004년 8월 9일 저녁. 우리는 이스탄불의 한 선착장에서 배를 타고 오르한 파묵이 머물고 있는 헤이벨리 섬으로 향했다. 이스탄불은 동로마 제국, 오스만 제국을 거치는 동안 세계사의 중심지였으며 지금도 아시아와 유럽에 몸을 함께 걸치고 있는 국제적인 대도시다. 우리가 배를 탄 곳은 유럽 쪽이었고, 오르한 파묵이 여름 동안 글을 쓰고 지내는 곳은 지도상에서 보면 유럽과 아시아를 아슬아슬하게 가르고 있는 보스포르스 해협을 남쪽으로 막 벗어나 펼쳐지는 마르마라 해의 아시아 대륙 쪽 연안으로 연이은 네 개 섬 중 세 번째 섬이었다. 부호들의 별장이 있는 섬이라는 설명을 미리 들었지만, 배는 국내에서도 흔히 보는 여객선이었고, 아마도 주로 퇴근하는 길로 보이는 수백의 사람들이 선실을 가득 메우고 있었다. 이스탄불의 아시아 쪽 연안에 한번, 그리고 네 개의 섬 어느 한 곳에 한번 정선(停船)한 배는 처음 떠난 지 한 시간이 채 안 되어서

헤이벨리에 닿고 있었다.

이미 여러 차례 그를 만난 적이 있는 통역자(김주찬 박사)가 동행하지 않았더라도 쉽게 알아봤으리라 싶게, 선착장 한곳에 서 있던 오르한 파묵은 배에서 내린 우리 쪽을 향해 단번에 손을 흔들었다. 1952년생이라는데, 더 젊어 보였고, 키가 큰 편이었으며, 사진에서 받은 느낌보다 훨씬 유럽인에 가깝게 느껴졌다. 고전적인 첩보영화 주연급 정도의 용모에다 목소리마저 중후했다. 우리가 대화를 나눌 수 있는 시간은 불과 서너 시간. 인터뷰는 우리 쪽에서 요청한 거지만, 어쩌다 보니 오르한 파묵이 자신의 별장으로 우리를 초대한 셈이 되었고, 도리어 터키가 처음인 우리가 빡빡하게 짜진 일정 탓에 여유를 부릴 틈이 없었다. 일단 그가 안내한 대로 선착장에서 멀지 않은 식당에 자리를 잡고 앉으니, 대화의 포문이 절로 열리기 시작했다.

2. 오르한 파묵의 『내 이름은 빨강』

소개된 약력에 따르면, 집안은 부유했지만 부모가 이혼해 정신적 고민을 독서로 해소했다는 오르한 파묵. 이스탄불 공과대학 건축학과를 다니다 중퇴하고 창작에 몰두하기 시작해 첫 장편 『제브데트 씨와 아들들』로 밀리예트 신문 공모전에 당선한 것이 1979년. 이 작품이 1982년 출간되면서 터키를 대표하는 문학상인 오르한 케말 상을 수상하게 되고, 이후 『고요한 집』(1983), 『하얀 성』(1985), 『흑서』(1990), 『새로운 인생』(1994), 『내 이름은 빨강』(1998) 등 장편을 내놓을 때마다 터키에서 가장 알려진 작가로 거듭남과 더불어 유럽으로, 나아가 서방 세계 전역으로 그 명성을 떨치면서 수년 전부터 노벨문학상의 중요 후보자로 지목되는 작가가 되었다. 우리나라에 번역된 그의 책이 세 종인데, 이 중 『하얀 성』은 영어판 중역(최종수 역, 문학동네)이고, 『새로운 인생』(이난아 역, 민음사)과 『내 이름은 빨강』이 터키어판 번역본으로 번역자와 발행사가 같다. 우리의 관심을 끈 작품은 단연 『내 이름은 빨강』이었다.

나는 지금 우물 바닥에 시체로 누워 있다. 마지막 숨을 쉰 지도 오래되었고 심장은 벌써 멈춰버렸다.

첫 장부터 누군가에게 살해당하고 우물 바닥으로 던져진 시체에게 한 차례 화자 역할을 맡김으로써 흥미를 돋우고 있는 이 소설은 짐작대로 그 살인자를 밝혀가는 추리소설 형식을 취하고 있다. 때는 1591년, 오스만 제국의 위세가 아직은 등등하던 시절의 수도 이스탄불. 술탄의 은밀한 지시로 술탄을 위한 『축제의 서』를 그리고 있던 궁중화원의 세밀화가들 사이에 갈등이 일어나고 그 중 한 사람인 엘레강스가 살해당한 것이다. 용의자는 동료 세밀화가들인 나비, 올리브, 황새. 이 소설을 가장 겉에서 싸고도는 스토리가 바로 이 범인이 드러나는 과정이다.

또 하나의 스토리는 그 밀서 제작을 지휘하는 밀사 에니시테의 부름을 받고 12년 만에 이스탄불로 돌아온 스토리 작가 카라로부터 비롯된다. 카라에게는 이스탄불은 고향이면서 첫사랑이자 변치 않는 연모의 대상 세큐레가 살고 있는 곳. 세큐레는 전쟁에 나가 4년 동안 소식 없는 남편을 기다리다 두 아들과 함께 아버지 에니시테 집에 머물고 있다. 공격적으로 구애하는 시동생 하산, 딸을 곁에서 떠나 보내려 하지 않는 에니시테, 갑작스럽게 출현해 변치 않는 사랑을 확인시켜 주는 카라 등 세큐레는 자신을 에워싼 여러 사랑들을 저울질하며 자신의 진로를 탐색하고 있다. 에니시테마저 살해당하자 카라는 살해범을 찾는 임무를 맡게 된 한편으로 그 살해를 계기로 셰큐레와의 결혼을 성사시키는 민첩함도 보인다. 즉 이 소설은 카라와 셰큐레를 중심으로 하는 사랑의 스토리이기도 하다.

이러한 스토리들이 소설의 플롯상에서 기능한다면, 이 소설을 가장 의미있게 만드는 강력한 주제적 스토리는 이슬람의 미의식과 유럽의 미의식, 그리고 절대적 미의식과 상대적 미의식의 첨예한 대립에 관한 것이다. 에니시테는 베네치아 초상화를 보고 충격을 받고 술탄을 부추겨 서양 화법으로 술탄과 술탄의 세계를 그린 책을 완성하는 은밀한 임무를 맡았다. 그는 궁정화원에서 기예가 출중한 네 명의 세밀화가를 선발해서 책에 들어갈 그림을 그리게 한다. 에니시테가 유도하는 유럽식 화풍에 이끌린 엘레강스는 이슬람 화풍을 신봉하는 올리브에게 살해되고, 세밀화가들에게 유럽풍 화법을 유포해 술탄에게 바칠 책을 완성하려던 에니시테 또한 분을 이기지 못한 올리브에게 죽임을 당한다. 이들의 갈등과 대립 사이를, 동서고금의 예술 세계와 그 의식의 이면사가 종횡무진 넘나든다. 그리하여, 철학과 역사와 종교와 예술이 한데 어우러지는 한 권의 총체적인 미술사조사라 이름하여도 좋을 소설이 되었다.

3. 오르한 파묵과의 인터뷰

우리 쪽의 대표 대담자는 『머나먼 쏭바강』과 『우묵배미의 사랑』의 작가 박영한(동의대 교수)이었다. 『머나먼 쏭바강』이야 우리의 현대 국제

전 체험의 효시격인 작품이고, 『우묵배미의 사랑』은 물질의 편리성 앞에서 판판이 깨지면서도 여유를 부리고 있는 농촌 공동체의 인본주의적 흔적을 그려낸 작품으로 평가받은 것. 그에게도 서로 다른 역사의 대립, 가치의 대립 같은 것이 핵심 주제였던 셈이다.

이 주제는 그대로 '파묵'적인 것과 일맥상통한다고 할 수 있다. 말문을 여는 겸해서 『내 이름은 빨강』에 대한 주제가 잠시 언급되다 말고, 파묵의 질문이 나왔다.

"한국은 서구화에 대한 관심이 어떤가?"

"서구화에 대한 관심은 여전히 높지만, 동아시아에 대한 관심이 증폭된 것이 한국의 실정이다."

박영한의 대답은 당연한 거지만, 실은 한국에서의 동아시아 역사에 대한 관심은 어쩌면 아직 그것이 우리의 생존 문제와 직결되기 때문 아닌가. 그러나 파묵은 터키는 바로 그 생존 때문에 서구화로 갔다는 얘기를 하고 있었다.

『내 이름은 빨강』의 주인공들은 16세기 화가들이다. 파묵의 설명으로는 그들 화가들은 모두 박물관 속으로 들어갔다. 즉 이슬람 화풍은 적어도 터키에서는 남아 있지 않다. 우리는 어떤가 하면, 동양화 즉 한국화의 전통이 지금껏 뚜렷하다 할 수 있다.

그것이 단순히 서구화 문제에서 오는 차이인가, 인터뷰하는 동안에는 잘 알 수 없었다. 가령, 전혀 짐작 못한 것이 이런 것이다. 『내 이름은 빨강』에서는 그림이 책으로 인식되고 있고, 더구나 그 그림책의 완성이 반드시 글을 매개로 해야 가능한 것으로 설명되고 있다.

"이슬람에서는 이야기가 있어야 그림을 그린다. 이슬람과 페르샤의 그림에는 기막힌 이야기가 들어 있다. 동양도 그런가?"

동서양 미술에 상당한 조예가 있는 것으로 보이는 파묵의 궁금증이 이채로웠고, 박영한의 즉각적인 대답도 재미있었다.

"한국화에서 이야기는 뒤로 숨어 있다."

"그림 우선이냐, 문학 우선이냐? 그림 속 이야기와 그림, 그 어디에 초점을 맞추는가?"

"그림 우선이다. 글이 있더라도 부차적이다. 우리는 그림을 그림 그 자체로 감상하는 데 익숙하다. 동양화가 문학과 관련된다면 그것은 시적으로 관련된다고 보면 된다."

"내 소설은 서양과 이슬람의 충돌을 그렸다. 나는 이 문화 충돌이 중요하다고 생각한다. 이 충돌에 생동감이 있다. 오늘날 터키는 이슬람과 유럽 문화가 충돌하는 아픔을 극심하게 겪고 있다."

"그런 건 작가라면 누구나 좋아한다. 하지만, 당신 소설에는 알라신의 흔적이 곳곳에 남아 있다."

"나는 알라신에 대한 두려움보다 터키가 지향하는 서구화에 대한 두려움이 더 크다. 내 할아버지는 아타투르크(터키공화국 초대 대통령)의 노선을 따랐다. 아타투르크는 유럽에 지지 않기 위해 서구화를 택했다. 이기기 위해 그들을 따를 수밖에 없었다. 그러나 모방은 자기 것을 잃게 한다. 터키에는 두 그룹이 있다. 서구화하면서 정체성을 잃는다는 데 두려움을 느끼는 쪽. 우리 것으로는 유럽을 이길 수 없다는 쪽. 이 갈등과 혼란이 터키의 현재다. 나는 그것을 그리려 했다."

"당신 소설의 인물들은 모두가 다면체다. 유머가 있고 교활하고 조롱하고 남의 뒤통수를 친다. 작가의 인생관을 닮은 듯도 하다. 그 점에서 인물들 모두가 너무 비슷하다는 느낌을 받았다."

"개인이 하나의 집단인 것이다. 나의 특징이 아니다. 특히 세밀화가들은 개인으로서 행동하지 않고 집단을 대표한다는 뜻을 지니고 있다."

"당신 소설은 영양소가 풍부한 보약 같다. 보약은 대개 먹기 고통스러운데, 이 보약은 맛도 좋아서 먹기가 좋다. 대신 그 맛이 깊어서 뭐라고 말하기는 어렵다. 경탄스럽고 부럽다. 그러나 단점이 있다. 모든 인물들이 너무 유식해서 살인을 하고 죽음을 눈앞에 둔 급박한 상황에서도 예술과 신에 대해 논쟁을 벌이느라 장광설이 심하다. 죽이고 죽는 판에 관념을 과도하게 노출했다. 이건 리얼리티에 문제되는 부분이다."

박영한의 투박한 경상도 사투리 어투를 오르한 파묵은 요령껏 피해 갔다.

"포스트모더니즘 상황에서 이해하면 된다."

4. 21세기형 작가

우리에게는 시간이 너무 없었다. 작가 박영한은 식당에서 저녁을 먹는 동안 일간지에 실을 내용 정도는 대체로 다루었다는 신호를 보내온다. 문제는 이 인터뷰를 전적으로 책임질 나였다. 내 방식대로 파묵한테 한두 마디 질문을 던져 보다가, 파묵이 주문해준 생선구이를 먹는 둥 마는 둥하다가 자꾸 조급해졌다. 나는, 카메라를 들고 동행한 임종기 교수(혜전대)와 앞서 서둘렀다. 우선, 해가 조금이나마 남아 있을 때 사진을 찍어 두어야 했다. 한국보다 일몰 시간이 한 시간 정도 늦은 건 다행이었지만, 그래도 부족했다. 일행을 재촉해 마차 두 대를 나눠 타고 파묵의 별장으로 갔다.

서구에 알려진 베스트셀러 작가의 별장이라고 해서 썩 화려하겠지 하는 생각은 잘못이었다. 부호들의 별장이라는 집들도 서로 벽이 맞닿아 있었고, 그것도 어둠이 짙어지자 잘 보이지 않았다. 대문을 열자 금세 눈앞에 닿는 현관문을 열자 곧 집필실이 나타났다. 큰 나무 책상, 그 옆으로 개방식으로 짠 책장, 그리고 낡은 한 줄짜리 소파(이 소파는 우리가 사진 찍느라 함께 포즈를 잡는 동안 결국 한쪽 다리가 찌그러지고 말았다) 정도가 가구의 전부였다. 책장에는 낡은 책들, 책상 위에는 노트장들이 보인다 싶더니 아니나다를까, 그에게는 컴퓨터가 없었다.

파묵은 그곳에서 하루 열두 시간씩, 노트장에다 만년필로 소설을 쓴다고 했다. 그가 쓴 글자는 박영한의 표현대로라면 "그의 머나먼 조상인 수메르인의 상형문자를 연상케"(조선일보 2004년 8월 21일자, 박영한 – 오르한 파묵 대담기 참조) 했지만, 여기저기 퇴고한 흔적이 역력한 채로 일정한 높낮이를 유지하고 있는 단정한 꼴이었다. 출간 때가 되면 출판사에서 그 원고를 타이핑하고 그걸 다시 작가가 교정을 보는 식으로 진행한단다. 어떤 소설을 미국에서 영문판으로 내는 중인데, 영어는 잘 하지만 영어로 소설을 쓰는 정도까지는 아니기 때문에 미국 출판사에서 번역한 소설을 자신이 직접 교정을 보는 중이라는 설명도 했다.

준비한 카메라를 총동원해 사진을 찍고, 선물로 준비해온, 한국 화가들의 그림이 실린 엽서와 한국차와 소주에 중국 보이차까지 전하고, 그러고 함께 걸어서 선착장으로 나오는 길에서야 내 차례가 되었다. 나는 내가 인터뷰 기사를 써서 싣기로 한 잡지사의 편집자 질문이라고 둘러대며 물었다.

"지금은 한 나라의 문학이 한 나라에만 머물 수 없는 시대다. 당신의 소설은 터키 말고 유럽과 미국에 많이 알려졌다. 한국에도 독자가 있다. 당신의 경우 문학의 세계화 가능성은 어디에 있다고 보는가?"

쉽게 응할 질문이 아니라 생각된 건지, 우리를 맞아 대응하느라 지쳤는지, 그는 웃기부터 했다.

"그거 알려고 삼십 년 걸렸다."

나는 좀 부아가 나서 무식하게 되물었다.

"삼십 년 걸렸다는 게, 그게 국제적으로 개인적 친분을 삼십 년 쌓았다는 얘기냐, 아니면 그만큼 오래 내공을 쌓으며 깨우쳤다는 거냐?"

역시 무식하게 달려드는 데 장사가 있으랴. 그러나 그 순간 나는 그를 다 알았다는 느낌마저 들었다. 그는 정색했다.

"내 작품의 세계화 문제에 있어 나는 세 가지를 말할 수 있다. 하나는 추리소설 기법이다. 그리고 사랑이나 죽음과 같은 보편적인 주제를 포괄해야 한다. 마지막으로 서로 다른 문화가 충돌하는 내용이 담겨 있어야 한다."

그는 젊은 작가다. 우리에게는 한물간 논쟁거리로 여겨지는 포스트모더니즘 얘기를 할 것도 없다. 젊지 않고서야 문학작품이 세계화되는 일을 추리기법과 관련해 들먹일 리 없는 거다. 그리고 그는 21세기형 작가다. 그러지 않고서야, 동지와 적이, 오지와 문명이 한자리에서 뒤죽박죽 맞부딪치며 영향을 주고받는 이 지구상의 가치의 충돌, 문화의 충돌을 그처럼 표나게 문제삼을 수가 없는 것이다.

20세기형 작가는 어떤 이인가? 간단하게 말하자. 그 작가는 강대국 작가, 그 중에서도 미국과 유럽으로 대표되는, 세계의 이성을 지배한 나라의 작가들이다. 그들은 그 이성을 말함으로써 자기의 문학마저 세계화했다. 그들은 그러나 그 이성이 어떻게 다른 가치들과 갈등관계를 겪으며 세계화된 것인가에 대해서는 잘 알지 못했다. 20세기 후반, 문학계는 돌연 그들 강대국의 주변에 놓여 있던 일명 제3세계 국가에 눈을 돌렸다. 나아가 이제는, 세계의 곳곳, 파묵이 서구화라 말하는 그것과 충돌하면서 극심한 정체성의 혼란을 겪는 모든 나라의 그 충돌의 현장이 곧 세계문학의 중심에 떠오른 것이다. 터키와 오르한 파묵은 바로 그 선두주자다.

그러면 우리에게는 21세기형 작가가 있는가. 있겠지. 많겠지. 그러나 우리는 있는 걸 잘 아는데, 세계가 그것을 알기에는, 그 세계인 '서구'가 우리에게서 너무 멀리 떨어져 있다. 터키와 서구의 거리는, 적어도 소통

면에서는 거의 없지만, 우리의 언어로는 세계로 가는 길이 너무 멀고 험한 거다. 유치하게 계산하자. 가령, 한국보다 열악한 출판 환경에 있는 터키에서 오르한 파묵의 책이 수만 부 판매된다면, 그것은 곧 수십 개국에서 그 열 배 이상의 독자와 만난다는 뜻이다. 한국에서 엄청난 독자를 거느리고 있는 어떤 뛰어난 작가에게 그 십분의 일의 행운이라도 올 날은 언제일까.

5. 혼돈에서 살아남기

  8월 9일, 나는 우리나라의 그 어떤 작가보다도 더 세계적인 작가로 이름을 낼 가능성이 큰 오르한 파묵을 만나고 있었지만, 심경이 좀 복잡했다. 이번 터키 일정에서 그 일은 곁가지에 해당하는 일이기 때문이었다. 우리는 한국문예창작학회(회장 김수복 시인)와 터키작가연맹(회장 젠기즈 백터시 시인)이 공동주최한 국제 창작심포지엄에 참가하러 이스탄불에 온 참이었다. 본 행사가 그날 하루 종일 치러졌지만, 저녁에는 터키 작가들 그리고 한국전쟁에 참전한 옛 병사들과 함께 하는 만찬이 우리 학회 주최로 진행중이었던 것이다.
  작가로서 외국 여행길에서 펼쳐지는 어느 자리 하나 중요하지 않은 게 없겠지만, 터키인들과 몸을 부딪치며 마시고 담소할 수 있는 드문 기회를 잃은 듯해서 아쉬움이 클 수밖에 없었다. 오르한 파묵의 소설을 이해하려 해도, 작가를 직접 만나 얘기를 듣는 것보다 어쩌면 터키 자체에 대해 몸소 이해하는 일이 더 요긴하다고 볼 수 있었다. 하지만 내게 그 일은 '가지 않은 길'이 되었다. 대신, 나는 오르한 파묵의 소설을 읽으며 이해되지 않은 많은 문제를 이어진 터키 기행에서 조금씩 해결했다.

이슬람 문화에서는 구체적인 형상이 있는 그림을 그리지 못한다. 지금도 그들이 자랑하는 문양은 카펫이나 타일 등에서 확인되듯 대부분 모자이크 무늬다. 이걸 이해해야 『내 이름은 빨강』에서 에니시테가 베네치아에서 '초상화'라는 것에 왜 그렇게 충격을 받았으며, 살인자 올리브에 의해 왜 그토록 서양 그림의 원근법이 비판받는지 알게 된다. 즉 오르한 파묵의 소설은 터키를 알아야 이해되는 소설이다. 이 점, 한국의 1980대 정치적 암흑기 같은 시대를 겪고 있는 젊음의 고뇌를 그리고 있는 『새로운 인생』도 그렇고, 역시 술탄 시대를 배경으로 세계 정복을 꿈꾸는 국제전쟁의 현장까지 상상력을 펼쳐간 『하얀 성』도 그렇다.

터키는 어떤가. 16세기를 배경으로 한 『내 이름은 빨강』에서 암시되듯, 오스만 제국은 19세기에 이르면서 서구의 자본주의 국가들과의 대립에서 몰락해 오늘날 터키로만 살아남은 나라다. 1923년 공화국 탄생과 더불어, 이 대제국의 몰락 배경에 이슬람 문화의 전근대성이 놓여 있다고 판단해 57개 이슬람 국가 중 유일하게 세속주의를 표방하고 서구화를 서둘러 왔다. 『내 이름은 빨강』의 문화 충돌의 현상은 이러한 시간을 넘어서 현대의 터키 곳곳에서 모습을 드러내고 있었다.

터키는 1만 년 전 아나톨리아로 불리는 시대로부터, 고대 히타이트 시대, 페르시아 시대, 헬레니즘 시대, 로마 시대, 비잔틴 시대, 셀주크 시대, 오스만 제국 시대를 거치면서 시간을 건너뛰며 여러 유적들이 뒤섞여 있는 나라다. 우리가 익히 아는 트로이 목마의 유적지 트로이만 하더라도, 실제 트로이 시대 유적의 아래 위로 기원전 3천 년부터 로마 시대에 이르는 전체 9개 층의 유적이 쌓여 있는 곳이다. 이처럼 몇 시대가 복합적인 유적을 이룬 곳이 전 국토에 산재해 있다.

수천 년 전에는 저 유명한 그리스 신화의 많은 부분의 배경지이기도 했고, 중세 이후 수백 년 동안 유럽의 상당 지역을 포함해 서역과 이집트와 러시아의 남서부를 점령한 대제국으로 군림하고도, 구미권 중심의 세계사에서 소외당하고 있다. 국토의 97%가 아시아에 속해 있지만, 국민들 모두는 스스로 유럽인이라 생각하고 있으며, 그들 대부분은 이슬람교도들이다. 투르크 족이 주 종족인 듯하지만 의외로 다인종 국가라 같은 국민끼리 만나도 서로 다른 나라 사람이라 생각할 때가 잦을 정도이고, 문자는 통일했지만 그 언어 안에 전통 터키어와 유럽 여러 나라 말이 함께 녹아들어 있다. 한 나라 안에 이렇게 복잡하게 역사와 문화가 뒤섞인 경우는 참으로 희귀한 사례일 것이다.

터키는 이러한 문화의 뒤섞임, 그로부터의 가치 혼돈을 특징으로 하는 나라다. 혼돈이 곧 정체성인 그런 나라다. 오르한 파묵이란 그 속에서 특히, 오스만 제국 이후의 터키가 처한 이중적 갈등 즉 이슬람적 인식이냐 서구화냐의 사이에서 그 대립과 충돌을 터키의 역사를 활용해 활달하고 자유롭고 깊이 있는 상상력과 창작 방법으로 담아내고 있는 뛰어난 작가의 한 사람이다. 나는 그의 작품을 읽으며 겪은 혼돈을 터키에서의 며칠 간으로 직접 체득하고 돌아와, 아직 그 혼돈이 정체성인 세계에서 벗어나지 못하고 있다. (2004)

*오르한 파묵은 2006년 노벨문학상을 수상했다. 대담에 나선 박영한은 그에 두 달 앞서 위암 재발로 세상을 등졌다. 이 책 제3부 첫 글「한국인 첫 노벨문학상 수상작가 점치기」참조.

1990년대 남북한 정세와 통일지향의 소설문학

1. 1990년대 정세와 남북한 소설

　1945년 해방을 맞으면서 시작된 한반도의 남북한 분열은 1950년 발발된 6·25라는 동족상잔이 휴전으로 마감된 것을 기점으로 장기화되고 고착화되어 20세기 후반부를 남북 분단의 시대로 점철되게 했다. 이 동안 남북한은 세계사의 냉전 구도와 궤를 같이하면서 서로 다른 체제 아래 줄곧 전쟁 재발 가능성의 위기감을 내재시킨 가운데 소통 불가능한 적대국가로 대립해 왔다.
　통일이라는 대명제를 국시로 삼으면서도 그에 대한 실천적인 노력을 전개하지 못한 양 체제의 이율배반적인 이러한 대립 구도는 문학에서 '분단문학'이라 명명되는 특이한 문학적 양상을 이 시대의 대표적인 한 흐름으로 부각시켜 놓았다. 특히 이 점은 남한의 소설에서, 분단의 비극을 문제 삼거나 분단 이데올로기의 모순을 비판하는 양상으로 전개되어 왔다. 한편으로 북한의 소설은 분단 문제 또는 통일의식을 드러내면서 주로 남한 정권과 미국제국주의를 비판하는 내용을 두드러지게 앞세우는 특징을 보여 왔다.

    1990년을 전후한 국제 정세의 변화는 이와 같은 대립적인 남북한 체제에 일대 변화를 가져다주었다. 동구 사회주의 국가들과 소련 연방의 체제 와해, 베트남과 중국의 시장경제체제 도입 등의 사실은, 같은 사회주의 국가로서 같은 맥락에서의 경제구조 붕괴라는 위기를 겪고 있던 북한의 국제적 고립과 체제의 균열을 심화시키는 전조가 되었다. 특히 자연재해와 경제정책의 실패로 초래된 식량난은 북한 주민들의 생존권을 위협하는 상태로까지 나아갔다. 이 위기를 타개하려는 노력의 과정에서 국가적 위신의 추락과 주민들의 국가 이탈현상이 더욱 두드러졌다.

    이에 상대적으로 남한은 개발위주의 경제정책이 가져다준 우월한 사회환경을 배경으로, 그 성장과정에서 문제시된 '한국적 자본주의'의 혼란을 한편에서 심각하게 앓으면서도, 대북관계에 있어서 기존의 체제적 이념 중심의 적대적이고 대립적인 자세에서 보다 경제적 현실을 중시하는 포용적이고 유화적인 자세로 탈바꿈해 갔다. 중국식 경제특구로 설치된 북한 내 나진, 선봉지구로의 인력기술력 파견, 남한 경제인의 군사분계선을 통한 북한 방문, 북한 외의 사람들의 금강산 관광을 목적으로 하는 유람선의 설치 운행 등은 그 부산물이었다. 그 외에도 국제적인 기관을 통해서, 기업적인 차원에서, 문화 교류차원에서, 기타 개인적인 목적으로 북한을 방문하고 돌아오는 사람들이 눈에 띄게 늘어났다.

    이처럼 1990년을 전후해 남북은 서로간에 공식·비공식의 교류 창구를 마련하면서 비교적 우호적인 관계 설정에 노력을 경주하게 되었다. 서로 대립적이고 배타적이던 남북 분단 시대를 대표하는 양식이던 '분단문학' 또한 이 시기에 와서 면모가 달라져 있었다. 지금 남북은 다시 서로 알 수 없는 '냉전'을 겪고 있지만, 세계사적 흐름으로 볼 때 남북의 화합은 역사적 귀결이라 할 수 있을 것이다. 따라서 우리의 분단문학은 이미 화합의 문학이요, 통일의 문학으로 나아갈 수밖에 없다. 그 가능성을 우리는 1990년 전후의 소설에서 구체적으로 만날 수 있다. 분단 장벽의 균열과 각 체제 내의 변화를 몸소 겪어내면서 새로운 세기를 맞게 된 1990년 전후 남북한의 소설에 나타난 분단문제와 통일지향 의식의 양태를 살펴봄으로써, '분단에서 통일로'의 기치를 실제적인 문학적 논의의 현장에서 세우고자 한다.

2. 이질성의 확인과 그 극복 문제

1990년대의 세계사의 변동을 거칠게 요약하면, 사회주의 국가들의 체제적 와해와 미국을 비롯한 선진 자본주의 국가들의 세계 시장 선점화라는 말로 표현할 수 있을 것이다. 그 변동은 남북한의 체제 변화는 말할 것도 없고, 당연하게도 문학에 대한 가치관의 변화 또한 초래했다. 냉전시대로 말해지는 이전의 20세기 중후반 한국소설을 대표하던 분단문학의 변화도 우리는 어렵지 않게 목도할 수 있다.

분단문학에 나타난 무엇보다 큰 변화는 문학사적인 것이다. 분단으로 피해를 입은 구체적인 가족 환경을 밑그림에 두면서 분단이 낳은 상처와 모순을 짚어 가는 소설이 주류를 이루던 분단문학이 한국문학의 중추적 지위를 누린 것에 비하면, 1990년대 들어서는 그러한 분단문학의 주제가 문학적 관심의 중심에서 벗어났다고 볼 수 있다. 즉, '분단에서 통일로' 가는 시대변화 도중에서 분단문학 시대의 주제가 퇴색되면서 그 자리를 대신할 것으로 예견된 '통일'이라는 주제가 문학적 중심 담론에서 함께 퇴색되어 버렸다는 얘기다. 이는, 흔히 '거대담론의 퇴조' 현상이라고 설명되는 세계 자본주의 체제 내의 문예학적 변동과 같은 맥락에서 설명되는바, 한국문학에서는 분단문학에서 다루어지던 분단의 비극과 이데올로기적 모순이라는 주제와 동궤에서 다루어지던 정치·사회의 권력문제나 노동 모순 등등의 보다 포괄적이고 사회 공통의 명분론적인 문제들이 함께 퇴색해 버린 현상으로 대변된다.

그러는 중에도, 이러한 분단체제의 변화를 구체적인 삶의 모습을 통해 감지해내고 있는 문학 작품들이 조금씩 늘어난 사실을 관심 있게 봐야 한다. 이들 작품에서 우선 눈에 띄는 특징은 기존의 분단문학에서 금기시된 내용이 작중에서 구체적으로 설정되어 나타난다는 점이다. 즉 남한 사람이 당국의 허가를 받지 않고는 북한 사람을 접촉할 수 없는 실증법의 제한을 넘어서는 상황설정이 당연시되는 경향을 보인다. 가령, 이문열의 「아우와의 만남」, 홍상화의 「어머니 마음」, 최윤의 「아버지 감시」, 이원규의 「강물은 바람을 안고 운다」, 이호철의 「보고드리옵니다」 등에서 주인공은 당국의 허가와는 상관없이 개인적인 경로를 통해 북한 사람을 접촉하고 있다. 「아우와의 만남」 「어머니 마음」에서는 그 만남을 계획하고 중국을 방문해서 혈육(각각 이복동생과 아버지)를 만나고 있고, 「아버지 감시」에서는 북한에서 '중공'으로 탈주해 사는 아버지를 파리로 초청해서 지내고 있으며, 또한 「강물은 바람을 안고 운다」, 「보고드리옵니다」에서는 각각 러시아와 폴란드 여행 중에 북한 주민과 접촉한 내용을 다루고 있고, 이순원의 「혜산 가는 길」에서는 압록강 접경 마을에 산다는 어머니를 만나러 간 여정을 중심 줄거리로 삼고 있다. 이는 이전 분단문학에서 북에 있는 가족 때문에 연좌제 문제로 시달리던 여러 주인공(손쉽게 김원일의 『노을』이나 이문열의 『변경』의 주인공 일가를 떠올릴 수 있겠다)을 생각하면 격세지감을 느낄 만한 대목이라 하겠다. 그러나 그 만남이 아직은 실증법적으로든 아니면 현실적으로든 얼마나 큰 위기감 속에서 이루어지는 일인가는 북한에 인접해 있는 러시아의 한 역에서 우연히 북한인 벌목공 일단을 발견하고 도망치듯 뛰어나온 한 인물의 다음과 같은 대사에서 잘 엿볼 수 있다.

> 대합실로 들어갔는데 바닥에 응기중기 앉아 있던 사람들이 일제히 일어나 둘러쌌어요. 마흔 명쯤 될 거예요. 옷차림을 보고 우리 동포들이라는 걸 알아차리고 가슴이 두근거리는데 한 사람이 퉁명스럽게 물었어요. 당신 일본 사람이야, 조선 사람이야? 하고 말이에요. 나는 얼결에 조선사람이에요, 하고 대답하고는 냅다 달려나왔어요. 소변이고 뭐고 싹 잊어버렸다구요.(……)
> ―「강물은 바람을 안고 운다」

또는 「혜산 가는 길」에서 상봉을 꿈꾸며 먼 길을 찾아온 주인공에게 강 건너편 어머니는 끝내 모습을 드러내지 않고 "강 건너 가족들을 생각한다면 그만 돌아가거라"라는 말만 전해 듣는다.

이처럼 1990년대 남북한 상봉을 다룬 소설들은 적대국가간의 불법적인 민간교류를 문제삼는 창작적 모험을 노정하고 있다. 따라서 이들 소설들에는 다른 소설들에 비해, 남북한과 제3국을 함께 체험한 주인공이 활약하는 공간적 입체성과 그런 주인공을 서로 만나게 하는 창작 방법론상의 기교가 특징적으로 드러난다.

다음으로는 주제적 측면이 되겠는데, 이들 작품들은 주로 그러한 만남이나 상봉을 통해 이산의 아픔 또는 분단의 비극을 재현하면서 궁극적으로는 분단 이후 이질화된 삶을 어떻게 통합할 것인가를 문제 삼고 있다. 즉 기존 분단문학에서는 분단의 비극 또는 그 비극을 낳게 한 분단 이데올로기에 대한 비판이 주제였다면 이들 소설들은 그것보다는 더 나아가 분단으로 헤어져 산 사람들이 어떻게 다시 만나 하나를 이룰 수 있는가에 초점을 두고 있다는 얘기다.

가령, 「어머니 마음」에서, 월북 이후 재혼해서 살아온 아버지를 만나러 가게 된 '나'가 무엇보다 신경 쓰는 일은 바로 어머니의 태도다. 어머니는 아버지를 만나러 가려는 아들에게 "그노무 영감, 내 신세도 망쳐 놓더니 이제는 아들 신세까지 망칠라카는구나." 하고 험담을 늘어놓는다. 어머니로서는 사상운동을 빌미로 동료 여교사와 월북해서 살림을 차린 아버지를 받아들일 수 없었던 것이다. 그 어머니도 실은 혼자서 아들을 키우면서 험한 인생경로를 걸어온 처지다. 이들이 진정으로 마음을 열고 만날 수 있는 길은 어디에 있을까. 작가는 주인공 '나'의 입을 빌려 그 만남의 장은 "세 식구가 한자리에 모인 데서 아버지가 어머니에게 용서를 구하고 어머니는 아버지를 용서하는" 것에서 마련된다고 말한다.

「강물은 바람은 안고 운다」에서 남북한 사람들은 서로 닫힌 마음을 조금씩 열어가면서 민족적 일체감을 확인해 간다. 여기에 남한 사람의 상업적인 자본주의 논리가 개입되면서 소설적 긴장감이 고조되는데, 그러나 그것마저도 주인공의 자기 반성적인 정직한 행동으로 극복되는 것으로 마무리된다. 서로 숨김없이 정직해질 때라야 남북한은 서로 하나로 일체감을 이룰 수 있다는 주장이 제3국에서의 벌목공과의 우연한 조우라는 이색적인 줄거리 위에 펼쳐져 있는 셈이다. 이런 주제는 「보고드리옵니다」에서 처음에 서로 적대적인 관계로 설전을 벌이던 남북의 지식인 두 사람이 조금씩 마음을 열면서 일체감을 이루어가는 모습에서 선명하게 확인되는 바이기도 하다.

한편으로는 상봉에서 화합으로 이어지는 그런 과정에 얼마나 큰 장벽이 있을 수 있는지를 보여 주는 소설도 주목할 수 있겠다. 「혜산 가는 길」의 경우 아예, 그토록 꿈꾸던 모자 상봉이 아직은 엄연한 현실적 장벽을 넘지 못해 수포로 돌아가고 만다. 「아버지 감시」에서 주인공은 월북한 아버지를 만난 상태이지만, 그 상봉에 이르는 현실적인 시간 동안에 어머니가 앓다 죽는 일을 당한 처지이다. 그러고도 그 아버지는 가족을 두고 월북한 이후 남은 가족들이 겪어야 했던 고통에 대한 부채의식을 보이지 않는다. 아버지는 게다가, 여전한 사회주의 국가인 '중공'에서 살고 있으면서, 비록 몸은 북한을 탈출했지만 자기의 일생을 통해 정신적 구심점에 놓였던 '사회주의'를 포기하지 않고 있다. 이 때문에 주인공은 당혹스럽다. 서로 다른 체제 아래 살아온 사람으로서 그 정체성을 인정하지 않는다면 진정한 화합은 불가능하다는 사실을 지적하고 있는 셈이다.

이 문제는 「아우와의 만남」에 이르면 보다 분명한 뜻으로 부각된다. 남한의 한 교수가, 월북한 아버지를 대신한 이복동생을 만난다. 이복형제이지만 둘은 예상보다 더한 친밀감을 느낀다. 그러나 시간이 갈수록 조금씩 서로간의 이질성을 확인하게 되고, 둘은 다시 만날 미래에 대해 확신을 하지 못한 채로 헤어진다. 이 소설은, 민족 통일의 당위성은 혈연에 의한 원초적인 감정에서 출발하는 것이지만 그것이 반세기라는 시간 동안 서로 대척적인 체제에서 살았던 현실적 괴리를 뛰어넘을 수 있는 무소불위의 힘을 가지는 것은 아니라는, 다분히 문제제기적인 질문을 던지고 있다. 통일론을 이용해 자신의 실속을 극대화하려는 세력들이 오히려 통일 가능성을 줄이고 있는 시대를 경고하면서, 실은 우리 모두 지나친 당위론으로 감정을 앞세워 통일에 다가가는 과정에서 그런 세력에 이용당하는 처지가 된다고 경계한다.

이처럼, 남북간의 만남과 상봉을 폭넓은 시공간을 배경으로 다각적인 인적 교류 사실로 입체화하면서 진정한 통일에 전제되는 난제를 부각시키는 소설이 1990년대 남한 문학의 특징적인 면모가 되었다.

3. 1990년대 북한 소설에 나타나는 통일 지향적 면모

    북한의 역사를 설명할 때도 그렇지만, 북한의 문학을 설명함에 있어서도 가장 염두에 두어야 할 일은 주체사상을 어떻게 보고 있느냐 하는 문제다. 북한 역사에서 주체사상의 완성 시기는 1967년이었다. 수령을 정점에 두는 유일사상의 체계를 체제 내에서 전일적으로 완성하려 한 투쟁의 완결 시점이 바로 이때였고, 마땅히 문학도 예외일 수 없었다.
    이때를 기점으로, 이전까지 사회주의 체제 내의 문예이론 논쟁에서 필연적으로 부각될 수밖에 없었던 '수정주의/교조주의'의 대립은 종식된다. 따라서 이후 북한 문학의 특징적인 면모는 모두 이때에 확립된 주체사상의 문학적 형상화라는 차원에서 이해될 수밖에 없다. 가령, 1990년대 소설로 오늘 우리가 주대상으로 하고 있는 통일 문제가 이 주체사상과 어떻게 관련되어 있는지를 간단히 예를 들어 보자.

> (……) 내 눈에는 보이네. 북남으로 자유로이 오가는 사람들의 모습이 말이네. 통일의 광장에 우리 수령님을 높이 모시고 목청껏 만세를 부르는 7천만 겨레의 감격에 넘친 모습이 말이네!
>
> — 남대현, 「상봉」

    이 소설은 북한 경비정에 의해 구조된 남한의 조난 어선을 매개로 남북한의 친구가 조우하는 줄거리를 드러낸다. '수령에의 충성'을 표하는 위 인용문은 소설 결말부에서 주인공이 친구에게 하는 말인데, 실은 소설 구성상에서 필요한 대목이라 보기 어렵다.
    물론 1967년 주체사상의 확립 이후 북한의 문학이 주체사상의 천편일률적인 형상화만을 추구해왔다고는 볼 수 없다. 특히 1980년대 문학은 인민의 삶을 보다 폭넓고 다채롭게 형상화하는 가운데 소박하고 일상적인 민중을 영웅적 인물로 부각시키기도 했다. 이 시기의 성과물들이 상당수 남한의 출판 시장에 소개되는 현상이 나타난 것도 그 문학작품들이 가지는 다양성과 개성이 평가된 사례라 할 수 있다. 이러한 분위기는 1990년 들면서 다시 한 번 주체사상에 대한 각성이 제기되면서 획일화되는 경향을 보이게 된다. 여기서 접하게 되는 통일 주제 소설 역시도 그 영향권 아래 놓이면서, 위에 예든 소설에서 보듯이 통일에 대한 북한체제식 이념을 도식적으로 적용하고 있다.

한편으로 눈여겨볼 사실은, 1990년을 전후해 있었던 몇 차례의 남북한의 인적 교류가 이들 소설에서 통일에 대한 실제적 지향점을 제공하고 있다는 점이다. 이 점에서는 김명익의 「림진강」(1990)을 통해서 쉽게 확인된다. 이 소설은, 병을 고치러 임진강 남쪽으로 건너가 돌아올 수 없게 된 남편과 아들을 기다리며 휴전선 부근 강가에 그대로 남아 살고 있는 어머니에 대한 딸의 연민을 담고 있는 소설이다. 딸은 어머니를 평양으로 모시고 가서 살려고 하지만 어머니는 끝내, 통일 되는 날 아들이 찾아오면 만나리라고 기대하며 낡은 고향집을 지킨다. 그 어머니가, 고향집에서 통일을 맞겠다며 딸에게 하는 말이 이렇다.

> (……) 너도 방송에서랑 들어 알겠지만 저 남쪽에서 문익환 목사랑 황석영 분이랑 우리 북반부를 다녀가지 않았니. 그리구 어린 처녀인 림수경이와 문규현 신부도 통일을 위해 평양에 왔다가 통일을 위해 돌아갔지. 장벽이라던 군사분계선을 걸어 지나서 말이다. 그들 모두 조국해방 쉰 돐이 되는 해까지는 기어코 나라를 통일하고 분단 민족의 슬픔을 끝장내자고 하였지. 민심은 천심이라구 통일의 날은 반드시 온다.

이런 대목은 문익환·황석영·임수경·문규현 등 남한 인사의 방북 사실이 북한 사회 내에서 통일에 대한 심리적 거리를 얼마만큼 좁혀 주었나를 증명해 주는 것이라 할 만하다. 리종렬의 「산제비」는 이에 대한 더욱 선명한 사례로 떠올릴 만한 소설이다. 이 소설은 남한 여대생 임수경이 평양에서 열린 세계청년학생축전에 참가한 소식을 들은 월북시인 박세영의 처 김숙화의 남편 회상과 통일에 대한 갈망을 그리고 있는 작품이다. 늙은 몸으로 임수경의 모습을 보러 가려는 김숙화와 이를 만류하는 며느리가 나중에는 임수경 환송 인파 속에서 함께 만난다. 김숙화는 끝내 임수경의 손을 잡는다. 통일에 대한 간절한 염원은 임수경과의 손잡음으로써 현실화되는 듯한 극적인 감정이 토로되고 있다. 실화로 알려진 이 소설을 통해 박세영을 비롯한 박태원·송영 등 우리 문학사에서 거론되는 인물들을 만나게 된다. 그처럼 이 소설은 실화적인 삶 속에서 다시금 통일에의 염원이 민족 전체의 것임을 증명하고 있는 셈인데, 반면 그토록 염원하는 통일의 성사를 가로막는 여러 모순에 대해 객관적인 안목을 견지하지 못했다고 볼 수도 있다.

앞에 예든 「상봉」은 남북의 만남이 보다 입체적인 차원에서 전개되었음을 보여 주는 소설이다. 주인공은, 남한에서 살다가 아버지를 만나러 일본에 가 살다가 북한에 와서 신문사 기자가 된 재호다. 남한의 바다에서 조업 중에 조난되어 북에 머물게 된 어선 '대양호' 어부들이 남으로 떠나던 날 재호는 그 어부 중에서 어릴 때 친구 송영태를 발견한다. 송영태는 또한 이날 어릴 때부터 그토록 찾아 헤매던 북의 아버지를 만난다. 송영태 부자는 어쩔 수 없이 헤어져야 하는 처지지만, 두 부자의 상봉과 이별은 통일의 당위성을 그만큼 더 확고하게 증명한다.

림종상의 「쇠찌르레기」는 만남의 매개를 '쇠찌르레기'라는 철새로 삼았다는 점에서 흥미를 끄는 소설이다. 남북을 날아다니는 철새의 발목에 다는 '표식가락지'에 새겨진 글자로써 남북으로 흩어진 부자간의 간절한 정을 나누는 줄거리 자체가 이색적인 데다가 어느 정도의 전문가적인 체험이 얹어져 있어서 특히 주목을 요하는 작품이라고 할 수 있다. 구성도 이색적이다. 이 작품은 북한의 조류학자 원홍길 박사의 손자 창운이 월남해서 남한에서 조류학자로 활약하는 삼촌 원병후 박사에게 보내는 편지 내용을 중심 스토리로 하고 있는 액자소설이다. 그 편지를 창운이 자기가 초청한 친구인 '나'에게 소개하면서 3대에 걸친 조류학자 일가의 이산과 상봉에 대한 열망을 드러내 보여준다. 이처럼 탄력적인 구성과 내용을 가진 이 소설이 한편으로는 여전히 도식적인 통일 지향의식을 드러내고 있다는 점도 다시 되새길 만하다.

이어, 주제의 기계적인 대입, 현실적 조건을 고려하지 않은 통일 지향적 감정 토로, 전형화된 등장인물의 성격, 도식적이고 평면적인 구성 등등 여전한 한계를 확인하면서, 1990년대 북한 소설이 지닌 새로운 변화 가능성에 대해서도 함께 엿볼 수도 있겠다. 무엇보다 1990년을 전후한 남한 인사들의 방북 사건이 소재적인 평면성을 극복하게 한 예에서 보듯이, 이후 더욱 다채로워지고 있는 남북한 사람들의 직접적인 접촉이 북한 소설의 방법론적 새로움을 가져다 줄 수도 있을 것이다.

4. 그 밖의 통일 주제 소설과 이 시대 남은 문제

1990년대 후반 들어 남한의 통일 주제 소설에는 탈북자의 삶을 다루고 있는 작품들이 있다. 대표적으로 정을병의 「남과 북 – 그 흘러가는 이야기들」을 들 수 있다. 이 소설에는 조총련계로서 일본에서 주체사상을 강의한 황동희 박사, 의사 출신 탈북자 김윤복 여사, 북조선 망명정부 의장 방소환, 북한의 외화벌이 무역사업을 하던 임영태 등등의 북한 출신자들이 등장한다. 작가는 그들의 입을 빌려 북한의 폐쇄주의와 남한 사회 전반에 팽배한 지극한 자기중심주의가 통일의 가장 큰 장벽임을 지적하는데, 그것이 직접 북한과 남한을 경험한 사람들의 체험적인 교훈이라는 점에서 남다른 주목을 요한다. 이 연장선에서 김지수의 「무거운 생」, 박덕규의 「노루사냥」, 「함께 있어도 외로움에 떠는 당신들」 등 일명 '탈북자 소설'을 접할 수 있다. 이들 소설에서 탈북해서 남한에 온 사람들이 극심한 차별을 겪는 등 여러 형태의 갈등을 경험하는 모습은, 장차 자본주의의 논리로 폐쇄된 북한의 장벽을 뚫어갈 가능성이 큰 남한 사회에 자기 성찰의 계기를 촉구하는 문학적 형상화의 한 예라고 볼 수도 있겠다. 하지만, 날이 갈수록 '분단'이 아닌 '통일' 문제가 국가적인 차원을 넘어 세계적인 주제로 부각되고 있음에도 불구하고, 남한에서도 북한에서도 통일 문제에 관한 문학적 노력은 여전히 부족하다고 할 수 있다.

한편으로 보면 이 문제가 결코 지엽적인 것이 아니라 그만큼 삶의 여러 문제들, 세계사 변동의 여러 문제와 결부되어 있음을 반증하는 일이기도 하다. 문학이 꼭 이 사회 공통적인 문제만을 추수해야 한다고 볼 수도 없다. 하지만 다시금 고려해 보자. 남북 분단의 시대에 그 분단의 핵심적인 내용을 주제로 삼은 분단문학이 한국문학의 중심에서 줄곧 논의되어 왔다. 그 반면, 고착되어 있던 분단을 논의하던 시대에서 이제 남과 북은 어떻게 만나고 어떻게 합할 것인가 하는 것이 남한의 대북한 교류의 실질적인 관계 설정으로 자리매김되어 있는 이 시대, 우리의 문학 역시도 나아가 분단의 문제에서 마땅히 통일의 문제를 표현하고 논의할 시점임에 분명하다. 오늘날 통일을 논의하게 된 지점에 이르러 이 새로운 분단 체제를 문제 삼은 문학 작품들이 문화중심권의 논의에서 주요 주제가 되지 않고 있다. 문학이 시대적 삶을 형상화함으로써 그 시대를 증명하고 미래를 예비하도록 촉구하는 기능을 가진 것이라면, 최근 분단

문학에서 마땅히 통일문학의 단계로 넘어가는 변동과 격동의 시간을 면밀히 추적하는 작품들이 거듭 등장해야 한다. 1990년을 전후한 시기의 남북한의 분단 소재 소설들은 바로 그 변화의 현장을 추적하고 반영해, 여전한 남북 대치 상황에서 화합을 향해 세계사적 걸음을 바쁘게 걸어가면서도 그 사실을 수용하지 못하고 있는 한국소설계의 성찰의 거울로 자리하고 있다. (1999)

*이 글에서 소개하는 남북한 작품은 김재홍·홍용희 엮음, 『그날이 오늘이라면: 통일시대의 남북한 문학』(청동거울, 1999)을 참조함.

개발독재기의 한국소설의 표정
— 1970년대 소설을 중심으로

1. 자본주의의 본격 형성과 근대소설의 융성

　제2차 세계대전 직후에 독립한 여러 신흥국가들이 오랜 식민지 지배로 낙후된 나라 살림을 단기간에 회복하기 위해 강력한 국가권력으로 공업화를 기저로 하는 근대화에 박차를 가해 일정 정도 성과를 올린 사례가 있다. 이때의 통치체제를 일컬어 흔히들 '개발독재'라 칭하곤 한다. 한국도 1960년대부터 이와 같은 개발독재형 경제개발정책을 추진해온 나라다. 1970년대에 들어선 군사정권은 더욱 강력한 국가 중심주의 체제를 구축해 나간다. 1972년 '조국의 평화적 통일 지향, 민주주의 토착화, 실질적인 경제적 평등을 이룩하기 위한 자유경제 질서 확립, 자유와 평화수호의 재확인' 등을 명분으로 내세워 장기 집권체제를 구축한 이른바 '10월 유신'은 그 확연한 실체다. 남북이 군사적으로 대치하고 있는 휴전 상황에서 경제부흥과 체제 질서 확립을 꾀해 평화통일을 이루겠다는 대의명분은 국가 주도형 근대화의 선례를 보인 다른 신흥국가의 개발독재

체제에 비해 더욱 완전하고 총체적인 권력을 필요로 하는 것이었다. 이에 따라 1970년대 한국의 유신정권은 초법적인 독재권력으로 급진적인 경제발전을 꾀해 국가의 현재와 미래를 책임지겠다고 나섰고, 국민들은 국민투표로 이를 묵인했다.

실제로 한국 사회는 1970년대에 이르러 뚜렷하게 경제성장을 해왔고, 이후 세대에도 그 성장 속도를 늦추게 하지 못할 만큼의 추동력을 제공해 왔다. 그러나 그 이면에서 생산과 수입으로 얻은 자본의 불균등한 배분으로 많은 소외계층들이 생겨나면서 심각한 사회문제가 파생되었다. 또한 체제 이데올로기의 폭력에 따른 희생의 범위가 점점 확장되면서 사회 각층에서 반체제적인 언동이 분출되기에 이르렀다. 이후, 간극을 메울 수 없는 빈부 격차, 극도로 팽배해진 물신주의와 출세주의, 장기 집권의 용도로 바쳐지면서 가치가 희석된 반공 이데올로기, 체제 유지 차원에서 다각적으로 폭력을 자행해온 공권력에 대한 불신 등등 우리 사회의 중심적인 갈등과 혼란의 주원인이 바로 이 한국형 개발독재에 있다는 주장이 근거 있게 받아들여지고 있다.

근대소설의 배경에는 서유럽의 산업혁명기가 자리해 있다. 이백 년 가까이 진행되어온 산업혁명기를 거치면서 자본주의가 정착되고 그 모순 또한 확연해지는 동안 서양 근대소설은 질과 양에서 빛나는 업적을 이루었다고 평가된다. 한국 사회에서 가장 급진적으로 산업화를 성취하고 그 덕분으로 자본주의 체제가 나름대로 구축되었으며 그 이면에서 갖가지 자본주의적인 모순과 병폐가 배태된 한국적 산업혁명기는 바로 1970년대라 할 수 있다. 이 무렵 극심한 시대변화 속에 생산과 소비가 다각적으로 이루어져 풍요에 대한 욕망이 증폭되었고, 또 그만큼 풍요로부터의 소외라는 사회 문제가 대두되기도 했다. 그러면서도 아직 영상문화가 보편화되지 않았고 근대화를 가능하게 했던 과학과 이성을 문자에 담아 훌륭한 담론으로 탈바꿈시킬 수 있었던 이 시기에 1970년대 한국소설이 자리한다. 1970년대는 한국 자본주의의 형성기이자 한국 근대소설의 융성기였다.

2. 산업화, 그 그늘에 서서

소설이 당대의 현실을 직시한다는 정신은 리얼리즘의 정신이자, 나아가 소설 그 자체의 정신이다. 1970년대 한국소설은 전시대로부터 시작된 산업화의 속도에 채찍질을 해대며 당대 사람의 삶과 꿈, 욕망과 절망, 불편과 갈등을 담아낸다. 급진적인 경제개발 정책에 따라 농촌사회는 와해의 길을 걷게 되고, 농촌을 벗어난 사람들이 모여들어 일을 하고 돈을 받고 먹고 살게 되는 도시는 날로 비대해져 가는데, 그 도시에 와서 사는 사람들은 정작 제 삶의 중심이 어디에 있는지 알지 못한다.

황석영의 「객지」의 이동혁은 건설 현장에서 잔뼈가 굵어진 노동자다. 산업화가 있는 곳에 그가 있었다. 그러나 그가 건설에 참여한 건물이나 공장은 그에게 방 한칸 내어 주는 법이 없다. 그가 이제 가 닿은 곳은 바닷가 간척지 공사 현장이다. 바다나 호수의 둘레를 막아 그 안에 물을 빼내 땅을 만드는 게 간척이니, 이는 좁은 국토에 새로운 육지가 생겨나는 신비한 근대기술이 아닐 수 없다. 이동혁은 근대화의 첨병으로 근대기술이 발휘되는 그곳에 가 있다. 하지만 그곳은 듣던 것과는 달리 임금 착취가 심하다. 일하다 부상을 당해도 제대로 보상을 받지 못한다. 노동자들의 불만을 회사 측에서는 깡패들로 감독조를 구성해 탄압한다. 이동혁은 동료와 쟁의를 준비하지만, 회사 측의 회유와 억압으로 이는 와해되고 동혁 혼자 극단적인 행동으로 맞설 궁리를 한다. 소설은 그 뒷얘기를 들려주지 않는데, 결과는 '뻔할 뻔 자'다. 사회학에서는 「객지」의 이 동혁처럼 생산의 주체이면서 생산이 가져다주는 이익에서 소외된 사람을 일컬어 민중이라고 지칭하는바, 문학계에서는 그들 민중 계층의 실상을 직시하고 그들을 옹호하는 태도를 견지하는 문학작품을 민중문학이라 이름한 바 있다. 산업화 시대의 삶의 실상을 담는 데 주력한 1970년대 한국소설은 그 한자리를 민중문학을 위해 비워 놓고 있었고, 그 한가운데 단편 「삼포 가는 길」「장사의 꿈」「섬섬옥수」 등으로 민중계층에 대한 사랑과 신뢰를 담아 보인 황석영을 놓아두었다.

산업화의 동력이면서도 자본의 배분에서 소외된 계층의 사람들로는 황석영 소설의 뜨내기 노동자뿐 아니라, 도시의 부랑 잡부(김주영, 「도둑 견습」), 노점상(신상웅, 「쓰지 않은 이야기」), 직장 부적응자(윤흥길, 「아홉 켤레 구두로 남은 사내」), 작부(조선작, 「영자의 전성시대」), 철거민(조세희, 「난장이가 쏘아올린 작은 공」), 일용직 노동자(조해일, 「매일 죽는 사람」) 등으로 그 범위가 실로 넓고 직업도 다양하다. 1970년대 소설은 바로 이 같은 계층을 담아 산업화의 이면에서 뿌리 뽑힌 채 부랑하는 삶을 그려낸다. 이 작품들은 그들의 삶을 자본주의 사회의 영악한 세태와 인간성 상실에 대한 비판, 무지한 자의 변치 않는 인간미에 대한 옹호, 못 가진 자에 대한 가진 자의 자기 반성 등 다양한 관점으로 표현해 냄으로써 한국 리얼리즘 소설의 한 축을 마련할 수 있게 된다. 그 총체적인 지점에 조세희의 「난장이가 쏘아올린 작은 공」 연작이 있다.

「난장이가 쏘아올린 작은 공」은 아버지가 난쟁이인 궁핍한 한 가족이 겪는 처참한 하층민 생활을 큰아들 영수, 작은아들 영호, 딸 영희를 차례로 중심인물로 내세워 그리고 있다. '낙원구 행복동'의 지옥 같은 삶은 철거계고장이 날아들면서 집조차 없는 삶으로 끝장날 판이 되고, 남은 것은 입주권뿐이다. 남매는 학교를 그만두고 공장에 다니게 된다. 영희는 입주권을 산 부자 사내 집에 들어가 동거를 하게 된다. 영희가 사내 집 금고에서 입주권을 꺼내 돌아왔을 때 아버지가 벽돌공장 굴뚝에서 떨어져 죽은 것을 알게 된다. 영희는 큰오빠인 영수에게 이렇게 말한다. "아버지를 난쟁이라고 부르는 악당은 죽여 버려."

근대화를 통해 낙원을 안겨주겠다는 한국형 자본주의 정책의 허상은 이 소설의 다채로운 서사 전략 아래 낱낱이 고발되고 있다. 난쟁이는 노예의 후손으로 평생을 번듯한 일자리를 얻지 못한 채 도시를 부랑하며 노동으로 살아왔다. 그가 병들고 집이 철거되어 집도 없고 돈도 없이 살아야 할 가족들에게 이 사회는 조금만큼의 희망도 주지 않는다. 영수의 여자 친구 명희가 다방 종업원, 버스 안내양, 골프장 캐디 순으로 직업을 전전하다가 음독자살한 사례에서 보듯이, 그들 앞에는 전락의 길밖에는 열린 것이 없다. 근대화의 그늘에서 도시의 벼랑 끝으로 몰린 이들을 통해 산업화 시대의 빈부 격차, 극단적으로 열악한 주거 환경, 풀리지 않는 노동모순 등을 고발하는 이 소설은 그러나 정통 리얼리즘 소설의 면모를 취하고 있지 않아서 더욱 영향력이 컸다. 감각적이고 간결한 문체, 반복과 생략을 통한 서술법, 동화적 상상력의 활용, 화두를 던지는 듯한 철학적 명제의 제기 등등 다분히 반리얼리즘적인 요소가 이 소설이 지향하는 리얼리즘 정신과 만나면서 1970년대 소설의 폭을 한층 두텁게 해주었다.

한편, 이러한 산업화 과정에서 거의 주목을 받지 못한 채 와해되는 계층이 바로 농민들이다. 이문구의 「만고강산」, 「화무십일」 등 「관촌수필」 연작은 산업화되면서 훼손된 고향 '관촌'의 왕소나무를 내세워 극심한 세태 변화 속에서 그 정체성을 상실해 가고 있는 농촌의 현실을 상징적으로 그려내고 있다.

3. 분단 고착과 그 너머의 역사

6·25 동란 이후 남북 분단의 골은 날로 그 깊이를 더해갔다. 통일이라는 민족의 대명제는 안보를 위해 반공을 국시로 하는 국가 체제에서 실제적인 논의 대상에서 제외될 수밖에 없었다. 해방 직후 남한 단독 정부 수립을 관철시킨 바 있는 이승만 정권과 4·19 혁명 이후의 혼란을 역시 국가 안보를 내세워 쿠데타로 진압한 군사정부의 장기집권으로 분단 고착은 거스를 수 없는 대세가 되어갔다. 그러는 동안 분단의 상처와 후유증은 점점 부피를 더해 가면서 한국문학에서 빼놓을 수 없는 주제로 부각되었다.

김원일의 「어둠의 혼」이나 윤흥길의 「장마」 등은 남북의 대립으로 가족이 희생된 집안의 어린아이를 주인공으로 내세워 분단의 현재적 의미를 묻고 있는 소설이다. 「어둠의 혼」은 '빨갱이 짓'을 한 아버지가 총살당하는 날 하루 동안을 배경으로 혹독한 배고픔을 겪으면서 남은 미래를 걱정하는 아들의 심리적 갈등과 혼란을 그려내고 있다. 「장마」는 좌익과 우익으로 나뉜 외가와 친가의 갈등을 한 집에서 겪어내고 있는 소년에게 목도된 좌와 우의 대립과 그 화해가 그려진다. 이러한 소설들은 비록 6·25를 총체적 시각에서 담아내지 못했다 하더라도 전에 없이 당당하게 '빨갱이 가족사'를 드러내 객관적이고 사실적으로 이데올로기 문제로 폐해를 당한 당대의 삶을 그려냈다는 평가를 받는다. 한편, 어린 주인공(또는 화자)을 설정함으로써 이념에 대한 객관적 거리를 유지하는 이들 소설의 작법은 이후 우리 소설사의 한 특징으로 자리잡기도 했다.

분단 고착화 정책 아래 은폐된 역사와 삶의 실체는 1970년대 작가들에 의해 그 모습을 다채롭게 드러내게 된다. 가령, 현기영의 「순이삼촌」,

「도령마루 까마귀」 등은 제주도 4·3사건 피해자의 돌이킬 수 없는 상처가 살아남은 사람들의 원죄로 그려진다. 이청준의 「소문의 벽」에서 그 원죄는 작중 인물 박준의 정신병으로 나타난다. 박준이 악몽처럼 기억하고 있는 것은, 6·25때 빨치산 출몰 지에서 좌나 우의 선택을 강요받던 처절한 경험이다. 그의 병은 분열과 대립이 심화된 분단 체제의 모순을 각성케 하는 상징적 실체다. 이 병은 박완서의 「겨울 나들이」에서 치매 노파의 거듭되는 '도리질'로 나타난다. 전상국은 「아베의 가족」에서 6·25 전란 통에 태어난 말 못하는 혼혈아 형 아베를 내세워 다시금 아프게 분단의 모순을 직시하게 만든다. 오영수는 「새」에서 그 모순을 아예 남북으로 갈린 조류학자 부자의 '새를 통한 상봉기'라는 실화를 차용해 담아낸다.

분단을 바라보는 시각이 이처럼 다채로워지고 폭넓어지면서 한국소설은 한국의 근대화 과정 전체를 문제 삼는 지점까지 그 소재적 주제적 영역을 확장해 갔다. 김용성의 「홰나무 소리」는 일제 강점기와 분단, 그리고 근대화 과정 속에서 삶의 진정성을 잃어가는 세태를 반성하게 한다. 전상국의 「우상의 눈물」은 기성세대의 질서에 매몰되는 야성을 통해 분단 이데올로기로 대표되는 전체주의적 체제를 고발한다. 김정한의 「산거족」은 여전히 권력을 잡고 근대화를 추진하고 있는 반역사적 권력층에 대한 민중의 저항을 담고 있다. 유금호는 「만적」에서 역사 속의 인물을 통해 집권자의 폭력성을 고발하고 차별 없는 세상을 꿈꾼다. 이제하의 「초식」은 한 상습적인 국회의원 출마자를 중심으로 빚어지는 우스꽝스러운 권력 지상주의의 양태를 풍자한다. 황순원의 「숫자풀이」는 4·19에 동참하지 못한 자책감에 시달리는 한 창백한 청년의 내면을 그리면서 개인의 내면 공간을 허용치 않는 집단 이데올로기의 폭력성을 알레고리적으로 드러내준다.

단편적이지만 역사적 실체에 대한 이러한 다양한 접근은 보다 총체적인 양식인 장편소설을 낳게 하는 밑거름이 되었다. 박경리의 대하소설 『토지』가 집필되기 시작한 것이 이 시기이며, 분단을 매개로 한 김원일 문학의 첫 봉우리에 이른 장편소설 『노을』, 20세기 후반기 역사소설의 중심에 선 황석영의 대하소설 『장길산』, 6·25를 거시적으로 다룬 가장 최초의 소설이라는 평가를 받는 홍성원의 『남과 북』 등이 큰 반향을 불러일으킨 것이 또한 이 시기이다.

4. 화려한 소설시대, 그 미완의 빈자리

한편으로 근대화와 도시화가 일구어 놓은 화려한 소비문화를 반영하는 데 주력함으로써 한국소설을 자본주의의 두드러진 소비품목으로 바꾸어놓는 데 기여했다는 점도 1970년대 소설의 빼놓을 수 없는 특징이다. 최인호의 『별들의 고향』, 조해일의 『겨울 여자』 등의 일간지 연재소설들은 연재되는 동안에 이미 신문 판매부수를 신장시키는 데 혁혁한 공을 세우고 그 인기를 단행본 출간으로 이어간 베스트셀러들이다. 조선작, 송영, 김홍신, 한수산, 박범신 등의 작가들은 이 계보를 1980년대로까지 이어가 화려한 소설시대의 산맥을 이루었다.

그러한 소설들의 대중 친화적 감수성은 문학의 통속성을 유발해 독자들의 심미안을 마비시키는 무기가 되기도 했지만, 반면에 현대사회의 병폐와 개인의 소외 문제를 짚어내는 예민한 감성과 만나 의미있게 빛을 발하기도 했다. 예를 들어, 자본주의화된 삶의 약삭빠른 세태를 세속적인 일상의 화법으로 드러내고 있는 박완서의 「지렁이 울음소리」, 가족

관계마저 기계적 관계로 돌변해 있는 현대사회의 물신화 상태를 알레고리적으로 묘사하고 있는 최인호의 「타인의 방」, 궁핍한 시대를 하루살이 같은 삶으로 견뎌내는 주변부 인물의 일상을 냉철하게 묘사하고 있는 조해일의 「매일 죽는 사람」, 망한 집안 육 남매의 장남과 결혼한 중산층 여대생 출신 며느리의 어쩔 수 없는 소시민화 과정을 보여 주고 있는 이순의 「병어회」 등은 다양한 사람들이 다양한 계층, 다양한 삶의 공간에서 제각기 발붙이고 살면서 아등바등 살아가는 일상을 담아 내 현실을 담아내는 그릇으로서의 소설의 기능을 충족시켰다.

한수산의 「4월의 끝」이나 박기동의 「아버지의 바다에 은빛 고기떼」 등에서 사건을 거두절미한 생략과 상징적 비유의 빈번한 활용을 수반한 '반짝이는 비늘' 같은 감각적인 문체도 1970년대 소설 미학을 확장시킨 요소가 된다. 이 점, 개인과 사회의 단절된 관계 속에서 자기 정체성을 상실한 여성을 주인공으로 집요한 자아 탐색 과정을 보여주는 오정희의 「저녁의 게임」에 오면 소설문학으로 산문미학의 한 경지에 도달했다는 느낌마저 갖게 한다. 이후 오정희 문학은 1980~90년대 후배 작가들의 문장 수업에서 빼놓을 수 없는 교과서가 되었다. 한국인이 내면에 오래 숨겨둔 상처의 층을 헤집는 듯한 박상륭의 장편 『죽음의 한 연구』나, 한승원의 「해신의 늪」을 비롯한 일련의 갯가 소설의 중후한 원형 탐색, 이청준의 「가면의 꿈」과 같은 현대인에 대한 사회·병리학적 해석 등도 1970년대 소설의 자랑이 아닐 수 없다.

혼탁한 사회 현실에 때묻지 않고 살려다 쓰러져 가는 개인의 피묻은 인생행로를 담은 최창학의 「형(刑)」, 때묻지 않은 인간 본성이 이끄는 자리에서 자기 존재를 확인할 수 있었던 한 순결한 영혼을 떠올리는 천승세의 「혜자의 눈꽃」, 격동의 시대나 세태 변화와는 무관한 자리에도 그 빛을 발하는 사랑의 아름다움을 조명하는 구인환의 「산정의 신화」 등 1970년대 소설은 그 층위가 다양하고 그 영역 또한 넓다. 다시 한 번 결정론적으로 말한다면 한국 사회에 일찍이 없었던 산업화가 결국은 소설 장르를 유례없이 융성하게 했다고 볼 수 있다. 질적인 면에서 그리고 지성 사회에 대한 영향력이며 대중사회의 반향이라는 면에서 뭐니뭐니 해도 1970년대는 화려한 소설시대였다.

그러나 1970년대 소설은 그 나름의 한계점을 가지고 있다. 무엇보다 그 뛰어난 한국소설들의 상당수가 단편소설의 범주에 머물러 있었다. 우리가 어쩔 수 없이 근대소설의 모델을 산업혁명기를 거치는 서구 사회에 찾았거니와 그때의 소설은 단편이기보다 주로 장편이었다. 그게 산업사회의 요구였고 당대 미학, 즉 리얼리즘의 요구였다. 1970년대 한국소설은 그 요구에 답을 했으되, 그것이 주로 응집력이 강하고 상징성이 두드러진 단편소설식 답이었다. 그렇다면 한국의 산업화 시대라는 배경 속에서 융성해진 한국소설들은 진정으로 근대소설다운 양식을 만들지 못했다는 말도 성립한다. 그런 점에서 1970년대는 미흡한 대로나마 단편소설 양식에 벗어나 보다 총체적이고 다면적인 서사 양식을 확보하려고 애쓴 시기이기도 하다. 이를테면 조세희의 「난장이가 쏘아올린 작은 공」이나 이문구의 「관촌수필」, 윤흥길의 「아홉 켤레 구두로 남은 사내」 등은 그 자체로 단편적인 소설이면서 각각 다른 연작으로 이어지면서 총체성을 확보한 예에 속한다. 장편에 이르지는 못할지라도 중후한 무게감이 느껴지는 중편소설들이 자주 등장한 때도 이때다. 소설은 이제 현실을 담아낼 더 객관적이고 총체적인 양식을 필요로 하고 있었으니, 이것이 중편, 연작, 장편, 대하 등의 이름이 붙는 다음 시대의 수많은 소설들을 가능하게 한 미완의 빈자리였다. (2009)

역사적 필연을 말하는 당당한 통속
— 이병주의 「삐에로와 국화」를 내가 다시 읽는 이유

1.

　전집 30권 말고도, 수십 권을 더 보태 정리해야 할 이병주의 소설 중에서 내가 읽었다고 말할 수 있는 게 몇 편이나 될까. 원래 다독가가 못 되어서도 그렇지만, 그나마 적잖이 읽었을 법한 소설마저도 삼십 년 가까이 문학판에서 이런저런 작품을 거명하며 지내면서도 한 번도 이병주를 논한 적이 없는 터라 좀처럼 기억의 표층으로 불러낼 기회가 없었다고도 할 수 있다. 대학 시절 한때 대하소설 『산하』에 심취하던 일, 조선일보 연재소설 『바람과 구름과 비』에서 최천중의 기이한 행적을 쫓아 상상해 보던 일, 대하소설 『지리산』과 이태의 수기 『남부군』을 서로 견주어 따져 보던 일 등이 가끔 지난 시절의 독서 경험으로 떠오르기는 한다. 그런 중, 이병주의 소설 중에서 유난히 오래도록 내 의식에 머물며 상기되는 작품이 있다. 바로 중편 「삐에로와 국화」다.
　이 작품은 내 기억으로 1976년에 『한국문학』에 발표되었다. 표제작으로 이 제목이 쓰인 단행본 창작집이 1977년 발간본으로 검색되고 있는 걸 보면 1977년 작품이 아닌가 싶지만, 나는 분명히 1976년이라고 기억한다. 더 찾아보고 정확한 연도를 밝힐 수도 있지만, 여기쯤에서 조사를 중단한 건 그 연도가 중요하지 않기 때문이다. 그보다 더 중요한 건 나와 이 소설의 관계를 말하는 일이다. 1977년 이 땅에 아주 기념적인 문학상이 탄생해 주목을 끌게 되는데 그게 이상문학상이고, 첫 해 수상작은 김승옥의 「서울의 달빛 0장」이다. 그런데 내가 그 전 해에 흥미진진하게 읽은 「삐에로와 국화」는 이 문학상의 후보에 오르지 못했다. 당시 한국문학계를 제법 안다고 떠벌리곤 하던 작가지망 고교생인 나는 "도대체가 이런 작품을 빼놓고 문학상을 논하다니 말이 되는가!" 하고 통탄한 바 있다.

2.

「삐에로와 국화」는 남파되었다가 체포된 간첩이 극형을 면할 수 있었음에도 불구하고, 도와주려는 국선 변호인의 호의조차 거절한 채 형장의 이슬로 사라지는 얘기를 담고 있다. 그때 분단소재 문학이 어떻게 형성되어 왔고 또 어떻게 형성되고 있는 중인지 잘 모르는 나였지만, 이 소설의 분단 문제는 내가 어렴풋이 알고 있던 것과는 아주 달랐다. 오히려 다른 작가의 분단소재 소설보다 더 '반공적인 내용'인데도, 남과 북의 사정을 넘나들며 그 사이에서 기댈 데가 없어 죽음밖에 택할 길이 없는 간첩의 내면을 훌륭하게 표현해 내고 있었다. 사실 그때 나는 최인훈의

『광장』도 읽지 않고 있었으니 분단문학이니 뭐니 말할 계제도 아니었다.

그래도 나는 왠지 모르지만, 분단 문제를 이전부터 남한에 살다 6·25와 분단을 맞았거나 이북 생활을 피해 월남해서 남한에 살게 된 사람들의 이야기로만 다루는 것에 갑갑함을 느끼고 있었던 게 틀림없다. 게다가 그런 소설들이 지나치게 개인사 중심으로 분단을 상징하는 방법을 즐기고 있는 데 아쉬움을 느끼고 있었던 모양이다. 「삐에로와 국화」가 어쨌든 그런 작품들과는 달리 거침없이 북의 숙청, 남의 간첩 재판 얘기를 풀어놓고 있었던 것이 나를 매료시킨 이유가 된 듯도 하다.

소재적으로 월북 체험이 제법 다뤄지는 최인훈의 『광장』을 접한 게 대학에 입학해서였다. 이어 황순원의 장편 『카인의 후예』에서 북한을 무대로 펼쳐지는 주민들의 분단 조짐을 흥미롭게 다시 읽었다. 그 몇 년 뒤엔 이문열의 『영웅시대』에서 북으로 간 한 사회주의자와 남에 남은 그의 가족들이 동시에 묘사되는 이야기를 만났고, 삼팔선을 넘어 월남하는 이북 사람들의 후일담을 다루는 「누님의 초상」 등 유재용의 중·단편들이며, 북으로 간 한 공산당원이 말년에 남한에 남은 가족을 위해 동해 바다로 떠내려 보낸 비망록을 매개로 전개되는 김원일의 중편 「환멸을 찾아서」에 이끌렸다.

평론 활동을 하고, 강단에서 강의를 하면서 분단문학의 계보를 짚어 본 적이 한두 번이 아니지만, 위의 작품들의 특별함을 얘기하면서 이병주의 「삐에로와 국화」를 말한 적은 없었다. 이 작품에 대한 내 특별한 생각은 나의 비평적 활동과 관련이 있지 않고, 실은 내 창작활동과 관련이 있다. 나는 1980년대 초반부터 시인으로, 평론가로 활동을 하고 있었지만 정작 꿈꾸던 소설가 생활은 1994년부터 하게 되었다. 내가 분단 문제를 내 소설에 다루기 시작한 것은 1996년부터인데, 그 내용의 대부분은 북을 탈출해 남으로 와서 불안한 삶을 살고 있는 새터민(탈북자)에 관한 것이다. 나는 새터민 얘기를 한 편 한 편 소설에 담으면서 이병주의

「삐에로와 국화」를 자주 떠올렸다.

내가 새터민 얘기를 여러 편의 중·단편에 중요 사건으로 다루면서 그려내기 힘들었던 게 있었다. 그건 바로 그들의 과거 삶, 즉 북한에서의 생활이었다. 당장 '이데올로기적으로' 그걸 묘사하기 힘들었다. 여기서 '이데올로기적으로'라는 말은 매우 이중적이다. 나는 철저하게 반공교육을 받고 자랐지만, 동시에 마음속으로 그런 반공교육에 대한 반감 또한 만만치 않게 싹을 키워온 세대다. 그렇다고, 한때 주사파 논쟁의 주역이 된 우리 세대의 일부처럼 일방적으로 통일 우선주의나 반미를 옹호할 수도 없었다. 즉 나는 북한 사람들이 모두 머리에 도깨비 뿔을 달고 있다고 교육받으며 자랐지만, 절대 그렇게 상상해서는 안 된다는 반감에 사로잡혀 그들을 묘사하는 방법을 잃어버렸다. 최인훈이나 이병주처럼 어떤 '관념'을 물고 들어간다면 방법이 있겠다 싶기는 한데, 나는 또한 그런 투로는 소설을 끌어나갈 재간이 없었다. 「삐에로와 국화」는 물론 무대는 남한이지만 북한도 다루고 남한도 다루는데 통 거침이 없다. 그것도 그 세대답게 '반공성'을 굳게 유지하면서도, 북에서의 월북파의 고난에 대해서만큼이나 남한의 연좌제의 지독한 폐해 같은 것에 대해서도 빼놓지 않고 서술했다.

3.

「삐에로와 국화」는 극작가 송길한의 손을 거쳐 김수용 감독의 지휘로 1982년에 영화화된 바 있다. 1982년이면 내가 대학을 졸업할 때니까 필시 반공영화로 만들어졌으리라고 짐작하고 관람하지 않은 게 분명하지만, 주인공이 신성일, 윤정희라고 당장 떠올려지는 걸 보면 관심은 있었던 것도 분명하다. 말할 것도 없이 영화는 분단이 갈라놓은 남녀의 사랑 얘기로 초점이 맞춰졌을 것이고, 소설에서는 영화에 주연급 상황으로 나올 법한 그런 남녀 얘기가 맨 마지막에 한 장면으로 묘사되고 있을 뿐이다. 이해를 돕기 위해 이 소설의 줄거리를 다시 정리해 보겠는데, 내심 나는 이 일을 통해 이 작품을 분단소설 계보에 다시 넣어보라고 권하고 있는 것이다. 또한 분단 시대가 아니라, 이제는 새터민 시대를 거쳐 장차 분단 조국이 통합을 이루는 과정에서도 이런 소설을 참조하라는 권유도 보태고 있는 거다.

간첩으로 재판을 받게 된 임수명을 위한 국선 변호인으로, 강신중 변호사가 선임된다. 강변호사는 이런 식으로 주어진 일거리를 오히려 가장 쉬운 업무라 생각한다. 하지만 한사코 변호를 거절하는 임수명에게서 흔한 간첩이 아님을 깨닫는다. 강변호사는 친구인 작가 Y의 도움을 받으며 임수명의 정체를 파헤쳐 간다. 임수명은 전향 간첩 도청자를 살해하려는 목적으로 남파된 간첩인데, 도청자는 이미 죽고 없는 상태다. 알고 보니, 도청자는 먼저 남파되어 임명수(본명 박복영)의 어머니와 형의 집에서 숨어 있다가 혼자 자수를 해 전향 수기집까지 남긴 상태고, 북에 간 가족들의 안전을 바라며 도청자를 숨겨준 어머니와 형은 도리어 붙잡혀 사형을 당했다. 북에서 월북 가족이라 갖은 핍박을 받던 식구 중 박복영이 나서서 도청자를 암살하겠다고 해서 발탁된 것인데, 막상 남으로 잠입해 보니 상황이 그리 되어 있었다. 그러나 박복영은 북에 남은 가족과 형제를 살리기 위해, 살 수 있는 길을 버리고 일부러 마지막 최후 진술에서까지 '김일성 만세'를 외치며 사형을 택한다.

이 정도가 소설의 본 줄거리인 셈인데, 내가 그때 놀란 것은 앞서 말한 대로 남북의 정치적 정황이 어이없을 정도로 쉽게 서술되는 데도 무리가 없게 느껴졌다는 점과 복선이니 묘사 기법이니 하는 것에는 거의 무심한 듯이 평이하게 스토리가 전개되는 데도 얽히고설킨 사연이 다 담기면서 흥미를 더해간다는 점이었다. 그런데 이제 와서 다시 읽으니, 적어도 나는 '국화'에 얽힌 소설의 마지막 대목에 대해서는 별반 감흥이 없었거나 그 의미를 제대로 파악을 못했거나 했던 듯하다. 이를 제대로 설명하기 위해서는 위에서 요약한 줄거리를 마지막 장면까지로 더 이어가야 한다.

임수명은 사형이 확정되고 형 집행이 되기 바로 전, 강 변호사에게 자신이 남한에 와서 꽃집 앞에서 우연히 한 여인에게 장미꽃 두 송이를 받은 얘기를 전한다. 북에서는 어림도 없는 '꽃 선물'을 받은 임수명은 꽃을 준 여인과 서울, 그리고 대한민국의 행복을 비는 마음이 생겼다 말한다. 그리고 샛노란 국화꽃을 자신을 간첩이라 고발한 주영숙이라는 여자에게 전해 달라고 부탁한다. 사형 집행 때 임수명이 입회 교도관에게 자기 본명이 박복영이라는 말을 강 변호사에게 전해 달라고 했고, 이 사실을 알게 된 강 변호사는 주영숙을 찾아 국화꽃을 전한다. 임수명은 월북 전 아내였던 주영숙에게 자신을 신고할 수 있게 편지를 보냈고, 경제 파탄 위기에 처해 있던 주영숙의 현 남편이 그걸 보았다. 그리고 그 편지의 주인공이 누군지 모른 채 고발하고 거액의 포상금을 받았다. 강 변호사는 주영숙에게 샛노란 국화를 전하면서 그 사실을 알렸고, 사형에 처해진 임명수가 자기 첫 남편이었던 걸 알게 된 주영숙은 충격에 빠진다.

남파 간첩이 옛 연인의 손으로 자기를 고발하게 해서 연인에게 돈을 안겨주고 자신은 형장의 이슬로 사라진다는 이 뒷얘기만 들으면 얼마나 재미있나. 이런 얘기는 정말 너무 재미있어서 결국은 통속일 수밖에 없게 되는 건데, 실은 이병주의 그 많은 소설은 이런 통속적인 스토리를 당당하게 내재하고 있다. 물론 이병주 소설의 독특함은 이 통속을 에워싸는 역사적 통찰이며 철학적 관념으로 지적 흥취를 자아내는 데서 생겨난다. 당시 어린 나로서는, 그 역사적, 시대적, 철학적, 관념적, 사변적 상황 연출과 어투를 따라가다 어떤 '지적 충족'에 빠져 정작 제목에 나온 '국화'의 극적 사연은 즐길 틈이 없었으며, 따라서 이병주 소설의 남다름을 제대로 받아들일 객관적인 시각을 가지지 못했던 것 같다.

> 주영숙이 꽃다발을 뜰에다 내동댕이친 직후였다. 국화꽃의 그 샛노란 송이송이가 산란한 채 비좁은 뜰을 꽉 채우고 있었는데 그 꽃송이 하나하나가 살아 있는 괴물처럼 소리 없는 아우성을 치고 있었다.
> ─「삐에로와 국화」(『그 테러리스트를 위한 만사』, 한길사, 2006, 253~354쪽)

자신도 모르게 옛 남편을 죽음에 들게 만든 전 아내가 그 옛 남편이 보내준 국화를 내동댕이치고, 내동댕이쳐진 채 '괴물처럼 소리 없는 아우성'을 치는 국화꽃 송이송이…… 한 편 영화의 '라스트 신'으로 눈에 익어 보이는 박복영과 주영숙의 이러한 사연, 이 통속적인 스토리에 한국문학사는 매우 인색했던 게 아니었을까. 따지고 보면, 아직 무수한 분단과 상봉의 사연을 살아가며 통합의 시대로 가야 하는 우리는 앞으로 이런 통속을 얼마나 많이 만나야 하는지 모른다. 그렇다면 이런 통속을, 당연히 우리의 문학적 스토리로 받아들여야 하지 않겠는가. 이게 또한, 점점 한국소설에서 멀어져 가는 소설 독자들에게 희로애락의 감정을 일깨우며 무한한 재미를 제공하는 계기가 되지 않겠는가.

또 하나 놀라운 것은, 내가 최근에 당시『한국문학』을 경영하던 이근배 시인께 들은 얘기에 있다. 이「삐에로와 국화」는 어떤 작가가 펑크 낸 지면을 채우는 긴급 수혈 작품으로, 청탁한 지 1주일 만에 가져왔다는 거다. 그 창작 속도가 놀랍기도 하지만, 더욱 중요한 것은, 적어도 이병주는 나를 비롯한 수많은 작가들이 시달리고 있는 '문체미학'을 존숭한 것 같지 않는 데도 결코 외면할 수 없는 포괄적 수준을 유지했다는 사실이다. 망설임 없는 속필로 다작하고 대작을 발표해 왔으되 따지고 보면 잃은 것에 비해 얻은 게 더 많고 따라서 오늘에 되살릴 게 더 풍성해졌다고 할 수 있으니, 아, 나의 습관적이면서 그렇다고 집요하지도 못한 문체 숭배는 어째야 할지 모르겠도다!

4.

최근에 이병주 소설을 몇 편 다시 읽다 보니 오래 전부터 묻고 싶었던 질문거리가 되살아난다. 「삐에로와 국화」의 박복영이나 「그 테러리스트를 위한 만사」의 정람, 『산하』의 많은 테러리스트들 같은 시대적 미아들은 얼마만큼의 실존성을 지니고 있을까?

어느 글을 보니 실제로 학병 출신인 이병주가 광복과 분단 이후 우리에게 알려지지 않은 독립투사들을 만나고 도왔다는 얘기도 있는데 과연 소설 속 인물들을 다 거기에서 따온 걸까? 아니면 징병, 투옥 등 질곡의 삶을 겪으면서 저절로 넓어진 상상력의 소산일까? 어느 쪽이든, 역사와 시대에 대한 관심은 많은데도 사방을 둘러봐도 따올 만한 '통시적' 인물을 도무지 만나지도 못하고, 그렇다고 체험한 게 없어서 시원스레 꾸며대지도 못하는 나 같은 작가는 얼마나 불행한 시대의 작가인 것인가!
(2010)

문학강의실에서 가르치는 전상국 소설들

1. 6·25 체험과 교단 체험

내가 글을 통해, 또는 강의실에서 6·25 체험과 교단 체험 없는 전상국 소설을 생각할 수 없다고 단언해오고 있는 일은 결코 무리가 아닌 것 같다. 지극히 예외적인 작품 몇 개를 빼면(평론가 이동하는 이때 장편 『유정의 사랑』 단 한 편이 전무후무한 예외라고 말한다) 전상국의 소설은 이 두 체험 중 하나를 바탕으로 하거나 둘 모두를 바탕으로 하고 있으며, 그때 드러나는 그 체험들이 스토리 형성에 기여하는 그 이상의 기능을 언제나 하고 있기 때문임은 말할 것도 없다.

저 유명한 「아베의 가족」에서 혼혈아 아베를 둘러싼 가족들, 등단작 「동행」에서 살인자 최억구, 「투석」에서 방위대장 출신 시아버지와 빨갱이 집 출신 며느리, 「하늘 아래 그 자리」에서 마필구 노인, 「맥」에서 아버지, 「여름의 껍질」에서 친·처가 사람들, 「지빠귀 둥지 속의 뻐꾸기」에서 수지엄마, 「고려장」에서 현세 등등이 6·25의 후유증에 시달리고 있는 인물들이다. 이들에게 6·25는 현재의 삶에 깊숙이 개입되는 원체험으로 작용되고 있다.

이 중에서 전상국 소설 중에서 최근 들어 다시금 주요작으로 평가되고 있으며, 특히 소설창작 교실에서 모범 단편으로 채택되는 경향마저 두드러져 보이는 「동행」을 예를 들어 보자. 간밤에 살인을 저지른 범인과 그 범인을 잡으러 그가 갈 만한 곳에 미리 가 있으려는 형사가 동행하는 여로가 전면에 펼쳐져 있다. 그 여로 중에 범인 최억구로부터 6·25가 말해진다. 천덕꾸러기로 천대받던 최억구는 빨갱이들에게 이용당해 부위원장이라는 감투를 뒤집어쓰고 마을 사람들에게 한풀이를 해대다가 마을 사람들에게 부친이 죽창에 찔려 죽는 비극을 맞는다. 그 보복으로 아버지의 원수 득수를 죽이고 감옥에 갔다온 몸으로 간밤에 득수 동생 득칠을 죽이고는 지금 아버지 무덤이 있는 와야리로 자살하러 가는 길인데 우연찮게 자신을 잡으러 가는 형사와 동행하게 된 것. '키 큰 사내(형사)'와 '키 작은 사내(최억구)'의 대립 속에서 이러한 개인적이면서 동시에 민족사적인 비밀이 풀려나가는 추리소설적인 긴장 관계가 이 소설에서 빛을 발한다.

이렇듯, 6·25 체험을 형상화한 전상국 소설의 구성적 특징을 나는 다음과 같이 설명해 보았다. 첫째, 좌익 앞잡이였던 무지랭이(「동행」의 최억구, 「하늘 아래 그 자리」의 마필구, 「맥」의 아버지 등등)가 소설 전개상 현재 시간에서부터 회상 공간으로 이동하는 주요 계기로 작용하고 있다. 둘째, 전쟁의 와중에서 능욕당한(그것도 주로 외국 병정에게) 어머니와 그 어머니로부터 생겨난 백치이거나 혼혈아인 자식 간의 갈등이 주요 모티브가 되고 있으며, 이때 어머니의 정절 훼손은 파괴된 민족적 순결의 상징으로, 그 백치는 광란의 역사가 뒤로 남긴 암울한 삶의 상징으로 제시된다.

한편, 「우상의 눈물」에서 집약적으로 나타나는 교단 체험은 「돼지새

끼들의 울음」에서의 독재자 교사 최달호의 좌절, 「퇴장」에서 한 학생에게 체벌을 가한 이유로 곤란에 빠졌다가 자살에 이르게 된 민 선생 등을 통해 잘 드러난다. 이 외에, 6·25 체험과 밀접한 관계를 맺는 소설 중에서도, 입시 위주의 반인간교육 앞에서 고민하는 인물(「투석」의 최영배 선생), 반공 이데올로기 교육의 모순에 저항하다 마침내 스스로 죽음을 택한 인물(「지빠귀 둥지 속의 뻐꾸기」의 강 선생) 들이 각각의 작품 안에서 크게 돋보이기도 한다.

2. 한 편 소설의 중층적 의미를 중심으로

여기서 「우상의 눈물」이 빼어난 교육 현장 소설로 또는 우리 소설사에서 특이한 개성을 빛낸 소설로 되풀이 거론되는 이유를 말해 두자.

어느 고교 교실에 악마의 화신 기표라는 친구가 있다. 기표가 이끄는 일명 재수파들은 급우들에 대해 집단 폭력까지 함부로 행사한다. 그럼에도 그들의 행위는 좀처럼 고발되지도 않고 따라서 근절되지도 않으며, 그들은 오히려 급우들의 '우상'으로 자리매김되기까지 한다. 기표가 악마의 자리에서 우상의 자리로 상승할 수 있는 이유는 이렇다. 그의 행위는, 기성 질서 속에 편입돼 살아 주기를 기대하는 학교나 교사 등 기성세대의 기존 체계에 대한 동세대들의 전면적인 항변을 대변해 주기 때문이다. 그런데 기성의 체계는 그 항변을 용납할 수 없다. 담임선생이 반장을 내세워 우상 허물기 작전을 전개한다. 반장 형우는 시험칠 때 기표에게 답안을 넘겨주는 수법을 써서 곤란에 빠뜨리기도 하고 그 때문에 기표네에게 린치를 당하고도 전혀 발설하지 않고 참아냄으로써 기표를 더욱 고립시킨다. 또 기표의 불우한 가정환경을 대내외에 알려 기표 돕기 모금운동을 벌이게 되고 그 미담은 언론에 공개된다. 기표 이야기를 영화로 제작하려는 움직임까지 일었을 때 기표는 부끄러움을 잘 타는 아이로 변해 버린다. 기표는 "무섭다, 무서워서 살 수가 없다"라고 쓴 편지를 남기고 가출한다.

일반적인 의미에서 급우에게 폭력을 가한 기표가 급우들의 노력으로 순화된 일은 그야말로 교육용 영화로 제작돼 언론이나 전국 학교에 배포될 만한 소재라 할 수 있다. 그러나 이 소설이 그런 유의 교화용 교육소설이 아님은 너무 자명하다. 기표가 흘린 눈물은 표피적으로 보면 한 불량 학생의 참회요 폭력 학생이 근절된 사례의 한 상징이 되겠지만, 근원적으로 보면 입시교육 중심의 학교 제도에, 나아가 국민총화를 유도하는 체제 이념에의 전국민적인 종속을 상징하는 사건이라 할 수 있다.

나는 이를 두고 그림을 그려 설명하기를 즐긴다. 우선, 급우들과 기표의 관계는 다음의 관계였다.

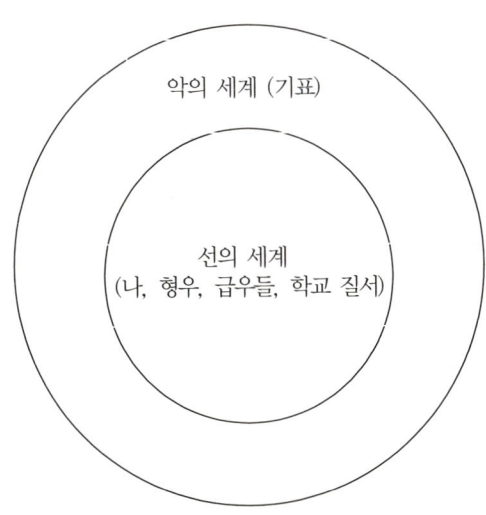

학교의 기존 질서 속에 포함되는 세계와 그 질서를 깨뜨리는 세계는 일반적인 의미에서 선과 악으로 대별되는, 게다가 기표로 대표되는 악의 세계가 형우 등이 유지하는 선의 세계를 억압하는 관계를 이루었다. 그러나 이런 관계는, 나를 포함한 급우들이 기표의 행위를 단순한 악마의 행위로 인식하지 않고 성장기의 학생들을 억압하는 기성 질서(그런 점에서 그들은 체제 유지를 위해 변화 가능성을 보이는 가치 있는 싹들을 교화라는 이름으로 제거하는 僞善의 세계다)를 해체하려는 근거 있는 저항으로 인식하게 되는 순간 역전된다. 기표는 악의 세계를 대표하는 인물이 아니라, 눈앞의 선이 진정한 선이 아님을 충격적으로 각성시키기 위해 의도적으로 악을 선택한 위악적(僞惡的) 인물로 상승하게 되는 것이다. 그것을 그림으로 나타내 보자.

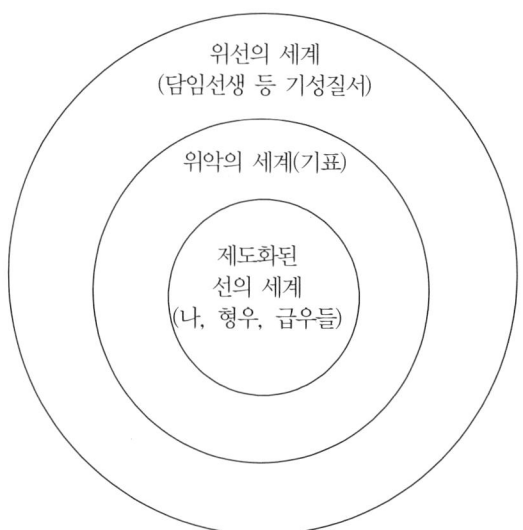

원래 기존 질서 속에 편입된 선의 세계는 그 질서에 도전하는 모든 세력을 억압함으로써 하나의 절대적 가치 체계로 군림하려 한다. 그것은

선의 세계에서 추구하는 정신이 절대적 선이 아니라는 사실을 입증하는 일이 된다. 그런데 그 사실을 입증하게 하는 방법은 기존 질서 속에서는 불가능하다. 그 때문에 정반대적인 가치관으로써 그것을 입증하게 할 수밖에 없는데, 그럴 때 선의 반대 자리에 있던 악은 단순한 악이 아니라, 일부러 악의 형상을 한 위악이 된다. 반대로, 절대적 선이 아니면서 그것에 맞서는 다른 가치를 억압하고 절대적 선으로만 군림하려 할 때 그 선은 위선으로 자리바꿈하게 된다. 너무나 강력하게 절대적 선으로 위장한 선의 세계를 폭로할 두드러진 방법이 기존 질서를 파괴하는 위악적 행동이다. 이 행동이 결국 선, 아니 위선의 논리에 의해 좌절되는 순간, 제도화된 선의 세계에서 성장한 급우들이 전혀 반성과 성찰 없이 어느새 담임선생 등의 기성 질서로 편입되어 갈 것임이 강력하게 예고된다.

나아가, 나는 소설의 이야기가 겉으로 드러내는 일반적인 뜻과 그 내면에 담긴 진정한 의미가 어떻게 다를 수 있고, 왜 달라야 하는지, 특히 소위 현대 사회의 구조적 모순을 파헤치는 소설이 어떻게 해서 중층적인 의미를 발하게 되는지 「우상의 눈물」을 통해 자세히 설명한다.

3. 총체적 모순을 모두 내 책무로 떠안기

1990년 대구 매일신문에 연재된 것을 작가가 지난 1996년 『작가세계』 봄호에 자신을 위한 특집 자리에 고쳐 재수록해 둔 중편 「시인의 겨울」도 6·25 체험과 교단 체험이 함께 녹아 있는 작품이다.

시골 변두리 초등학교 앞에서 문방구를 하고 있는 지방 무명시인 현세(이 이름은 「고려장」의 현세와 같은데, 다른 소설에서도 현, 현우 등등으로 비슷하게 쓰는 작가의 명명법을 하나의 문체적 특징으로 본 비평가도 있어 흥미롭다)가 주인공인데, 여기서도 당장 6·25 또는 분단과 관련된 가족사가 눈에 띄지 않을 수 없다.

  현세의 생모는 반공포로 출신으로 현세가 어릴 때 사망했다(작중에서도 밝히지만 반공포로 출신 중에 여자가 있었다는 사실도 일단 흥미롭다). 이젠 무능한 존재가 된 아버지의 이복 자녀들이 다섯인데 이 모두가 맏형인 현세에게 이모저모로 신세를 지고 있는 형편이다. 그 가운데 유독 아버지에게도 현세에게도 특이한 애정과 기대의 대상이 되는 인물이 막내 이복동생 현우. 현우는 고등학교 1년을 중퇴하고 직장 생활을 5년 한 뒤 검정고시를 쳐 스물두 살에 대학에 들어가 운동권 주변을 서성댄 인물. 그는 지금, 군대에 입대해 최전방 부대에서 복무하던 중 정신병원 신세를 지고 의병제대를 해서는 잠시 집에 들렀다가 어디론가 자취를 감춘 상태다. 현우가 시달린 것이 바로 분단 문제. 최전방 근무자로서 '백두산까지 도보여행'을 꿈꾼 것이었다. 생모가 반공포로 출신(이 때문에 현세는 연좌제 공포에 시달리며 살아왔다. 게다가 자신이 원래 생모가 6·25 과정에서 딴 데서 배고 온 아이일 수도 있다고 생각하고 있다), 또한 이복동생이 시달린 '분단콤플렉스'에 시달리는 사람이다. 거기에 현세는 자신의 문방구에서 사간 장난감 권총으로 군사 도시의 어느 다방에서 엉뚱한 총기 발사 사건을 저지른 공무원 출신 이병세 때문에 한바탕 곤욕을 치른다. 이병세는 평소 북쪽의 동향과 변화를 직접 눈으로 확인하고 싶다는 시달림을 참아온 사람이었다. 이처럼, 분단의 직접적인 피해자들이 아니면서도 분단 현실에 의식적, 무의식적으로 시달리는 사람들 얘기로 가득차 있는 소설이 또한 이 소설인 것이다.

  한편, 이 소설이 주로 초등학교 앞 문방구를 공간적 배경으로 하고 있다는 사실에서 또 하나의 문제를 해결해 나가 보자. 현세는 학교 앞 문방구들 중에서는 가장 처세에 능하지 못한 사람이다. 다른 문방구들의 기득권에 눌려 많이 팔 수 있는 물건도 제대로 판매하지 못하는 데다가 외상 매출이 너무 많아 이중삼중의 고통을 겪는다. 게다가 학교 선생님 중 어떤 이가 공공연히 요구하는 사례에 대해 전혀 무방비로 지내다가 그 선생으로부터 보기 좋게 악덕 상인으로 몰리고 만다. 이렇듯 이 소설은, 학교가 하나의 거대한 상권이 되어 버린 곳에서 학교 권력이나 학교 주변의 경쟁적 상거래 문화 때문에 피해를 겪는 한 영세상인의 고충을 그려 놓고 있다. 이는 전상국 소설이 문제 삼던 교육 모순의 한 그림자인 셈이다.

이처럼, 6·25에서 촉발된 분단의 모순, 아마도 그로부터 연유했을 남한 반공 이데올로기의 모순을 대표하는 교육 모순, 이 두 측면을 아우르는 가운데 「시인의 겨울」은 전개되고 있다. 나아가, 그 두 모순을 있는 그대로 받아들이고 고통을 감싸안으려는 전상국 특유의 정신 또한 이 지점에서 말하지 않을 수 없다. 어쩌면 전상국 소설에서는 6·25 체험 또는 분단 문제 그 자체보다도, 교육 모순 또는 남한의 정치·사회적 이데올로기의 모순 그 자체보다도 바로 이 문제가 더욱 핵심적인 것일지 모른다.

전상국 소설에서는 두 모순을 문제 삼으면서 동시에 그것을 어떻게든 스스로 떠안고 해결하려는 의욕을 강력하게 드러낸다. 「투석」에서 최 노인이 만든 돌무덤이나, 「퇴장」에서 민 선생 자살에 대한 의미 부여, 「우리들의 날개」에서 애물단지 동생을 유기하러 갔다가 결국 눈물로 감싸안아 버리는 사연 등은 두 모순을 뭉뚱그려 '문제화'한 대표적인 예다. 「아베의 가족」에서 정신박약아이며 혼혈아인 형 아베를 찾아온 이야기를 다시 거론할 것도 없다.

「시인의 겨울」 또한 그렇다. 현세는 가난하고 이름없는 시인인데도, 결코 자신의 지금 처지를 못 견뎌 하지 않는다. 자신에게 짐지워진 분단의 무게도 버거워하지 않는다. 직접적인 관계가 없는데도 자신에게 피해를 끼치는 진보적 통일론자들에게도 표용적인 자세를 잃지 않는다. 어쩌면 그 문제에 더 민감한 반응을 보일 수 있는 그의 아내마저도 그 못지않게 인내하고 있다. 시인으로서의 출세에도 유혹되지 않는다.

소설의 마지막 장면을 보라. 철없는 세태주의자인 어린 박 선생에 대처하는 현세의 모습을. '뛰기 내기'로 자기 삶의 정당성을 인정받으려는 이 순박한 서민은 뛰면서 오히려 이렇게 자탄한다.

> 현우에 대해, 이 세상에 대해 나는 도대체 무엇을 모르고 있단 말인가.

이런 자탄, 이런 반성, 이런 해결 태도를 나는 '도덕주의적 세계관'이라 명명한 바 있다. 그리고 나는 다시 이렇게 덧붙인 바 있다.

> 남한 체제의 총체적 모순을 모두 말하여 다 책임지겠다는 이 도덕주의자의 책임성을 우리는 참으로 귀하게 여겨야 한다. 그런데, 사람들은 솔선수범하여 다 해결해 주는 작가보다 함께 참여하게 하여 마침내 내가 왜 도덕성을 잃었는가를 자문하게 만드는 작가를 더 좋아하고 있지 않은가. 도덕주의자의 책임성을 귀하게 여기지 않는 우리의 풍토를 그는 애써 외면해 버림으로써 홀로 고독한 세계에 남아 있게 된 것이 아닐까. 그 도덕주의를 홀로 실천하려 하지 말고 고스란히 독자들에게 옮겨주는 방법은 없었던 것일까.*

물론 이 말은 오늘의 작가 전상국에게 들려주고 싶은 말이었다기보다, 그 독자들, 소설을 읽는 강의실의 학생들에게 들려주고 싶었던 말이었다.

*이 인용문은 전상국 자선대표작품집 『술래 눈뜨다』(청아간, 1994)의 해설로 쓴 「남한 체제의 모순과 도덕주의적 세계관」(박덕규, 『사랑을 노래하라』, 문이당, 1999)의 한 부분인데, 그 글에 크게 의존해 『문학과 의식』(1999, 봄)에 발표한 글을 고쳐 여기에 실었다.

압록강 월경(越境)과 간도 디아스포라 체험

— 김주영 대하소설 『야정』을 중심으로

1939년생인 김주영은 나이 30대에 들어 「여름 사냥」(1970), 「휴면기」(1971)로 문단에 발을 내민 뒤 40년 동안 왕성한 필력을 과시해온 작가다. 작품의 수에서도 풍성하고, 분량 면에서도 전 5권 이상의 대작이 수두룩해 소위 '대작' 작가로 만인에게 이미지를 각인시켰을 정도이고, 한편으로는 다채로운 소재로 순도 높은 예술성을 빚어내는 작가로도 정평이 났다. 이를테면 김주영은 '다작' 작가이면서도 '대작'으로 이름을 낸 작가이고, 그 이름을 '문학성'으로 이어가면서 더욱 제 빛을 낸 작가이다.

그의 작품은 흔히들 세 가지 유형으로 나뉘어 설명되곤 한다. 그것을 간단히 소개하면 이렇다. 첫째는 초기 10년 정도 치중한 세태 풍자 세계. 둘째는 『객주』(초반본 1981~1984)를 정점에 두고 『활빈도』 『화척』 『야정』 등으로 이어간 역사소설 계열. 셋째는 『고기잡이는 갈대를 꺾지 않는다』 『홍어』 『멸치』로 이어지는 일련의 성장소설류. 이 유형들은 공교롭게도 쉬지 않고 작품을 해온 2000년대 초반까지의 그의 30여 년을 거의 10년씩 나누는 시대 구분의 결과와 크게 다르지 않아 보인다.

즉 1970년대 한국의 급진적인 산업화 시대에 나타나는 타락한 도시 세태를 순박한 소시민들이 몸소 겪어내면서 겪는 다양한 사연들이 소설에 녹아든 것이 한 10년쯤이고, 일간신문 연재를 통해 역사의 소외 계층에 해당하는 인물들의 의리와 배신, 사랑과 복수의 사연을 지속적으로 이어 그린 것이 역시 한 10년이고, 이후 상처받은 성장기에 대한 회한과 향수의 세계를 내보인 것이 그 이후부터 2000년대 전까지의 10여 년의 일이다.

이 중 가장 남다른 행보는, 1980년 『객주』로부터 출발해 『활빈도』와 『화척』을 거쳐 1990년대 중반 『야정』에 이르는, 말 그대로 '대하(大河)'의 물길이다. 한국문학사에 단연 돋보이는 대하는 역시 『객주』이지만, 오늘날 탈국경 시대에 다시금 눈여겨봐야 할 대작이 있다. 19세기 말 압록강과 백두산을 넘나들며 간도의 황무지에 새로운 삶의 터전을 개척하려고 애쓴 우리 유민들의 삶을 유장한 문체와 긴박감 넘치는 스토리에 담아 보여준 『야정』(전 5권)이 바로 그것이다.

'야정(野丁)'은 사전에 나오지 않는 조어다. 거친 들판에서 떠도는 사내라는 뜻일 게다. 그 대표적인 주인공은 평안북도 강계 땅 지주 홍전백의 노복 최성률이다. 그는 자신의 아내를 겁탈한 후 자신마저 죽이려 드는 홍전백을 피해 압록강을 건너 새로운 삶을 개척한다. 이때 성률 부부의 탈출을 도운 홍전백의 딸 소혜는 성률 부부가 남긴 딸 채연을 곁에 두고 돌봐준다. 이후 홍전백 일가는 간도에 별세계가 있다는 소문에 들떠 가산을 정리하고 인근 2백여 주민들과 함께 압록강을 건너 국경 너머 땅으로 들어간다.

> 승냥이떼들과 낭비의 무리들이 그들의 뒤통수를 겨냥하고 있음을 어른들은 몰라도 말 못하는 짐승들과 아이들은 느꼈던지 발행 이튿날부터 이상하게도 발악하며 울음을 터뜨리는 아이들의 수효가 늘어나기 시작하였고, 나귀들조차 자주 버둥대며 소가지를 부려 속을 썩이는 것이었다. 중화참에 이르지도 못해 벌써 선머리에 있는 교자 행렬을 뒤쫓지 못해서 반 마장가량 뒤떨어진 축들이

오십여 명이나 되었다. 거개가 밥벌이는 고사하고 죽벌이조차 어려운 노인들이나 병골인 소생들을 데리고 떠난 식솔들이었다.

3월이라 하지만 봄기운이 전혀 없는 압록강 기슭에 모여든 그들은 얼어붙은 압록강을 건너간다. 그들이 처음 행렬을 멈춘 곳, 압록강을 건너 곧장 북으로만 노정을 잡아서 30리를 행보해 닿은 통구하. 눈보라가 살갗을 찢어놓을 듯 매몰찬 그곳에서 철부지 셋은 목숨을 잃는다. 사람을 얼어 죽게 하는 추위만이 적이 아니다. 지친 이들을 따르는 죽음의 그림자는 또 있었다. "그것이 바로 행중이 버린 음식 찌꺼기를 뒤져 먹으며 행렬을 멀찌감치 뒤따르고 있는 승냥이 떼들과 통구하 건너편 강기슭에서부터 노숙하고 있는 유민 행렬을 발견한 삼십여 명의 낭비들"이었다. 굶주림의 땅, 모국을 버리고 '낯선 신세계'를 향하던 유민들의 운명은 마치 백척간두에 선 모국의 운명과 다름없다. 이 월경의 단계에 이르기까지가 『야정』의 전반부에 해당한다.

이 전반부 내용의 또 하나의 큰 줄기가 최성률과 홍소혜의 러브 스토리다. 두 사람은 철부지 시절 서로 혼인하자고 손가락을 걸던 사이다. 그때 이후 둘은 서로에게 품은 연정이 사그라진 적이 없다. 하지만 둘의 사랑은 금기의 사랑이다. 최성률에게 홍소혜는 상전의 딸이고, 게다가 그 상전은 그에게 원수다. 상전의 딸이고 원수의 딸이며, 이미 남의 아내가 된 소혜는 또 한편으로는 최성률 부부의 안전한 탈출을 돕기도 하고 그 딸을 맡아 기르는 은인이기도 하다.

압록강을 건너간 홍전백은 결국 새 땅을 개척하기도 전에 비적들에게 살해당하고 그 집안이 풍비박산되고 만다. 이후 소혜는 최성률의 둔처에서 함께 머물게 된다. 이제 두 사람의 혼인은 기정사실이 된다. 이 지점에서는 김주영 문학이 자랑하는 '에로티시즘'이 빛을 발한다.

서로 안고 뒤채는 동안 박 속처럼 희디흰 소혜의 속살이 등잔불 아래로 드러났다. 그러나 소혜는 이 순간의 열락(悅樂)이 쏜살처럼 부질없이 지나가버릴 것을 생각하니 안타까웠다. 문풍지를 때리는 바람이 이마를 스치듯 이 순간이 속절없이 지나가버린다면 얼마나 허전할 것인가. 설령 오늘이 내일로 이어진다 할지라도 오늘 이 순간의 열락이 처음이고 마지막인 것처럼 소혜에겐 소중한 것이었다. 성률은 상반신을 일으켜서 그녀의 때묻은 저고리를 벗겼다. 그의 시선이 몸에 와 박히었으나 소혜는 쑥스러움을 느낄 수가 없었다. 오히려 그 같은 시선이 그녀의 몸에 오래 머물러 있기를 바랐다. 그의 손이 배꼽노리에 닿을 무렵 소혜는 흐느끼는 것이었고 울음소리를 터뜨리자 성률은 서둘러 그녀를 끌어안았다.

그러나 들짐승처럼 살아야 하는 최성률에게 이런 달콤한 보금자리는 사치가 된다. 꿈에 그리던 연인과 혼인을 했지만, 둘의 관계는 이후 서먹서먹해지고, 소혜도 일찍 죽음을 맞는다. 이후 최성률은 간도의 척박한 산야를 산짐승처럼 떠돌다 죽어간다. 대신 『야정』의 남은 줄거리는 이민족이 점령해 있는 땅에서 간민촌을 이끌며 뿌리내리기 위해 힘든 싸움을 벌이는 유민들의 고난을 보여준다.

한국문학사에서 접경지대 중국 땅에서의 이주 체험을 다룬 대표적인 소설로 안수길의 『북간도』나 박경리의 『토지』 등을 들고 있다. 그에 비해 이 『야정』은 19세기 후반부터 본격화된 우리 민족의 간도 이주 체험을 압록강 일대의 서간도 지역까지 확장해 실제적 체험 공간으로 제시했다는 의미로도 고평을 받는다. 더구나, 국경 지대의 월경 과정과 간도에서의 간민촌 체험을 이처럼 세밀하게 묘사한 작품은 다시 만나기 어렵다. 『야정』은 그런 점에서 지나간 시대의 풍속적 사실과 역사적 진실을 담아 낸 훌륭한 역사소설이면서, 나아가 21세기 들어 인류사의 관점에서 새로 부각되고 있는 디아스포라(Diaspora) 주제와 새롭게 조우하고 있는 가장 현대적인 소설이라 할 수 있다. (2008)

쫓고쫓기는 인간사의 유전으로 보여주는 인간 존중의 길

— 이청준 장편소설 『인간인』

『인간인』(우석, 1999)은 이청준이 1980년대 후반부터 최근까지 삶의 사회적 관련 속에서 절대적 자유의 공간이 얼마만큼 가능한가를 진지하게 물어온 「키작은 자유인」 연작이나 『자유의 문』 등의 연장선에서 얼마간 새롭게 삶의 불가해한 원리에 대해 궁구해 보이고 있는 2부작 장편소설이다. 이중 1부는 1988년에 상재된 장편 『아리아리강강』의 개작본으로 그 자체로도 완결성을 갖춘 것이라 볼 수 있는데, 이번에 2부까지 추가되어 보다 확장되고 전과 다른 화해로운 구조를 갖추게 된 것을 보면 이 작가가 새롭게 보여주고자 하는 것에 대한 흥미가 동하지 않을 수 없다.

물론 당장의 소설적 흥미는 그러한 내적인 것만을 향하고 있는 것은 아니다. 이번 소설에서의 일차적인 흥밋거리는 인간사의 관계를 쫓고쫓기는 다양한 사람들 이야기로 보여준 데 있다. 이 점 이청준 소설의 되풀이되는 특징적인 구조인 추리소설적 양식의 한 양상인데 이번에는 실제의 면에서도 범법자와 그를 쫓는 수사관의 서로 얽히는 사연이 두드러져 보이고 있어 과연 추리소설을 보는 극적 긴장을 맛볼 수 있다.

　1부에서 일본 경찰의 밀정이면서 도망자로 가장한 남도섭이 일제의 식민정책을 피해 몸을 숨긴 사람들의 근거지로 보이는 대원사로 잠입해 암약하는 이야기가 그렇고, 2부에서 죄를 짓고 수사관을 가장한 안장손이 독재시대의 지식인 도망자들의 집단 은거지로 보이는 대원사로 들어와 다시 쫓기는 형국이 되는 이야기가 바로 그렇다. 특히나 1부에서 남도섭이 불온한 조선인들의 최종 은거지인 소영각까지 추적해 가는 과정이 자못 흥미진진하게 펼쳐져 있다. 또한 주인공을 둘러싸고 있는 무수한 등장인물들의 은폐되고 감지되고 오판되고 드러나는 사연들도 그 각각의 처지대로의 극적 줄거리를 이루고 있다. 대표적으로 1, 2부를 관통하는 유일한 인물인 윤처사(2부에서는 노암스님)는 기구한 범죄 행위(실수로 병든 누나와 어린 조카아이들을 죽인 행위)를 시작으로 한때 친한 사이이던 박춘구 등에게서 쫓기는 신세로 유전을 거듭하게 되며, 2부에서의 무불스님 또한 자신의 업보(구체적이지는 않지만 주로는 난정의 창(唱)으로 상징되는 세속사적 죄업)에 끊임없이 시달리면서 주인공의 심리적 변화를 자극하는 인물로 설정되고 있다. 난정의 안장손에 대한 기이한 운명적 의탁과 그 창에 얽힌 사연 또한 인연의 업보라는 불교적 가르침을 일깨우면서 인생 유전의 재미를 한껏 느끼게 해준다. 도망 중이면서 사회주의 혁명의 꿈을 포기하지 않는 박춘구 등의 인물들과 시대 변동에 따른 그들의 재빠른 변신, 남도섭이 꾸며댄 범죄(자신을 욕보인 일본인에 대해 그 아내를 겁탈함으로써 보복한 일)를 실제로 저지른 김처사의 갑작스런 자살, 남편을 독살했다는 누명을 쓰고 장기수로 복역하는 안장손의 누이 장덕의 씨앗 얻기의 욕망, 시국과 관련된 사건으로 도피 중인 주성조·정대식의 사연 등 쫓고쫓기는 사건을 축으로 얽혀드는 인간사가 모두 사건의 전개와 더불어 극적 쾌감을 유도한다. 이 같은 표면적인 극적 전개 양상이 이전에도 관념적 세계를 탐색하는 이청준 소설이 보편적 넓이를 획득

할 수 있게 하는 큰 힘이 되었거니와 이번 소설에서는 더더욱 그것이 실제로 쫓고쫓기는 추리소설적 구조를 이루어 일차적으로 더 큰 흥미를 자아낼 수 있었다.

그런데 보다 중요한 논의는 그 일차적인 것에서 그칠 수 없다는 사실. 그리하여 우리는 그 쫓고쫓기는 이야기 속에 깃드는 본질적인 문제를 고려해야만 한다. 왜냐하면 주지하다시피 작가가 노리고 있는 바는 그 표면 줄거리상의 의미 파악만으로는 뒤쫓을 수 없는 인간사의 비현상적 체계와 깊게 관련 맺고 있기 때문이다. 가령, 1부에서 남도섭을 대원사로 밀파시킨 안도라는 인물이 뒷날 쫓고쫓기는 관계의 역전의 순간을 예측하고 있었다는 설정 같은 것이 이미 남도섭이 추적해온 일들의 가치를 무화시키고 있다. 표면적으로 우리의 흥미를 끌어왔던 사건들은 다만 하나의 길잡이 몫을 한 후 무가치해져 버리고 드디어는 작가가 그런 유의 표면 논리에 대해 던지는 힘들고 어려운 화두의 무거움이 언뜻 우리의 통찰력을 짓누르고 있음을 보게 된다. 이제 우리는 그 화두를 이해하기 위해 애써야 하는 셈이다. 특히 1부에서 쫓고쫓김의 역전관계란 대체 무슨 말일까?

> 쫓고 쫓기는 것, 나서 살고 숨어 사는 것, 우리 인생살이란 그런 처지의 윤회의 수레바퀴에 실려 흐르는 거 아닙니까. 이 사람이 쫓으면 저 사람이 쫓기고, 저 사람이 찾으면 이 사람이 숨어 살고……

해방이 되고 도리어 쫓기는 신세가 되어 찾아든 친일잔류 남도섭에게, 사회주의자들의 추적 대상이 된 윤처사가 이르는 말이다. 물론 이 쫓고쫓기는 역전관계에 대해 윤처사 또한 어떤 혜안으로 접하고 있지 않다(그런 뜻에서 그가 2부에 와서 1부에서의 우봉스님과 같은 수준의 가르침을 주는 노암스님으로 변신했다는 설정은 보다 친절한 해명이 필요하지 않았을까).

인상적인 것은, 그 무서운 섭리를 이해할 수도 없는 처지의 남도섭이 쫓는 처지든 쫓기는 처지든 그 관계의 꼭두각시가 되어 놀아나기만 했던 자신을 깨닫고 자신의 참다운 존재 방향에 대해 묻고 시달리는 마지막 장면이다. 작가는 이 장면을 통해 인간의 주체성 회복에 대해 말하고 있는 듯하다.

　2부에서는 어떤가. 우선 안장손이 악의로운 호기심으로 뒤쫓는 무불 스님에 의해 둔중한 화두가 제기되어 있다. 그것은 참선으로써 밤을 새우는 무불을 엿보는 안장손에게 무불이 이르는 말 "그…… 어디서 오는 중생의 길이던고……"에서 "어디로 가는 길이던가, 어디로……"로 이어지는 다분히 선문답 같은 진술이다. 그 다음의 화두는 안장손이 무불에 대해 품고 있는 불만에 대해 노암이 풀이하고 있는 대목에서 얻어진다. 그것은 일찍이 이청준이 「흐르는 산」이라는 단편에서 제기하고 해결한 '산이 깊어야 물이 멀리 흐른다'는 불교적 잠언과 흡사하다.

　　　(……) 지혜는 끊임없이 다시 닦아나가야 그 빛을 잃지 않고 더해가는 법이다. 그 지혜가 흘러내리는 일이야 그것이 가득 차올라 제절로 흘러 넘치게 될 때가 아니겠느냐. (……)

　여기 제기된 화두에 대해 안장손은 "작은 지혜나마 그 빛을 잃기 전에 세상을 밝혀주고 제 값을 펴나가는 게 더 나은 노릇 아니겠느냐"는 논리로 맞서면서 거듭 제 나아갈 길을 모르고 치기와 쾌락에 몸을 맡긴다.

　제2부의 이 두 가지 화두가 만나는 지점은 이청준으로서는 자못 새로운 곳이다. 안장손은 입산 전에 만난 난정과의 인연의 도를 산중에서의 여러 인간상들의 관련을 몸소 겪어내면서 뒤늦게 깨닫고 그 태아를 자신의 씨앗으로 인식하게 되고 그 생명의 탄생을 위해 1980년 5월 광주의

비극 현장과 맞서게 된다. 인간이 궁극적으로 가야 할 곳, 그곳은 인간의 죄업을 깊이 인식하는 가운데 얻어지는 무구한 인간 존중의 길이 아닌가. 때로는 그것이 광주의 비극과 같은 무수히 되풀이되는 반인간적 역사 조건 속을 피흘리며 걸어가는 일일지라도 제 스스로 자신의 허물을 밝히고 자기를 낮추는 고행의 시간을 거치면서 가야 하는 인간의 길 말이다.

1부에서 인간이 하나의 주체로서 가야 하는 진정한 길이 어디에 있는가라는 물음이 행해지면서 질문형의 소설이 마감되었다면 이제 덧붙여진 2부는 바로 그 길이 인간이 존엄성을 지키는 길임을 알리는 대답으로 완결체의 소설이 이루어진 셈이다. 다만 그간의 이청준의 문학사적 성취도로 보면 아쉬운 점도 없지는 않다. 쫓고쫓김의 관계가 역전되는 인간사의 사연들이 자주 제기되는 선적 화두와 일관성 있게 결합되지 못했다는 것, 더 구체적으로는 1부에서 우봉, 2부에서 무불이나 노암 같은 인물의 도통한 인식이 다른 많은 인물들, 특히 주인공들의 심리 변동에 있어 탄력적인 거울이 되고 있지는 않다는 점(이 점 너무 많은 등장인물에 대해 치밀하게 통어하지 못한 불철저성과 관련, 이청준의 창작 방법론이 어떤 벽에 부딪쳐 있지 않은가 라는 의문을 갖게 된다)을 지적해둔다. (1992)

뿌리 찾기와 민족 화합의 당위성

— 이동희의 『단군의 나라』에 부쳐

　　환인(桓因)의 아들 환웅(桓雄)이 신단수(神檀樹) 아사달(阿斯達)의 땅에 강림하였을 때, 환인이 환웅에게 천부인(天符印)과 함께 준 이념은 다음의 네 글자로 요약되는 것이었습니다 : 홍익인간(弘益人間)!

　위에 인용된 글은 최근에 '노자와 21세기'라는 제목의 텔레비전 강의로 문화계에 큰 반향을 일으킨 바 있는 김용옥 교수가 한 지면(중앙일보, 2000년 2월 25일)에 기고한 그 마지막 강좌의 첫 머리 내용이다. 여기서 환웅이 조선(朝鮮)의 시조(始祖) 단군왕검(檀君王儉)을 낳은 사람이며, 조선이 처음 열릴 때의 건국이념 '홍익인간'이 '인간 세상을 널리 이롭게 한다'는 뜻이라는 걸 모르는 사람은 드물 것이다. 즉 우리는 우리나라가 왜, 누구에 의해서 건국되었는지를 대충 잘 알고 있는 셈이다. 한편으로는 단군왕검이 조선을 다스린 1500년 동안의 단군조선과 그 이후 기자라는 사람이 다스린 약 800년 동안의 기자조선으로 이어져온 사실에 대해 설명하는 사람도 많을 것이다. 5천년 역사와 그 역사를 이끌어 온 위대한 '홍익인간'의 정신! 그걸 생각하며 가슴이 뿌듯해진 적이 없는 한국인이 있을까.

그런데 그 뿌듯함은 우리의 진정한 자긍심이 되고 있었던가? 아마도 그렇다고 답하기는 쉽지 않을 것이다. 그 역사, 그 이념이 과연 실체로서 존재한 것일까? 그것이 실체로서 존재한 것이었다면, 단군조선 시대의 그 오랜 기간 동안을 『삼국유사』에 설명된 대로 단군왕검 혼자서 나라를 이끌고 나간 것으로 믿어야 할 것인가? 실은, 금세 떠올릴 만한 이런 질문을 스스로 외면해 옴으로써 우리는 민족 정체성에 대한 심각한 이해 혼란에 빠져 있었다고 볼 수 있다. 즉, 기원전 2333년 10월 3일 홍익인간의 이념으로 태어난 한 나라가 있긴 했는데, 과연 그 나라가 어떤 통치 내용으로 어떤 삶들을 경작하며 유지되어 온 나라인가에 대해서는 그 후손들인 우리는 아는 바 없는 편이었다. 그렇기 때문에, 우리는 단군을 알고 단군이 나라 세운 이념을 안다고 하면서도, 뚜렷하게 그 나라를 설명할 수 없고 그 유서 깊은 나라의 터전에서 살고 있으면서도 홍익인간을 실천하면서 근거 있는 자긍심을 세워 가지지 못하고 있다. 고조선의 역사 중에서 이 단군조선 시대를 제대로 설명할 수 있는 사람을 우리는 만날 수 없었다. 적어도 단군왕검이 1500년 동안 죽지 않고 나라를 다스렸다는 사실, 그것을 사실로 여겨도 좋은 건지 아니면 신화로 여겨서 고조선이라는 나라 전체를 신화 속의 나라라고 판단해 버리는 것이 좋은 건지 가름해 주는 사람조차 없었다. 반만년 유구한 역사를 버릇처럼 자랑삼는 사람은 무수히 봤어도 그 나라가 어떻게 유지된 나라인가를 조금이나마 구체적으로 설명하는 사람은 보지 못한 것이 우리의 실정이다. 우리의 민족적 자존심은 근거 없이 목청만 높은 우기기식 자존심이 되기 십상이고, 한편으로는 알 수 없는 민족 비하논리가 우리 사이에 팽배해져 있는 현실도 목도되고 있다.

사정이 이렇기 때문에, 고조선의 역사를 밝히거나 단군의 실체를 설명해 놓은 책이 있다면 일단은 누구나 호기심이 발동되곤 한다. 그것이 위서(僞書)라 해도 좋고, 기분 좋게 읽으라고 꾸민 픽션이라도 좋다. 단지 신화나 관념 속에서만 존재하고 있던 우리의 뿌리, 민족의 근원이 하나의 실체로 눈앞에 펼쳐질 수만 있다면 그 자체로도 일단은 의미 깊은 일이 아니겠는가. 필자에게도 그런 순간이 십수 년 전에 있었다. 지금은 대학교수가 된 한 선배가 어느 날 내게 보여준 책이, 환인의 시대, 환웅의 시대, 단군의 시대를 각 시대별 통치자들의 이름과 그 치적으로 밝히고 있는 『환단고기』라는 책이었다. 이 책에는, 우리가 알고 있는 '단군'이나 '환웅'이라는 이름이 특정한 한 사람을 가리키는 말이 아니라 임금이나 제왕을 지칭하는 보통명사임이 밝혀져 있고, 18대까지 이어간 환웅, 48대까지 이어간 단군 모두 각각의 이름과 치적으로 기록되어 있어서, 무엇보다 당장 단군이 오래 살아 1500년 동안 나라를 다스렸다는 식의 신화를 일거에 무너뜨리고 신화 이상의 찬연한 한국 고대사를 제시할 수 있을 것 같았다.

그 중에서 가장 기억에 남는 단군이 제3대 단군 가륵(嘉勒)이다. 기원전 2181년 가륵 2년에 새로 문자를 창제했다는 기록이 나오는데 그 새로운 문자가 바로 세종 때 만든 훈민정음(訓民正音)과 거의 같은 꼴을 하고 있었다. 말만 실사(實史)이지 우리 마음속에 실제로는 신화로만 들어차 있던 2000년 이상의 고조선의 역사가 그 책 한 권으로 고스란히 실제 역사로 자리 잡는 것을 필자는 그때 경험했다. 그 경험을 바탕으로 『종족의 아침』이라는 제하의 중편소설까지 썼다. 필자는 그때나 지금이나, 어쩌면 위서일지도 모를 『환단고기』 같은 책으로나마 고조선의 역사를 실체화하려는 노력은 끝없이 되풀이되어야 한다고 생각하는 사람이다.

이동희 장편소설 『단군의 나라』(풀길, 2000) 역시도 그런 뜻에서 당장 확실한 근거를 확보하고 있다. 이 소설에는 특별하게도, 필자가 만난 『환단고기』는 물론이고 그 외에 정사(正史)에서는 소외당해온 『규원사화』 『단기고사』『단전요의』 등과 신라 때 박제상이 지은『부도지』, 고려 때 이승휴가 지은『제왕운기』등을 비롯한 무수한 정사(正史)의 역사책들이 깊이 있게 거론되고 있다. 이 중에서도 관심의 표적에 놓이는 것은 48대에 이르는 단군들의 이름과 그 활약상이다. 중화 이데올로기를 떠받들던 고려나 조선 시대에도, 일제 강점기에도, 사실이든 아니든 우리 민족의 굳건한 뿌리에 대해 실체적으로 설명하고 기록해 놓은 그 책들이 소외당해온 과정 또한 이 소설의 흥미로운 대목이 아닐 수 없다. 환상을 매개로 한 시공(時空)의 여행을 통해 '단군세기'의 시대며 그 실제적 강역을 답사하기도 하고, 또 오늘날 북한에서 주장하는 단군릉을 답사하기도 하면서 남북통일의 명분을 '단군의 나라'로 대표되는 뿌리깊은 민족 동질성에서 확인하고 있는 이 소설의 문학작품으로서의 명분 또한 그만큼 확고한 것이다. 방대하고도 오랜 역사 답사 끝에 남과 북으로 갈린 사랑의 비극을 씻김을 통해 사랑의 화합으로 승화시킴으로써 장장 원고지 삼천팔백 장 가까운 이 커다란 장편소설은 통일을 향한 아주 근거 있는 정신적 좌표를 마련할 수 있게 되었다.

　단군 이야기만 나오면 맹목적 국수주의로 몰아붙이는 사람들이 있다. 실제로 단군을 내세우는 민족주의 주창자들 중에는 현실성 없는 '한민족 절대주의자'들이 없지 않고, 그 때문에 단군을 실체로서보다 오히려 신화 속의 존재로 부각시키는 결과가 빚어지기도 한다. 일부에서는 종교적 갈등까지 낳아서 사회문제로 비화된 상태다. 그러나 그렇다고 해서 우리의 뿌리가 어디에 있는지를 찾으려는 노력 자체를 부정해서는 곤란한 일이다. 이 소설에서 다루는 상당수의 역사책은 실제로 그 진위를 가리기 힘든 것들도 많지만, 적어도 그것들이 단군에게 역사의 실체를 부여하고자 노력한 결과로 얻어진 산물이라는 사실을 부정하기는 어렵다. 홍익인간의 이념을 실천하면서 1500년간이나 나라를 잘 다스리고는 신선이 되어 2000년을 더 살았다는 단군을 믿는 것이 좋은가, 아니면 1대 단군에서 48대 단군으로 통치자를 이어오면서 홍익인간의 이념을 실천하고 있었던 우리의 나라, 단군의 나라를 마음속에 간직하는 것이 좋은가. 그 어느 쪽도 사실이 아니어서 부정돼도 좋지만, 우리는 우리의 현실과 미래를 위해 부지런히 우리 시대의 참다운 역사를 세워나가는 한편으로 단군 찾기로 대표되는 뿌리 찾기에 대해 더욱 더 구체적이며 실제적인 노력을 기울여 가야 할 것이다.

고집스러운 '민족절대주의'도 근거 없는 민족적 비하론도 함께 반성하면서, 우리는 더 겸허해져야 한다. 우리의 '개천절 노래'는 더욱 어김없이 더욱 의미심장하게 불려야 한다. 우리는 왜 여기 있고, 우리는 왜 다시 하나가 되어야만 하는가를 그 어떤 사실보다 더 명백하게 알려줄 것이 바로 우리의 뿌리에 있기 때문이다.

이동희의 역작 『단군의 나라』는 국수주의자의 단군 이야기가 아니라, 많은 사람들에게 우리의 뿌리에 대해 우리의 통일에 대해 숙고할 수 있는 계기를 마련하게 해 줄 뜻깊은 단군 이야기이다. (2000)

척박한 자본주의 시대의 순박한 직업인의 표정
— 이채형과 이경만의 소설

물신풍조에 맞서는 우화적 상황 : 이채형의 경우

작가 이채형은 1946년생으로 1984년에 『소설문학』 신인상으로 문단에 나왔다. 1999년 말에 나온 소설집 『동무』(한국소설대학)는, 그러니까 작가가 태어난 지 지명(知命)의 나이를 넘기고 등단한 때로부터도 20년 가까운 세월이 흐른 후에 처음 세상에 내놓은 처녀 창작집이다. 이 중늙은이 '처녀' 책 앞머리에 작가는 이런 말을 써 올렸다.

> 새 천년을 맞는다고 세상은 분주하다. 마치 천년이 일시에 닥치는 듯하다. 그러나 뉴밀레니엄의 나날도 지난 세기처럼 하루해가 뜨고 지면서 오고 또 가리라. 아무려나, 나는 그 아득한 날보다 지나간 날이 아직도 새롭다. 퇴영적이라도 어쩔 수 없다. 이 세기말의 해거름에 부끄러운 자취를 돌아보는 것도 그 때문이다. 세운 뜻은 아름다웠으나 그것마저 이제는 서산의 해처럼 기운 느낌이다. 새 천년에 인연을 갖는다면, 그것은 뼈아픈 각성의 다음일 것이다.

새로운 시간을 앞당기듯 달려온 사람들은, 필시 우리 눈앞에 펼쳐지는 뉴밀레니엄의 시대를 어떻게 경영해 나가야 하는 문제에 적극적으로 시달리고 있을 것이다. 코스닥과 인터넷과 복제인간 따위의 말들이 난무하는 이 시대를 그러나 아직 여전히 낯설고 버거워 어디 시간을 거꾸로 돌려주는 업소라도 있으면 그곳에 가서 하루 종일 머물러 있고 싶어하는 사람도 많다. 눈앞의 시간이 '아득'하고 지나온 시간이 오히려 '새롭다'고 느끼는 사람들 말이다. 대개 그런 이들은 술자리에 앉기만 하면 "그때 왜 우리 거기서 살았잖아……" 하고 운을 떼기 시작한다. 어쩌다 그들 말에 귀기울여 보면, 정말 그들의 지난 시대야말로 따스한 인간미가 있던 시절이었다는 생각이 절로 난다. 지난날이 진짜 아름다운지는 모르겠으나, 우리가 지나온 소중한 시간을 결코 잊어서는 안 된다라는 말은 진지하게 하고 싶어진다. 소중한 것이되 날로 소외된 것을 들추어내고 그것에 빛이 비치게 하는 역할이 작가의 것이라는 생각도 한다. 우리의 작가 이채형은 '처녀' 소설집 머리말에서 그런 식으로 밝혀 놓았을 뿐 아니라, 바로 그런 내용의 소설들로 책 전체를 채워 놓았다. 나는 이 책에서 앞을 향하지 않고 몸을 비스듬히 뒤로 향한 채 지나온 시간을 더듬어 보고 있는 작가의 체취를 읽는다.

1984년 이채형이 「겨울 우화」라는 제목의 단편소설로 등단했을 때 나는 아주 가까운 자리에서 그것을 지켜볼 수 있었다. 이번 책에 「누가 바람을 보았는가」라는 제목으로 바뀌어 수록돼 있지만, 나는 그 시절 그 소설을 읽고 떠들던 때의 내 청춘 시절을 고스란히 떠올리게 되었다. 그 소설은 어느 겨울 철거를 앞둔 우이동 골짝 마을 노인들이 무협소설을 출간하는 출판사 출신의 한 노인(호영방)를 추억하는 내용이었다. 무협지를 흉내내어 산각도인, 쌍검도사, 연소녀, 검흔선사, 청안마인, 묵대인 식의 별호를 붙여 부르며 지내는 출판사 식구들 사이에서 호영방은 어느

날 갑자기 괴력의 사나이로 변해, 버스에 치여 죽게 된 한 소년을 장풍을 일으켜 날림으로써 구해내게 된다. 그 후로 그의 괴력은 마치 무협지의 주인공처럼 불의 앞에서나 위기에서 선한 존재들을 지키고 구해낸다. 기존 무협지가 지닌 도덕률을 무시하고 '장풍과 섹스'를 함께 섞은 무협소설을 강요하는 사장(청안마인)을 향한 그의 광풍을 보라.

> 호영방 씨는 빈 술잔을 청안마인에게 내밀었다. 그는 잔을 채우며 상대의 눈을 똑바로 쏘아보았다. 상대의 눈도 어두운 광채를 띤 채 마주 바라보았다. 그 눈이 어느 순간 궁지에 몰린 짐승의 그것처럼 흔들리고 있었다. 그때, 그의 몸 안에서 저항할 수 없는 한 가닥 바람이 소용돌이치며 그 출구를 찾아 돌고 있음을 그는 느꼈다. 문득 말없이 억압받는 이들이 있다면 바로 이 자리의 사람들일 거라는 생각이 얼른 머리를 스쳐 지나갔다. 그와 함께 갑작스런 치욕으로 온몸을 떨게 하는 강한 회오리가 그의 전신을 역류하면서 손바닥으로 몰아 닥쳤다. 거역할 수 없는 힘이 그의 손을 앞으로 내뻗게 했다. 그 순간, 막 따른 술잔이 괴수의 검붉은 얼굴 위로 솟구쳐 올랐다. 괴수의 두 눈이 경악으로 치떠진 채 굳어 버린 것도 그 순간이었다. 그 뒤는 미처 확인할 새도 없었다. 괴수도 술상도 아득히 티끌처럼 사라져 버렸으므로……

이 장풍의 사나이 호영방 이야기에 이어, 이채형은 더욱 우화성이 두드러진 「목」이라는 단편을 내놓았다. 실직에 대한 불안감을 '목'이 날아갈지 모른다는 강박증으로 비유한 참신한 소설이었다. 어느날 우연히 길거리를 달리는 오토바이에 실려가는 거울 속에 비친 자신의 목 없는 모습에서부터 그 강박증을 갖게 된 직장인의 얘기였다. 호영방 얘기처럼 다소 비상식적인 상황에 대한 묘사가 기묘하게도 삶의 현장에서 뼈아프게 구석으로 내몰리고 있는 사람들의 모습을 생생하게 대변해 주고 있었다. 정통적이라고 하지 않을 수 없는 탄탄하고도 안정감 있는 문장력으로 산업화 시대의 물신풍조 속에서 빚어지는 생활인의 병적 징후를 그렇듯 우화적인 상황으로 멋지게 형상화한 소설이었던 것이다. 나는 실제로 툭하면 작가 이채형에게, 장풍과 섹스로 상징될 만한 그런 현대적 상황을 그린다면 참 개성적인 세계가 될 수 있지 않겠느냐고 채근하기도 했다.

이 책에 실린 10편의 단편소설은 작가 스스로가 말하듯 상당히 '퇴영적'인 느낌을 주는 게 사실이다. 그만큼 지나온 과거를 돌아보는 소설들이다. 그런데도 놀라운 것은 그 자세가 참으로 성실하고 꼼꼼하다는 점이다. 공책에다 깨알처럼 작은 글씨로 소설 습작을 해 본 사람들이 느끼는 진지함이 이 책에서 물씬 묻어나온다. 그렇다고 고루한 느낌을 주는가 하면 그것이 아니다. 상황을 정확하게 묘사하고 전달하려고 애쓰면서도 전혀 다급해지지 않는 묵직한 태도가 느껴지는 작품들이다. 그것은 단순한 '퇴영'이 아니다. 나는 이 책을 습작생들의 문장 수업을 위해 제공할 작정이다.

나는 우리 나라 소설들 안에 직업적 상황이 거의 연출되어 있지 않아서 저 유명한 서사정신의 하나인 리얼리즘이 제대로 실천되지도 못했다고 생각하는 사람이다. 그 중에서도 시대 흐름을 첨예하게 대변해 주는 직업 환경을 소설적 상황으로 끌어들인 작가가 너무 적다고 나는 생각한다. 그런 점에서도 이채형의 소설은 볼 만한 게 많다. 문화냐 상업이냐라는 문제를 앞에 두게 될 때 그 누구보다 그늘진 곳에서 갈등하는 사람들이 바로 출판사 사람들이라는 사실을 처음으로 말한 작가가 나는 이채형이라고 생각한다. 작가 이채형은 속도감 넘치는 자본주의가 어떻게 인간의 정신을 지배해서 이 세계를 어떤 식으로 경영할 것인가에 대해 출판사의 집필 팀이나 편집부 직원들 이야기로 이미 갈파하고 있었던 것이다. 출판사 직원들 이야기를 앞세운 나의 첫 소설들 「날아라」 연작(『날아라 거북이!』 민음사, 1996)도 어쩌면 이채형 소설이 있는 덕분에 자신 있게 집필된 듯도 하다. 이 책은 내게도 한국 문단에도, 그리고 또한 작가 자신에게도 너무 늦게 왔으니, 안타깝고 반갑다.

자연의 혼을 읽은 사람 : 이경만의 경우

이경만 소설집 『우혼제(牛魂祭)』(목민사, 1997)에는 모두 12편의 단편소설이 실려 있다. 한두 편의 예외를 제외하면 그것들은 대부분은 농부 아니면 광부의 삶의 애환을 본격적으로 다루고 있는 소설이다. 주지하다시피, 농부들의 삶을 다루고 있는 소설을 흔히들 '농민소설'이라 이름하기도 하고, 그와 마찬가지로 광부들의 삶을 다루는 소설을 임의로 '탄광촌 소설'이라는 식으로 명명하기도 한다. 그런데 그런 경우 대부분 그런 소설을 쓴 작가는 어느 한편의 이미지로 굳어지기 마련이다. 즉 '농민소설을 대표하는 작가 아무개', '탄광촌 이야기를 주로 쓰는 작가 아무개'라는 식이다. 농민소설과 탄광촌 소설을 아울러 쓰는 경우는 극히 드물다는 얘기다. 이경만의 경우는 기이하게도, 농촌에서 농사짓고 사는 농부들의 삶의 실상을 누구보다 구체적으로 그려내는가 하면, 탄광에서 광물을 캐며 먹고 사는 광부들의 삶의 모습을 재현함에 있어서도 다른 어떤 작가보다도 전문적인 체험을 직접적으로 드러내고 있다는 특징을 가진 작가이다.

가령 다음과 같은 대목을 꼼꼼히 읽어 보자.

> 폭신한 볏짚 위에 비스듬이 누워 여물을 씹는 농우가 입을 크게 벌리고 하품을 하고는 뒷다리를 뻗쳐 만족한 듯 기지개를 편다. 담 밑에 세워둔 삽을 찾아 어깨를 메고 들길로 나섰다. 오랜 가뭄 끝에 지난 밤에 촉촉히 내린 단비로

길섶의 들꽃들이 제마다 잘났다고 우쭐거리는 자태가 생경스럽다. 저만큼 다가오는 논바닥에서 뜸부기 한 마리가 놀라 푸드득거리며 날아올라 건너편 논둑에 앉았다. 어느 사이 허리키만큼 자란 벼잎사귀마다 한낮의 햇살이 넉넉하게 쏟아져 내렸다. 바람이 지나칠 때마다 황금빛 물결로 눈이 부셨다. 웃옷을 벗어들고 마구 휘저으며 노란 민들레 꽃송이들이 자지러지게 피어 있는 길다란 논둑 끝까지 덩실덩실 춤을 추며 뛰었다. (……) 콩잎이 손을 흔들며 아우성을 치고 있었다. 콩이 잡초 속에 파묻혀 자멱질을 했다. 비름, 명아주, 여귀, 닭의장풀, 망초, 쑥이 서로 다투어 키재기를 하고 있는 틈에 끼어 숨도 제대로 못 쉬고 살려달라고 바짓가랑이를 붙잡고 메어 달린다.

—「흔들리는 들」에서

작중에서는 주인공의 꿈에 나타난 상황이지만, 논밭을 가꾸며 살아온 농부의 실제적 삶의 모습이 이처럼 구체적으로 묘사되는 일은 결코 흔하지 않다. 또한 막장꾼의 삶을 다루고 있는 「막장꾼」「외로운 회귀」「어둠의 땅」에서도 이러한 구체적이고 사실적인 묘사가 돋보이고 있다. 이 점, 우리나라에서 농민이면서 또는 스스로 광부이면서 제대로된 문학작품을 내는 경우가 없다는 점과 특히 비교된다고 하겠다.

농민의 삶에 대해서도, 광부의 생활에 대해서도 함께 구체성과 사실감을 자랑할 수 있게 된 것은, 물론 두 가지 삶을 모두 살아본 작가 자신의 실제 체험 덕분인 듯하다. 그러나 여기서 우리가 눈여겨볼 대목은, 그 두 가지 삶의 내용이 이미 자본주의 산업구조에서 보면, 가장 원초적인 생산에 해당하는 산업 종사자의 체험으로 채워져 있다는 사실이다.

농업이란 것이 임업이나 어업 등과 같은 천연자원에 대한 생산이나 채취 따위를 업으로 하는 소위 제일차산업의 중심 산업임은 말할 것도 없을 것이다. 더구나 이 책 속의 농부들은 거개가 경작을 기계에 의존하지 않고 소에 의존하는 원시농민에 가깝다. 광업은 원재료를 정제하고 가공하는 산업 즉 제이차산업의 하나이긴 하나 이 책에 나오는 광부 주인공들은 그런 중에도 원재료를 시굴(試掘)하거나 채굴(採掘)하는 일차적인 산업 종사자들에 불과하다. 말하자면 이 소설집 속에 다루어지는 두 가지 종류의 산업 종사자들의 삶은, 제일차산업이나 제이차산업보다 그 산업에서 생산되고 가공된 상품을 유통시키거나 생산에서 유통까지의 과정 자체를 산업화하는 소위 제삼차산업이 주도해온 자본주의 경제체계 안에서, 날로 소외되고 언제나 변혁의 대상에 놓여 있는 그런 것들이라는 얘기다.

그 일차적인 산업 종사자의 체험이, 대량생산을 최대 목표로 삼은 산업혁명 이후의 현대사회에서도 그렇거니와 일차적 산업에서 생산과 채굴을 애쓰던 생물의 씨종까지도 기계의 힘으로 대체할 수 있는 첨단 과학의 시대인 지금에 와서 무슨 의미가 있을까. 바로 이 소설들의 의의를 묻는 그 지점에 서 보자. 이 소설들은 사실, 실체험에서 우러나온 농부와 광부의 구체적인 산업 현장에 관한 묘사가 어떤 소설보다 더한 실감을 주지만, 이야기 전개에 있어서나 표현 기교, 주제를 암시하는 솜씨 등에 있어서는 그리 능란하다는 느낌을 주지는 않는다.

그런데 이 소설들은 이 소설의 의의를 묻는 지점에서도 의외로 당당한 답을 던져 주고 있다. 간단하게는, 이 소설집 곳곳에 스며들어 있는 인정주의, 가족애, 애향심 등 최근 다른 소설들에서는 묵과되지만 우리 삶 속에는 엄연히 남아 삶의 질서를 유지해주는 커다란 덕목을 말할 수 있겠다. 예를 들면 「어둠의 땅」에서 가족에게 보상금을 남겨주기 위해 갱 속에서 위장 발파해 자살하는 한 광부의 사연에서 느낄 수 있는 비장미 같은 것이다. 매몰이나 발파 실수로 죽지 않더라도 갱에서 얻은 병으로 목숨을 단축해 가며 살고 있는 광부들의 처절함이, 그러나 한 광부(「막장꾼」의 재호)의 목소리를 빌려 이렇게 당당하게 말해질 수 있다는 사실을 우리는 기억할 필요가 있다.

모두들 이렇게 정신 잃은 자세로 앉아 있지 말고 힘을 내고 용기와 자신을 가지도록 합시다. 비록 우리들은 가진 것이 없어서 가난은 해도 하늘을 두 겹이나 덮어 쓰고 위험과 죽음 앞에서 자연과 굳세게 싸워 나가지 않습니까? 사실 우리들이야말로 진정한 애국자입니다. 입만 갖고 말로만 떠들어대는 그러한 사람들보다 백배 천배 더 나라를 위하고 국민을 위하는 훌륭한 일을 하고 있지요. 우리들이 피와 땀을 흘려가며 캐어 놓은 탄으로 공장이 돌아가고 전기를 일으키고, 가정에 연료로 사용했기 때문에 황폐해지고 벌겋게 헐벗었던 산들이 푸른 모습으로 변해버린 것도 우리들이 갱내에서 고생한 보람이 아니겠습니까.

한편으로는 이 소설집에서 가장 인상적인 것은 「우혼제」나 「우공들의 행진」에서 소의 생명을 자기 자신의 그것 이상으로 생각한 주인공들이 소의 혼(魂)을 읽고 그것과 교감하는 그 마음이 아닐까 싶다. 「우혼제」의 주인공은 혈육과도 같았던 소의 목숨을 지켜주지 못한 자신를 탓하다가 소의 혼을 달래기 위해 '우혼비'를 주문 제작하고 있다. 「우공들의 행진」에서는 아예 소[牛公]들에게 이름까지 명명되어 있고 그 중 '순분이'이라는 젖소는 주인공 역할까지 하고 있다. 동물이 말을 하고 희로애락의 주체자로 등장하는 문학작품이야 드문 게 아니지만, 이 경우는 단순한 의인화의 결과로만 보여지지 않는다. 인간들에게 일곱 마리의 소와 무한한 우유를 선사하고 마침내 병이 들어 도살장을 끌려가게 된 순분이와 그녀가 떠나는 것을 눈물겹게 바라보는 그의 후배들, 그리고 인간들의 교감을 보자.

순분이는 나도 이제 가야 할 때가 되었구나 하는 생각이 들었다. 이제 죽는다 해도 무슨 한이 있겠는가. 식구들 중에는 몇만 제외하고는 모두 딸, 손녀,

증손녀, 고손녀 등 다들 나의 피붙이들이 아닌가. 마음 같아서는 방목지에 올라가서 한바퀴 둘러보고 싶지만 소용 없는 일이었다. 우두머리로서 지켰던 위엄과 영화는 한갓 꿈이었다. 제 발로 걸어서 용달차에 오르지 못하고 밧줄에 묶여 끌려 올라가는 처참한 최후의 모습을 식구들에게 보여 준다는 것이 가슴에 못이 되어 아프게 쑤셔왔다. 순분이를 실은 용달차가 도축장으로 떠나려고 하자 그녀를 따르던 소들은 운동장에서 시위라도 펼치는지 뛰어다니며 소리를 질러대었다. 대감씨 내외와 박원장에게 그동안 하고 싶은 이야기를 다 해버려 더 할 말이 없었다.

대감씨 내외의 두 눈에도 눈물이 흘러 앞을 가리웠고 곁에서 지켜 보는 박원장은 뒤돌아서서 훌쩍거렸다.

진정으로 소의 혼을 읽어온 사람, 진정으로 자연과 한몸이 되어 살아온 사람만이 취할 수 있는 이야기 내용이고 이야기 방법이다. 나는 이 이야기를, 언젠가 인간 자신까지도 첨단 과학으로 복제해 낼 것이라는 야망을 숨기지 않는 우리 인간들에게 들려주면서, 과연 인간이 이 땅에서 오래 살아 남으려 한다면 무엇을 더 존중하고 살아야 하는지 깨닫게 하고 싶다. (2000:1997)

자본주의의 감옥을 부순 자는 누구인가
— 이순원 장편소설 『그곳엔 비상구가 없다』

전 11장으로 구성된 이순원 장편소설 『그곳엔 비상구가 없다』(문예중앙, 1992)의 마지막 장을 이루는 '에필로그'의 내용에 따르면 '비상구'라는 말은 '돌발사고 때만 사용하는 출입구'라는 의미 이상으로,

①건물 안에서 곧바로 외부로 나갈 수 있는 출입구
②건물 안에서 비상구①로 연결되는 출입구

등 두 가지 뜻을 지시하며 실제 쓰인다고 한다. 제목 '그곳엔 비상구가 없다'는 10층 높이 건물에서 각 층의 ②의 비상구를 거쳐 마침내 1층에 이르게 되지만 정작 1층에서 ①의 비상구를 찾지 못한다는, 10개 장 제목에서 유추되는 암시적인 줄거리와 맥을 대고 있는 상징적인 언술이다.

상징이라는 것, 그러니까 실제 드러내고 있는 표면 내용보다 그것이 의도적으로 감춰 두고 있는 의미를 중시하라는 것, 그것은 그 표면 사실과 내포된 의도 사이의 탄력적인 관계가 생명인 표현 방법이다. 그렇다면 이 장편소설에서 '그곳엔 비상구가 없다'는 말의 실제 의미는 무엇이

며, 그것은 과연 그 표면 언어와 어떻게 탄력적으로 관련되어 있을까?

당연하게도 이 소설의 실제 표면 줄거리는 비상구 찾는 이야기에서 거의 벗어나 있다. '압구정동'으로 대표되는 우리 시대 최상층 부자 부류들의 타락한 생활상이 사회구조의 여러 조건 속에서 신분상승된 다양한 사람들을 통해 소개되면서 알 수 없는 사내가 그 사람들 중 몇몇을 살인해 가는 내용이 이 소설의 주요 스토리다. 여기서 알 수 없는 사내에게 죽임을 당하거나 아마도 그 죽임의 그림자가 다가오는 것으로 보이는 그 인물들의 면면은 서술되는 순서대로 보면 이렇다.

태양전자 출신의 여자아이: 태양전자에서 일하다 사장 아들인 부사장의 성적 노리개가 되었다가 스스로 압구정동에 와 고급 콜걸이 된다.

노파: 국내의 아들 내외와 미국의 딸 내외가 안겨 주는 지나친 풍요와 극심한 정신적 소외 속에서 포르노 테이프 광이 된 사람.

강혜리: 남자의 몸으로 태어난 여자로 성전환 수술 후 밤무대 무희로 일하며 호모 섹스를 즐기지만 끝내 완전한 여자로서의 사랑에 굶주려 있는 여인.

패스트푸드 회사 사장의 여대생 딸: 물질적 풍요를 한껏 누리며 핸드백에 피임도구를 넣고 다니며 성적 쾌락에 몸을 떠는 여인.

까만 치마(복부인): 남다른 시세감각으로 땅 투기를 시작하여 강남의 큰손이 되어 있고, 룸싸롱 경영, 도박장 대여, 포주 노릇 등을 하며 성의 쾌락에 탐닉해 가는 인물.

태양전자 부사장: 더 욕심낼 것 없는 재벌 2세로 도박 · 마약 · 섹스 등을

성취의 과정으로 살고 있는 인물.

이들은 대개 공통적으로 1)압구정동을 중심으로 한 20세기 후반 한국 자본주의의 최첨단 소비지역에서 2)물질적 풍요를 누리거나 누리려 하는 존재이며 3)성적 쾌락을 즐기거나 이용하고 있는 것으로 되어 있다. 특히 3)의 경우는 거의 필연적인 것으로 제시되어 있는데, 가령 노파가 포르노 테이프를 보며 수음을 한다든지, 왜곡된 성적 인간인 강혜리가 성장과정에서부터 무수한 변태적 성행위를 경험한다든지, 부잣집 여대생이 남자친구와의 성행위를 끊임없이 계획적으로 유도한다든지 하는 데서 잘 드러난다. 그 일들이 성적 타락을 의미하고 또한 그것이 한국 자본주의의 타락을 극단적으로 증명하는 일이 됨은 말할 것도 없다.

이들 중 노파·강혜리·여대생·까만 치마 등 4인이 순서대로, 태양전자 출신 여자아이가 압구정동 '여왕벌 클럽' 소속 콜걸로 나와 첫 손님을 받고 난 다음 주 금요일 저녁부터 매주 금요일 밤 각각 어떤 건장한 청년에게 교살된다. 그 여자아이와 그녀를 타락케 한 부사장 두 사람은 소설 속에서 살해당하지 않는 주인물에 속하는데, 전자는 구제될 유일한 사람처럼 보이고 후자는 다음에 살해될 가능성이 암시되고 있다. 그리고 그 살인사건을 추적하는 최형사와 강혜리의 이중성에 대해 추적한 바 있는 여성지 기자 이태호가 있다. 이태호의 해석에 따르면 그 교살들은(피살자의 고가의 소지품에 대해 욕심낸 흔적이 전혀 없다) 타락한 자본주의에 대한 통렬한 비판행위에 다름 아니다.

이렇게 본다면, '그곳엔 비상구가 없다'는 말은 한국 자본주의가 처한 극심한 타락상이 이제 그 끝 간 데를 모를 뿐더러 그것을 극복할 아무런 대안이 없다는 절망적인 단언이랄 수 있겠다. 그 절망, 그 비상구 없음이 결국 얼굴 없는 살인자를 등장시켜 그 자본주의의 쓰레기를 제거하는 일을 맡겨 버리는 특별한 소설 상황을 낳은 것이다. 즉 이 소설은 '타락한 자본주의자들에 대한 계획적인 테러'라는 방법으로 비상구 없이 꽉 막힌 자본주의의 감옥을 부셔 보인 매우 적극적이고 능동적인 자본주의 비판 소설이 되었다. 이 점 병폐로 가득한 세상을 비판할 뿐 아무 대안도 제시하지 못하는 한국의 많은 '비판적 리얼리즘' 소설에 비하면 대단히 독보적이라고 할 수 있다.

그런데 여기서 지적될 문제가 있으니, 그 적극적이고 능동적인 테러리스트를 창조한 작가가 스스로 그 테러리스트가 누군지 알지 못하고 있다는 사실! 작가가 겨우 그것에 대해 해명하는 일이라곤 이태호 기자의 입을 빌려(그가 여성지 기자로서 실제의 사건 담당 형사보다 더 치밀한 추리력을 보이는 것도 좀 이상하기는 한데) "왜곡된 한국 자본주의의 부패와 타락에 대한 어느 누군가의 테러"라고 진단하는 것뿐이다. 그 범인은 어떻게 그 많은 부패한 자본주의 백성 중에서도 그들만을 가려낼 수 있었을까. 범인이 테러의 대상으로 삼은 것이 그냥 자본주의가 아니라 '한국 자본주의'라면, 그들 주인물들의 신분상승 과정 안에 무수한 한국적 정황이 개입돼 있음을 알려 주었어야 하지 않았을까(이 점에서 보면 태양전자 출신의 여자아이만이 한국적 인물이긴 한데, 그러나 그도 한국 사회의 실상을 리얼하게 증명하는 '전형적인 인물'이라 하기는 어렵다).

이 소설은 오늘날 우리가 현실에서 시달리고 있으며 따라서 마땅히 소설에서도 시달려야 하는 한국 자본주의의 현실에 대해 '연쇄 테러'라는 충격적인 대안으로 고발하면서 우리 삶이 어떤 형태로든 새로운 양식으로 전환되어야 할 것을 강력하게 촉구하고 있다. 남다른 통계학적 자료 선택에다 취재 내용의 풍성함 등을 곁들여 이 같은 문제의식을 더욱 선명하게 한 시도도 돋보인다. 그러나 자본주의의 감옥에 갇힌 우리 현실을 담아내야 한다는 책무가 인식적으로도 방법적으로도 과도하게 발휘되면서 이 땅에 발을 딛고 살아가고 있는 한국인들의 실상에서는 슬쩍 비껴나는 낯선 이야기 상황을 연출하고 만 게 아닌가 싶다. (1992)

화합, 투쟁, 변신

— 전후작가 소설 3편으로 보는 근대사의 한국인

1. 화합으로 고난을 이겨내고

5천년 역사를 이어온 한국은 20세기 들어 제국주의 국가 일본에 강제 병합되어 35년여 동안(1910~1945) 주권을 빼앗긴 채 지내오다가 독립했고, 1950년대 초에 북한의 침략 전쟁(1950~1953, 6·25 전쟁)을 치러 남북한으로 나뉜 채 60년 이상 세월을 보냈다. 2차 세계대전 이후 분단되었다가 통합된 독일(1990)처럼, 남북한으로 분단된 한국도 머지않아 단일국가로 통일될 전망이다. 일제 강점기와 6·25전쟁, 그리고 그 이후의 분단 시기를 겪으며 1950년대 세계에서 가장 가난한 나라로 전락한 한국은 그 시련을 이겨내 세계가 주목하는 국가로 성장해 있다. 한국인들은 일본 제국주의에 당한 수탈과 수모, 전쟁과 분단 시기의 분열과 혼란을 급진적 개발과 지속적인 민주화 투쟁으로 극복하면서 세계 어느 열강 못지않은 영향력을 발휘하게 된 것에 상당한 자부심을 느끼고 있다. 그러나 한편으로는 여전한 남북 대치 상황에서 체제 내의 통치력 부재와 이념 갈등으로 희망의 미래를 확신하지 못하는, 이른바 '민족사적 불안감'을 떨치지 못하고 있다. 한국의 많은 소설작품은 이 같은 한국근대사의 질곡(桎梏)을 헤쳐 오면서 이를 극복하거나 이에 좌절한 다양한 '한국 근대사적 캐릭터와 스토리'를 창출해 왔다.

이 글은 한국인이 어떻게 근대사의 수난에 부딪쳐 왔는지를 한국문학작품을 통해 알기 쉽게 설명하려는 목적으로 서술되고 있다. 특히 한국 역사와 한국문학에 대해 진지하게 인식해 보지 않은 이방인들이 이해하기 편하게 한국의 중고교 교과서에 자주 게재된 소설 3편을 예로 들고 있다. 그 소설은 하근찬(1931~2007)의 단편소설 「수난 이대」(1957), 선우휘(1922~1986)의 중편소설 「불꽃」(1957), 전광용(1931~1988)의 중편소설 「꺼삐딴 리」(1962) 등이다. 모두 6·25전쟁의 비극을 문학적 모태로 삼고 왕성한 작품 활동을 한 '전후작가(戰後作家)'*이며 그 대표작이라 할 만하다. 이들 작품은 일제의 폭압, 6·25전쟁의 참상이나 후유증 등을 주소재로 다루고 있다. 그러나 그 주인공들이 그런 비극에 대해 대응한 삶의 방식은 서로 다른데, 그것은 실제 한국인의 삶의 다양한 측면을 반영한다고 할 수 있다.

가령 「수난 이대」에서, 일제 때 징용을 나가 한쪽 팔을 잃은 아버지는 6·25전쟁에 참전해 죽은 줄 알았던 아들의 생환을 맞았으나 그 아들이 다리 하나를 잃은 몸이라는 것을 알게 된다. 이 2대에 걸친 수난은 그런데 그날 상봉한 부자가 집으로 돌아오는 길에 만나는 외나무다리 앞에서 극적 전환의 계기를 얻는다. '외다리'로서 스스로의 힘으로 외나무다리를 건널 수 없게 된 아들을 '외팔' 아버지가 등을 내밀어 업는다.

---

* 주지하다시피 제1, 2차 세계대전 이후 인간성의 상실, 절망감 등을 주로 표출한 서구 문학의 한 경향을 '전후문학'이라 하는데, 한국에서는 6·25전쟁 후에 이의 경험을 모태로 삼은 작가와 작품을 '전후작가,' '전후문학'이라 명명하고 있다.

팔로 내 목을 감아야 될 기다.

'외다리' 아들을 업고 외나무다리를 건너게 된 아버지의 무뚝뚝하기 이를 데 없는 이 말은, 업은 사람이 업히는 사람에게 경계하는 '사무적인 주의사항'이나, 아들을 안전하게 업고 가려는 부정(父情)의 표현에 그칠 리 없다. 이 말에는 2대에 걸친 이런 반복된 수난일지라도 함께 이겨내고 말자는 은근하지만 단호한 '화합 의지'가 배여 있다. 외나무다리 위에서, 일제 식민지 비극의 상처로 얼룩진 아버지와 6·25전쟁의 비극을 몸으로 실증(實證)하고 있는 아들의 극적인 화합은 이 소설을 아름다운 세계로 완성하게 했다. 일제 강점기와 6·25전쟁에 이어진 분단으로 한국인의 고난은 극에 달했다. 그러나 한국인은 끈끈한 가족애를 넘어서는 화합의 의지로 그것을 이겨내고 있었음을 이 소설은 상징한다. 그 의지가 한국 경제의 급진적 발전과 사회·문화적 성취의 원동력이 되었음은 말할 것도 없다.

2. 죽음으로 불의와 맞싸우며

「불꽃」도 20세기 들어 겪은 한국인의 지속적인 비극이 어느 정도인가를 짐작하게 하는 소설이다. 이 소설에는 일제 강점기의 가장 전면적인 항일혁명인 삼일운동(1919) 시기로부터 6·25전쟁 때까지의 30여 년 세월의 민족사의 격동기가 한 집안의 삼대(三代)를 중심으로 펼쳐지고 있다. 봉건적 가문과 시대 환경의 억압적인 분위기에 갇혀 정체성을 찾지 못하고 있다가 6·25를 전후한 역사적 격랑을 겪으면서 마침내 행동하는 도덕주의자로 변모한 고현이 주인공이다.

전 2부로 구성된 이 소설은 31년 전 3·1운동에 참가했던 아버지가 총을 맞고 숨었다가 죽어간 동굴 속에, 6·25전쟁기에 그 아들 고현이 또다른 도망자가 되어 숨어 있는 장면에서 시작된다. 1부에서는 주로, 아버지의 순국(殉國) 때문에 엄하면서도 현실주의적인 조부 밑에서 일제의 대동아공영 정책에 순응하면서 성장해야 했던 일, 삼촌 덕에 일본에서 유학을 했던 일, 유학을 하면서 일본인 선생과 다투던 일, 일제의 학도병에서 탈출한 일, 해방 후 여학교 교사로 있을 때의 갈등이며, 사상 문제와 개인 감정에 뒤얽혀 결국 총을 빼앗아 동굴 속으로 피신한 경위 등등 고현의 과거사 회상으로 채워진다. 다음 이어지는 제2부는 고현이 그의 조부를 볼모로 해서 그를 추적하는 친구 연호와의 대결에서 서로의 총에 맞아 죽는 현재 진행형인 장면으로 채워져 있다.

소설에서 드러난 고현의 생애는 그 자체로 한국 근대사의 맥락 위에 서 있다. 고현뿐 아니라 이 소설의 등장인물 다수가 그렇다고 할 수 있다. 고현의 운명에 줄곧 개입해온 그의 조부 고 노인은 봉건적인 유습에다 역사에서 받은 피해의식 속에서 오직 자신과 혈육의 이익만을 위해 사는 인물로 당시 일제 때로부터 6·25전쟁 때까지 겪어온 전형적인 현실주의자로 설정되어 있다. 고현의 어머니는 독실한 기독교인이면서 한편으로 개인적인 욕망을 누르고 수절하는 전통적인 어머니상을 대변해주고 있다. 고현의 친구인 연호는 노동자 출신으로, 당시 볼 수 있었던 맹목적인 혁명주의자로 묘사된다. 사회주의 공작 임무를 띠고 P고을에 파견된 그는 고 노인을 인질로 삼으면서까지 끝내 고현을 추적, 현을 죽이고 자신도 현의 총에 맞아 죽는다. 한편 고현 가문의 삶의 무대이면서 이 소설의 주무대가 되고 있는 P고을은 해방 후 간신히 남한 땅으로 구획된 곳으로, 좌우익의 대립이 극심했던 비극적인 역사의 상징적인 현장으로 제공되고 있다.

　이처럼 이 소설은 6·25전쟁을 정점에 두고 한국 근대사의 비극을 일시에 보여주려는 작가의 의도를 거의 숨기지 않고 있다. 무엇보다 주목해야 할 것은 바로 그런 전형적인 시대 상황 속에 처해 있던 주인공 고현이 그 상황을 뛰어넘어 보여주고 있는 적극적인 행동에 있다. 부조리한 인민재판을 주도하는 연호를 주먹으로 치고 보안서원의 소총을 빼앗아, 아버지가 3·1운동에 가담했다 피신한 그 동굴로 달아난 그는 그만큼 강렬한 생에 대한 애착으로 죽음과 싸우는 인물로 부각된다. 비록 그에게는 끝내 죽음이 찾아들지만, 그는 어느새 정의로운 행동주의자로 살아남게 되었다. 너무나 오래도록 가문과 시대 현실의 억압에 허덕이던 그는 마침내 정의로운 행동주의자로 변모했다. 식민지의 수탈과 공산주의의 무자비한 살육에도 굴하지 않은 고현의 모습은, 이 시기를 투쟁하듯 살아온 한국인의 일단을 대변한다.

3. 외세 자본주의 앞에서 수시로 변신하며

　「꺼삐딴 리」는 일제 강점기에는 친일파, 해방 직후의 북한에서 친소련파, 월남한 후 남한에서 줄곧 친미파로 살아남아 있는 한 인물(이인국)의 이야기를 통해 인간의 기회주의적이고 이기주의적인 속성을 비판한다. '꺼삐딴 리'의 꺼삐딴은 영어의 'Captain(우두머리)'에 해당하는 러시아 어로, 해방 후 북한에 진주한 소련군들이 쓰는 말을 그대로 흉내내 작중 주인공에게 붙인 이름이다. 이 제목에서부터 우리는 주체성을 포기하면서까지 힘 있는 외세에 빌붙어 경제적 부와 정치적 안녕을 유지한 격동기 일부 기득권층의 병든 세태가 지적되고 있음을 알 수 있다.

꺼삐딴 리 이인국은, 일제시대 제국대학 의학부를 수석으로 졸업한 외과 의사다. 그는 자식들을 일본인 학교에 보내 일본어만 쓰게 하는 등 철저한 친일파로 행세하고, 더 나아가 일본인처럼 군림했다. 해방 후 소련군이 북한을 점령하자 그는 조국을 배반한 친일파로 구금돼 곧 처단될 신세가 되었다. 그러고도 감방 안에서 공부한 러시아 어와 자신의 의술을 이용, 한 실권 있는 소련군 장교(스텐코프)의 환심을 사게 되면서 절체절명의 위기를 벗어났다. 이후 그는 아들(이원식)을 소련으로 유학을 보내기까지 하면서 소련군 치하의 북한에서 확고한 신분 보장을 받았다.

6·25전쟁 때 그는 거제도 포로수용소를 거쳐(이때 아내를 잃었다), 서울 수복 후에 "재빨리 셋방 하나를 얻어 병원을" 차렸다. 덕분에 이제는 "평당 오십만 환을 호가하는 도심지에 타일을 바른 이층 양옥을 소유"하고, "자기 전문의 외과 외에 내과, 소아과, 산부인과 등 개인 병원을 집결"한 의젓한 '종합병원의 원장 자리'를 차지하고 앉아 있다. 옛날부터 함께 있던 20년 연하의 젊은 간호원(혜숙)과 재혼해 '돌 지난 어린' 아들까지 두고 유복하게 살고 있는 중이다. 미국으로 유학보낸 전처 소생 딸(이나미)이 미국인과 결혼을 하겠다는 통보를 해오자 '코쟁이 사위'를 보게 된 것에 "생각만 하여도 전신의 피가 역류하는 것 같은 몸서리"를 느끼지만, 그 일마저도 자신이 미국으로 갈 좋은 계기로 삼는다. 그는 그동안 아첨해온 미국 대사관 관리(브라운)에게 뇌물을 바쳐 미국행을 보장받기에 이른다.

한국은 분단 이후 북한에 주둔한 소련군과 남한에 주둔한 미군의 영향 아래 놓였다. 자본주의 체제의 전세계적 팽창의 주역인 미국이 남한의 정치와 경제에 미친 영향력은 지대했다. 이 소설은, 일제시대로부터 해방 후의 소련군 북한 주둔기, 그리고 6·25전쟁 후 미국이 남한에서

권력을 크게 행사하던 시기를 두루 배경으로 하고 있다. 이인국은 나라와 민족의 운명에 초연한 채 일신상의 영달을 위해 동시대의 집권 외세에 과잉충성하며 살아온 이기주의자, 출세주의자다. 그는 수난의 민족사를 살면서 민족적 시대적 요구는 아랑곳하지 않고 놀라울 정도로 발빠르게 변신을 거듭하며 사회의 지도층, 상층부에서 군림해온 한국 위정자들의 일면을 전형적으로 보여주는 인물이라 할 수 있다. 한국은 1950년대 폐허의 땅에서 21세기 현재 놀라운 경제적 성취를 이룩해 놓았다. 그 성취의 한 축을 변신의 귀재 이인국 같은 인간도 한몫 하고 있다고 해도 한국 근대사는 크게 변명할 수 없는 처지다. 세계에 이름을 당당히 내민 한국에는 자기 편의와 치부를 위해 진정 지켜야 할 한국의 중요한 정신과 문화를 도외시해온 권력자들이 아직도 깊은 그늘을 드리우고 있다. 일찍이 「꺼삐딴 리」의 캐릭터 이인국의 '변신 스토리'가 이 점을 경계해 둔 셈이다.

* 이 글은 1990년대 중반에 쓴 것들을 바탕으로 2011년 7월 그리스 아테네에서 열린 국제문학심포지움의 발제를 계기로 새롭게 구성한 것이다.

작가는 어떻게 탄생되는가?

#장면 1

출근 시간.

어느 출판사 사장이 사무실 계단을 오르다 남루한 형색의 한 늙은 여인 때문에 걸음을 멈춰 섰다. 사장은 여인을 피해 계단을 올라가려 해 보는데 그게 여의치 않다. 여인이 워낙 뚱뚱해 올라갈 틈이 좁아진 데다, 여인이 의도적으로 길을 막아서는 듯했기 때문이다. 간신히 출근에 성공한 사장은 겨우 한숨을 돌렸으나, 그 며칠 뒤 사장은 똑같은 일을 당하고 말았다.

그 며칠 뒤에도 그랬고, 또 잊을 만하면 같은 일이 몇 번 일어났다.

사 장 : 도대체 당신이 내 출근길을 방해하는 이유가 뭐요?

점잖은 사장이었지만, 화가 나지 않을 수 없었다.

늙은 여인 : 이유는 당신이 더 잘 알고 있을 테지요.

늙은 여인은 그제야 사장의 얼굴을 빤히 쳐다보며 말했다. 전혀 기억에 없는 얼굴이었다.

사 장 : 그게 무슨 말이오? 난 당신을 이전에 본 적도 없어요.
늙은 여인 : 절 모르시는 건 당연하죠. 그러나 이 작가 이름은 기억하실 테지요?
사 장 : 누구를 말이오?

여인은 한 사람의 이름을 말했다.
사장은 고개를 갸웃했다. 기억이 날 듯도 한 이름이었으나, 감을 잡을 수 없었다.

사 장 : 그 작가가 누구이고, 당신이 그 작가와 무슨 상관이란 말이오?
늙은 여인 : 그 작가를 모르시겠다구요? 그럼 이걸 보시면 알 수 있을 테지요.

여인은 들고 있던 보퉁이를 풀어 헌 원고뭉치 하나를 꺼냈다.
– 바보들의 결탁.
원고의 앞장에 쓰인 제목이었다.

늙은 여인 : 십일 년 전, 서른둘에 죽은 제 아들의 소설입니다. 당신은 이 소설의 독자였지요.

사장은 어떤 섬뜩한 기운에 휩싸였다. 바보들의 결탁, 바보들의 결탁…… 절로 입술이 달싹거려졌다. 사장은 잠시 멍해졌다가, 숨은 기억이 꿈틀거리며 되살아나는 느낌이 이내 사그라들었다.

여인의 쉰 음성이 이어졌다.

늙은 여인 : 많이 읽지는 않았지만 저도 소설을 읽을 줄 알아요. 제가 읽은 소설 중에는 이만큼 훌륭한 소설은 없답니다. 십일 년 전 당신이 출간을 거절하고 이 원고를 돌려보낸 지 얼마 있지 않아 아들은 자살했어요. 이 몹쓸 에미는 한참 뒤에야 아들의 유품을 정리하다가 이 원고를 읽게 되었지요. 당신이 출간할 수 없다고 쓴 편지와 함께요.

퇴짜를 놓은 원고가 어디 한둘이었을까. 요즘도 사장은 한 달에 서너 건은 편집까지 다한 작품을 포기하고 있는 정도다. 그러나 사장은 이만한 사연이 쌓인 원고 앞에서 그냥 발뺌을 할 수 없었다.

사 장 : 안 된 일이군요. 늦었지만 제게 다시 꼼꼼히 읽을 기회를 주시겠습니까? 그러나 출간을 하고 하지 않고는 제 판단에 맡겨 주셔야 합니다. 약속하시겠어요?

사장은 여인에게 약속을 받아냈다. 그것으로 안심할 수 있을 줄 알았다. 복잡한 사연이 있는 원고일수록 대개는 처음 두 장만 읽고도 금세 출간 여부를 판가름하게 되기 때문이다. 하지만 이번만은 달랐다. 사장은 며칠 뒤 책상에 한 원고의 끝장을 읽다가 몸이 부르르 떨리는 경험을 하게 된다.

사 장 : 내 왜 이 작품을 몰라 봤지?

사장은 오래지 않아 자신이 경영하는 출판사에서 『바보들의 결탁』이라는 장편소설을 세상에 내놓게 된다. 1980년 그해 문단의 최대 화제작으로 부각된 이 소설은 이듬해 아주 대단히 권위 있는 문학상을 수상하는 영광까지 얻게 된다.

책 출간 등단과 작품 발표 등단 사이

등단을 꿈꾸었으나 아무도 자기 작품을 출간해 주지 않자 서른두 살에 자살한 청년이 있었고, 그가 남긴 유품에서 소설 원고를 발견한 어머니가 출판사를 찾아가 결국 출간에 성공해 호평을 받고 권위 있는 문학상까지 수상하게 되는 이 영화 스토리 같은 이야기는 어느 나라 사연일까? 미국? 프랑스? 일본? 이 실화를 접해 본 적이 없는 사람들도 이것이 적어도 한국 문인의 등단 스토리라고 믿지는 않을 것이다.

"한국 문단의 등단 비사가 양과 질에서 세계 최상을 자랑할 만하다는 소문이 있는데 어째서 이런 사연이 한국에 없다는 겁니까?"
하고 묻는 이가 설마 있을까? 문학판을 조금이라도 기웃거려본 한국인이라면 우선, 한국에서의 등단은 대부분 책 출간보다 작품 발표를 의미한다는 사실을 모를 리가 없는 것이다.

그럼, 세계 최상의 '등단 비사' 스토리를 보유한다는 나라가 한국이라는 말은 어째서 하게 되는가. 이건 무엇보다 신춘문예라는, 한국에서만 존재하는 독특한 등단 제도 덕분이다. 남녀노소 가리지 않고 누구나 '나도 한번 등단을 해봐?' 하고 작심하고 투고할 수 있으니, 문인이 되기 전에 이미 상당수가 등단을 위한 투고 경험을 여러 차례 쌓았고, 문인이란 결국 그들 중에서 생겨나는 거니까 당연히 이런저런 비사가 많은 것이다. 요즘도 해마다 신춘문예를 두고 벌어지는 표절 시비부터, 쓰레기통으로 갈 예선 탈락 작품 중에서 막판에 발견돼 극적으로 당선된 작품, 여러 해에 걸쳐 몇 장르와 몇 신문에 당선한 '당선 꾼', 자신이 당선한 줄로 착각하고 시상식 수상대에 오른 '신춘 사이코' 등등의 얘기에 이르기까지(아, 내년 초에는 또 어떤 '신춘 비사'가 흘러나와 우리 귀를 즐겁게 할 거나!)

그런데 신춘문예를 빼고도 한국에서의 문단 등단 비사는 외국 어느 나라 이상으로 만만찮은 얘깃거리를 자랑할 수 있다. 그 진원지에 문예지가 있다. 문예지의 추천이다 신인상이다 하는 것은 모두 개개인 작품 한 편(시의 경우 여러 편)으로 등단을 결정하는 제도다. 구미권에서 책 출간 자체로 등단하는 관행에 비하면, 우리 경우는 한 편으로 등단이 결정되니까 등단을 바라고 투고하는 사람도 많고 또 같은 투고자나 투고작들이 여러 문예지를 전전하면서 이런저런 심사위원들을 만나게 되니까 그 뒷얘기들이 무성할 수밖에 없다. 한국 문인은 그 신분적 출발 지점에서부터 온갖 '문단적 경험'을 쌓으며 그 활동 영역을 넓혀가게 되어 있고, 문학 활동이라는 말보다 '문단 활동'이라는 말에 더 익숙하게 되어 있다.

문학작품이 단행본으로 세상에 얼굴을 내민다는 것은, 신춘문예나 문예지를 통해 작품이 발표된다는 것과는 의미가 사뭇 다르다. 책은 작가가 독자와 만나게 되는 직접적인 매개물이다. 독자가 그 책을 선택해 읽는 행위에는 그 작가를 일단 수용한다는 의미가 담겨 있다. 어떤 책이 독자에게 선택되지 않는다는 뜻은 그 작가에게 더는 생명력이 없다는 뜻을 내포한다. 작가는 독자를 향해 책이라는 '서비스 볼'을 던진다. 즉, 구미권 작가들은 그 출발부터 독자와 직접 승부한다.

한국의 작가들은 독자가 아닌, 심사에 관련하는 선배 문인들의 안목을 통과하는 일에 매달리고, 그 습관은 어느 정도인가 하면 나중에 작가가 되고도 쉬 고쳐지지 않는다. 한국의 등단 제도는 문단이라는 문인 사회 집단의 특성 속에서 형성되는 반면, 구미권의 등단 제도는 그보다는 독자 대중의 문화 수용 성향에 부응하게 된다. 책을 통해 등단해 곧바로 독자와 만나는 구미권 작가들은 처음부터 독자에게 단련된다면, 한 작품을 통해 신춘문예나 문예지의 심사와 평가 제도를 통과해 등단하는 한국의 작가들은 처음부터 문단에 단련된다고 할 수 있다.

등단 관행에 견디기, 싸우기

물론 이런 차이가 문학이나 문화의 어떤 질적 차이로 귀결된다고 반드시 볼 수는 없다. 구미권의 출간 중심의 등단 관행에도 여전히 독자와 작가 사이를 이어주는 출판사 종사자들의 개입이 문제될 수 있기 때문이다. 가령, 앞서 예든 영화 스토리 같은 자살한 한 작가의 등단 출세기를 예로 들어 보자. 그 작품은 어째서 처음에 출간되지 못했고 11년이 지난 이후에야 책으로 나올 수 있었을까. 자세한 내막을 알 수 없지만, 어쨌든 당시 출판사 종사자들이 먼저는 출간 불가 판정을 내렸다가 11년 뒤에는 출간을 결정한 결과라는 점은 분명하다. 출간에 대한 그들의 판단 기준은 일차적으로 '독자의 눈'이었을 것이고, 그것이 11년 시차를 두고 그것에 변화가 일어났다고 편집자가 판단한 것이라고 봄이 옳겠다.

(이쯤에서 앞 사연의 주인공을 밝혀주는 것이 예의겠다. 『바보들의 결탁(A Confederacy of Dunces)』의 작가는 1969년, 자신의 작품이 어느 출판사에서도 받아들여지지 않자 서른두 살 나이로 자살을 택한 미국의 존 케네디 툴이다. 그 어머니가 출판사 앞에서 샌드위치를 먹어 가며 며칠 동안 시위를 해서 결국은 출판사 담당자가 다시 읽게 되었고, 이어 출간, 호평, 그리고 1981년 미국의 퓰리처상 수상의 수순을 낳게 되었다. 그가 남긴 다른 유작 여러 편이 출간되고 그중 두 번째 소설 『네온의 성서』는 영화화되기도 한다. 존 케네디 툴의 이런 사연을 우리나라 독자들에게 널리 알린 책은 『개미』의 작가 베르나르 베르베르의 저

서 『쥐의 똥구멍을 꿰맨 여공』이다.)

따라서 구미권의 경우 문제되는 것은 편집자의 안목이다. 구미권 출판사의 편집자는 작품을 보는 수준이 한국 등단 제도의 심사위원급이라 할 수 있는데, 한국과 아주 다른 것은 그들이 그 작품과 작가에 대해 적극적으로 에디터 기능을 발휘한다는 점이다(미국 작가 제임스 미치너의 『소설』에는 베스트셀러 한 권이 탄생하기까지 출판사의 에디터 기능이 얼마나 치밀하게 작동하는가 잘 드러나 있다). 즉 한국의 등단은 심사위원의 판단에 좌우되는 데 비해, 구미권에서의 등단은 에디터가 적극적으로 가담해 원고 교열과 수정 권유 등으로 새로운 작가의 이름으로 내는 한 권의 책이 어떤 의미로든 독자들 사이에서 자생할 수 있게 기여한다.

구미권의 많은 작가들은 바로 이 같은 경로를 통해 세상에 나오고 있다. 물론 나라마다 조금씩 차이가 있을 수는 있다. 가령 프랑스니 독일 같은 나라에서는 등단작의 경우 자비로 책을 출간하는 사례가 많다. 동인지에 작품을 발표해 역량을 쌓다가 에디터의 눈에 들어 등단 출간이 결정되는 수도 있다. 어떤 작가는 주변인들 덕으로 에디터에게 소개되어 등단 출간의 행운을 얻기도 한다. 시 「가지 않은 길」로 유명한 미국 고전파 시인 로봇 프로스트는 미국에서 교단과 신문사를 전전하다가 28세 때인 1912년에 영국으로 건너가 여러 영국시인과 친교를 맺고, 그들의 추천으로 런던에서 처녀시집 『소년의 의지 *A Boy's Will*』(1913) 출간했고, 이어 『보스턴의 북쪽 *North of Boston*』(1914)을 출간하면서 시인으로서의 입지를 굳혔다. 일생을 정신적 혼돈과 방황으로 보낸 카프카 또한 주변 동료의 도움을 받아 세계 문학사에 처음 이름을 건다. 법률학도인 브로트는 자신이 출강을 간절히 바라던 로볼트 출판사에 "나보다 굉장한 친구를 발견했다"며 카프카를 소개했다. 그 결과 1912년 출간된 카프카의 첫 책이 8백 부 한정판으로 출간된 『관찰』이다.

여기서, 신인의 작품으로 등단 출간을 결정하는 에디터의 판단력에는 문제가 있을 수 없는가 하는 물음이 가능하다. 위의 존 케네디 툴의 경우처럼 에디터의 자의적인 판단은 언제라도 위대한 작품을 사장시킬 가능성이 잠재해 있다. 아무리 유능한 에디터라 해도 동시대 분위기며 이데올로기며 하는 것과 관련해 변화가 무쌍한 '독자의 눈'을 따라잡거나 선도하거나 하지 못할 때가 잦은 것이다. 게다가 어떤 신인들은 에디터들의 능력을 스스로 먼저 간파하고 "도무지 이 땅에서는 내 작품을 알아주지 않을 것 같아!" 하며 이내 캄캄한 생각에 맞닥뜨릴 수도 있다. 그런데 그런 생각에 골몰해 자살할 수는 있을지 모르지만, 그 땅을 벗어나 살기는 쉽지 않을 것이라는 데 문제가 있다.

어떤 작가는 등단 때 일부러 자신을 익명 뒤에 숨기기도 한다. 가령, 『폭풍의 언덕』으로 유명한 에밀리 브론테의 등단은 언니 샬럿, 여동생 앤과 함께 한 공동 시집 『*Poems by Currer, Ellis, and Acton Bell*』(1846)이었다. 제목에서 보듯이 셋 모두 남자 이름이다. 여성이 쓴 작품이라는 편견 없이 평가받으려 한 의도였는데, 자비 출판한 그 시집은 두 권만 팔렸다는 일화가 전해진다. 물론 에밀리 브론테를 비롯 세 작가 모두 나중에 작가로 대성하게 되고, 그 성공에 작가가 '여성'이라는 점이 작용되었으리라는 평가를 받기도 한다.

저 유명한 바이런도 등단 출간작이 18세 대학생 신분으로 익명으로 낸 『젊은이 시집(*Juvenile Poems*)』이었다. 아마도 '어린 시인의 시' 정도로 치부될 것에 대비한 시도였을 것이다. 그러나 반응은 별무. 그러자 바이런은 몇 달 후에 첫 시집을 고쳐 자기 이름을 밝히고 재판 시집 『권태기(*Hours of Idleness*)』를 냈는데, 이때도 평단으로부터 여지없이 혹평을 받았다.

뜻밖의 일화도 있다. 『자기 앞의 생』의 작가 에밀 아자르는 1912년생이고, 1980년에 의문의 권총자살로 생을 마감했다. 프랑스가 자랑하는 콩쿠르상 수상작가의 죽음이니 당연히 화제가 될 법한 큰 사건. 그런데 더 화제가 된 일은 이 작가가 쓴 유서에서 시작된다. 『새들은 페루에 가서 죽다』의 작가로 콩쿠르상을 먼저 수상한 바 있는 로맹 가리가 바로 자신이었다는 내용이었다. 에밀 아자르는 다른 필명으로 다시 등단해 전혀 다른 평가를 받으며 문학 활동을 한 보기 드문 문단 비사의 주인공이라 하겠다.

유럽권으로 봐서는 좀 다른 경우도 있다. 비교적 젊은 나이로 몇 해 전부터 노벨문학상 최종 후보에 오르고 있는 터키의 오르한 파묵은 장편소설 『제브데트 씨와 아들들』로 『밀리예트』 신문 소설공모에 당선되었고, 이 작품으로 '오르한 케말 소설상'을 수상하면서 일약 스타로 부각되어 유럽으로 미국으로 퍼져나간 작가다.

남미권 작가도 소개함직하다. 『백년 동안의 고독』의 노벨문학상 수상작가 가브리엘 마르케스는 콜롬비아국립대학 재학 때 「세번째 체념」이라는 단편을 쓴 바 있는데, 이를 읽어본 에두아르도 살라메아가 자신이 관여하고 있는 유명 일간지 『엘 에스펙타도르에』 게재한다. 이후 이 신문에 마르케스의 단편 열 편이 연이어 게재된다. 이 작품은 작가가 나중에 『백년 동안의 고독』으로 유명해진 뒤 『푸른 개의 눈』이란 이름의 단편집으로 출간된다.

♯장면 2

소설이 완성되었다. 회사 봉투에 넣어 보냈다. 그리고 기다렸다. 무지에서 비롯된 자신감도 있었다. 태어나서 처음 그렇게 열심히 쓴 소설이니 안 될 턱이 없다고 그야말로 자신만만했다. 그러나 일주일 이주일 지나는 사이에, 뻔뻔스러움도 차차 힘을 잃어 끝내 얌체 같은 생각만 하고 있는 자신을 비웃게 되었다. 회사의 소동은 정점에 달했고 벌써 자진하여 퇴사한 자가 백 명을 넘어서고 있었다. 나는 초조했다. 소설 같은 것을 써놓고 우쭐해 있을 때가 아니라고 마음을 다졌다. 하루 세끼 끼니를 해결하는 것이 선결 문제였다. 하지만 통신사는 이제 지긋지긋하였다. 그래서 나는 별볼일 없는 사업이기는 하나 장사를 하고자 옛 친구들을 모았다. 그 일은 스릴도 있고 제법 이익도 있는, 내 능력으로서는 만족할 만한 일이었다.

일본에서 등단하기

와해 위기에 놓인 회사의 직장인으로 마지막까지 버티면서 쓴 소설을 잡지사에 투고해 놓고, 자신감에 차서 기다리다 서서히 체념하고 '끼니를 해결하는' 일로 시선을 돌리고 있는 이 아마추어 작가…… 어쩐지 우리네 방방곡곡에서 혼신의 힘으로 작품을 쓰고 투고한 뒤에 당선 통지를 기다리고 있는 어떤 숨은 작가의 얼굴을 하고 있는 듯하다. 위 장면을 보고 "이거 내 얘기 아냐" 하는 사람도 있을 것이다. 그러나 이건 엄연히 다른 사연이다. 아니, 위 장면까지는 같을지 모르지만, 결과는 아주 다를 거다.

위 장면의 주인공은, 『달의 울다』 등으로 한국에도 마니아 독자를 거느리고 있는 일본 작가 마루야마 겐지다. 『문학계』 신인상에 「여름의 흐름」이라는 중편 분량의 소설을 투고하고는 초조한 시간을 맞고 있는 장면으로, 스스로 쓴 「상금 오만 엔」(『소설가의 각오』, 김난주 옮김, 문학동네, 1999)이란 에세이의 한 대목이다. 이 기다림 끝에 영광이 온다. 당선작으로 뽑힌 그 이듬해 1967년, 이 작품이 그대로 아쿠다가와상 수상작으로 결정된다.

현대에 와서 시문학보다 소설문학이 압도적으로 융성한 일본의 경우,

소설 장르에서는 위 장면처럼 문예지의 신인상 공모로 등단하는 경우가 많다. 그 문예지는 보통 출판사와 함께 경영을 하고 있어서 문예지 신인상으로 등단하는 경우 대부분 그 출판사에서 책 출간까지 맡게 된다. 우리나라도 그런 편이긴 한데, 다른 점이 있다면 책 출간의 분량을 크게 문제삼지 않는다는 점이다. 즉, 일본의 신인 등단작은 그 분량이 중편에서 짧은 장편까지 다채롭고 신인상 수상 이후 책 출간 또한 그 형태 그대로 가능하다는 것이다. 그 작품이 만일 아쿠다가와상(이 상은 등단작 등 신인 작품에 수상한다) 같은 문학상을 수상하게 되더라도 우리처럼 수상작품집에 실려서 독자에게 읽히는 것이 아니라, 출간한 책 자체로 '문학상 수상작품'으로 홍보되고 읽힌다.

일본을 대표하는 무라카미 류와 무라카미 하루키도 『군상』지 신인상에 당선하면서 등단한 경우다. 한편, 재일동포 작가 유미리는 희곡을 먼저 발표하다 자연스럽게 소설 책을 내게 되었고, 대중작가 아사다 지로는 피카레스크형 소설 『빼앗기고 참는가』를 출간하면서 등단했으며, 요절한 재일동포 작가 이양지는 1982년 『군상(群像)』에 소설 「나비타령」을 발표하며 등단했다.

시단의 경우 일본은 동인지 활동으로 일단 아마추어 문단을 형성한다. 『문학사상』 2001년 12월호 조사에 따르면, 『시와 사상』이라는 잡지에서 1년에 한 차례, 그 해 동인지 등 전 지면에 발표된 시를 대상으로 좋은 시 100편을 선정하는데 이때 처음 뽑힌 신인이 있으면 그를 등단으로 인정하는 추세라고 전한다. 아쿠다가와상을 운영하는 『문예춘추』에서도 가끔 동인지 발표작 중 우수 시인에게 발표 기회를 주는데, 대체로 그것을 등단으로 인정하게 된다.

다시 이 땅으로 `

한국에서 신인상이나 신춘문예 같은 제도를 통하지 않고 첫 책 발간으로 등단해 호평을 받고 독자의 사랑을 받게 된 사례도 있다. 복거일의 장편소설『비명(碑銘)을 찾아서』(1987)는 여러 출판사를 전전하다 문학과지성사 편집진들의 선택으로 출간되어 한국문단에 아연 '대체역사' 바람을 일으키면서 스테디셀러로 자리 잡은 작품이다. 문학상에 응모했다가 수상은 못했지만 출판사의 판단으로 곧바로 책 출간으로 등단한 사례로는 하일지 장편소설『경마장 가는 길』같은 작품이 있다. 등단이 예약된 잡지가 폐간되어 그 잡지를 운영하는 출판사의 시집 시리즈에 편입한 등단 시집(정인섭,『나를 깨우는 우리들 사랑』)도 있다.

이런 사례가 제법 있기는 해도, 한국에서는 여전히 대량 등단 비사의 주 발생처인 신춘문예가 있고 신인상이 있어 심심치는 않게 화제가 만발한다. 이런 관행 때문에 소위 '패거리 문학'이 활개치고, 등단 장사를 하는 잡지가 '잘 먹고 잘살 수 있는' 세상이라고 개탄하는 사람도 있다. 처음부터 독자와 싸움하는 훈련이 안 돼 있어 "한국문학작품은 대체로 독자들이 재미없어한다"라는 세평도 드세다. 소설 베스트셀러 품목에 한국 창작 소설이 상위에 오르는 것이 희귀한 사례에 속한다는 말도 이 세평과 관련된다.

변명할 말도 없지는 않다. "독자가 지향하기 마련인 '대중적 관점'에서 먼 소설을 써도 평가되고 상도 잘 받는 나라는 한국밖에 없다"라는 말도 한 변명이 될 거다. 상업주의를 넘어서서 아직 '순수문단'이 이만큼이 존재하는 나라도 없다는 말도 이와 통한다. 자조를 섞어 얘기하면, 그렇게 순수하기 때문에 메이저급 신문사들이 발 벗고 나서서 그 순수성에 거액 상금을 주고, 정부가 나서서 적지 않은 돈으로 '문학 회생 프로

그램'을 가동할 수 있는 거다.

　심사위원들의 눈에 띄어 통과되는 일은 어쩌면 책을 출간하는 것보다 간편하고 주최 측에서도 큰 경제적 손실이 없기 때문에 결과적으로 한국에서의 등단은 손쉽게 남발되더라도 그 뒤에 진짜 독자에게로 가는 과정에서 다듬어지거나 걸러질 여유가 그만큼 있다고 볼 수도 있다. 그러는 동안 문단의 이런저런 눈에 읽히고 소외되고 하면서 단련되거나 도태되는 재편 과정이 잇따르고 있는 것이 현실이다. 그 점에서 한국의 등단제도는 상당히 신사적이라고도 할 수도 있다.

　아니면, 누구나 시도하고 다수가 등단해서 시인, 소설가 칭호를 쉽게 얻고, 그러는 가운데 문단이 알아서 진정한 문인을 가리는 재편성 작업을 하고 있는 것이 한국 문단이니까, 이제 등단이니 뭐니 하면서 목매달 필요도 없는 문학 시대가 되었다고 보면 안 되나?

　그래서 이미 이런저런 장르에서 이런저런 등단제도를 통과해 온, 적어도 등단에 대해서만큼은 전혀 배고프지 않은 나는 부른 배를 퉁퉁 두들기며, 등단을 꿈꾸는 후배들에게 이렇게 말하곤 한다.

　"등단을 하고 싶으면 빨리 해 봐. 어차피 중요한 것은 등단이 아니라 문학 아니겠니?"

덤으로 공부하는 문학제도

　문학은, 바람직스럽건 그렇지 않건 문학제도의 영향을 받는다. 바람직한 인재 양성을 위해 입시제도 개선이 필요한 것처럼 뛰어난 문학가의 배출을 위해 문학제도에 대한 검증도 필요한 거다. 이쯤해서 우리나라만의 독특하고도 인기 최고의 문단 등단제도인 신춘문예에 대해서 공부해 보는 것도 좋겠다.

 인터넷에 등재된 사전을 검색해 보면 신춘문예는 '일간신문사에서 새해의 문예 당선자를 뽑는 연중행사'(백과사전), '매해 봄 신문사에서 아마추어 작가들을 대상으로 벌이는 문예 경연 대회'(국어사전), 'a literary contest in spring'(영한사전)이라고 풀이되어 있다. 한국에서 살지 않았거나 살았더라도 문학 관련 교과서나 신문을 보지 않던 사람이 이 사전의 정보만을 받아들인다면, 신춘문예는 '신문사에서 아마추어 작가들을 대상으로 새해 봄에 주최하는 문학 경연대회' 정도로 이해할 것이 분명하다. 그런 이해가 아주 잘못 되었다고 볼 수는 없겠다. 그러나 한국에서 신춘문예와 조그만 인연이라도 맺고 살아온 사람들이라면 여기에 몇 마디 보충하고 싶은 생각이 절로 들 것이다.

 우선, 신춘문예라는 말에 '봄 춘' 자가 들어 있는 데서 생긴 오해를 당장 풀어야 할 것이다. 신춘문예는 통상 새해 첫날 당선작을 발표한다. '신춘'이 오기 전에 이미 신춘문예는 종료되는 것이다. 실은, 당선작 발표는 새해 첫날 하지만 대회는 전해 11월초부터 열려서 12월 25일 전후면 이미 상황이 종료되고 새해 첫날 공식 발표에 이어 당선작이 수일 내 게재된다.

 또한, 신춘문예는 백일장처럼 공개된 장소에서 행하는 문학 경연이 아니라 각자 무명의 자리에서 혼자 써서 투고하는 형식의 공모를 통해 심하면 수천 대 일의 경쟁을 뚫고 '등단 작가'로 공인될 수 있는 제도라는 사실을 빼놓아서는 안 된다. 공모 사고가 나기 시작하면 투고 희망자들은(대개는 그 전에도 그곳을 기웃거린) 경쟁자가 누구인지 누가 심사하게 될지 알 수 없는 채로 자기만의 밀실에서 일 년 동안 축적해 온 문학적 역량을 투고작에다 쏟아 붓는 마지막 공을 들인다. 그리고 그들 글의 부문별 1편을 제외하면 영원히 익명 속에 신분과 경력을 감추어 둔다.

 의외로 많은 신문사에서 신춘문예를 실시하고 있으며, 그것마다 새해 첫날 발표되면서 세인의 주목을 한몸에 받게 된다는 유혹 못지않게 고액 상금으로 투고 희망자들의 마음을 설레게 한다는 점도 빼놓을 수 없는 특징이다. 또 공모 장르도 신문사별로 차이는 있지만, 시와 소설을 중심으로 동화나 시조, 희곡이나 문학평론 등 다양한 장르를 아우르고 있어 보다 넓게 창작 열기를 돋우고 있는 셈이다.

문학 제도에 조금 관심이 있는 사람이라면 이 신춘문예가 우리나라만의 유일한 전통이라는 점도 지적하고 싶을 것이다. 그 밖에 시, 소설 등 주장르의 경우 예심, 본심의 과정을 거쳐 당선작을 확정한다는 점, 남의 작품을 베낀 것이거나, 이미 발표한 적이 있는 작품이거나, 한 작품으로 두 개 이상의 매체에 투고한 경우 당선되더라도 나중에 취소될 수 있다는 점 등등이 신춘문예에 대해 말할 때 빠지지 않는 얘기들이다.

현재 시행되는 많은 등단제도의 하나일 뿐인데 이처럼 사연이 많고 설명이 장황해지게 되니 그만큼 이 제도가 우리 사회에서 이미 정형화된 관습이 되었다는 것일 터이지만, 국내 사전이라 해서 특별히 이런 사실까지 기술할 지면을 할애할 처지는 아니었을 것이다. 그렇더라도 사전 얘기가 나왔으니, 좁은 지면에 들어갈 '신춘문예의 사전적 정의'를 정리해 보자. 신춘문예는 '주로 일간 신문사에서 해마다 등단하지 않은 작가들을 대상으로 문학작품을 공모해서 신년 초에 당선작 발표를 하고 고액 상금을 주는 작가 등용제도'이다.

우리나라에서 이 신춘문예가 처음 실시된 것은 1925년 동아일보에서라고 알려져 있다. 최근 한 일간지의 자료 조사에 따르면, 1914년 12월 10일자 조선총독부 기관지인 매일신문에서 공지한 '신년문예'가 그 원조라고 한다. 이것이 같은 지면에서 1920년 신년초에 발표한 대회 때 '신춘문예'라는 말로 바뀌었다. 동아일보에 이어 1928년부터 조선일보가 신춘문예를 실시하게 되고, '민족의식을 고취시키려는 숨은 뜻'을 소재로 한정하는 등 초반의 다양한 시험기를 거쳐 1930년대부터 본격적으로 오늘날과 같은 신춘문예 역사를 쓰기에 이르렀다.

해방 이후 한국일보, 경향신문, 대한일보, 중앙일보, 서울신문 등이 줄을 이었고, 1980년 이후 세계일보, 문화일보 등이 후발주자로 나서 현재 중앙의 8개 일간지에서 신춘문예를 실시하고 있다. 지방까지 포함하면 해마다 15개 내외의 신문사에서 신춘문예를 실시하는 것으로 집계된다. 20세기 말부터 유포되기 시작한 '문학위기설'과 여러 신문사들의 부도 위기설 속에서도 신춘문예 바람은 식을 줄을 모르고 있고, 해마다 '역대 최다 투고작' 수를 경신했다는 신문사들이 속출하고 있는 중이다. 이 인기는 '신춘문예 당선 작품집' 발간으로 이어져 연말연시를 뜨겁게 달구던 신춘문예 열병을 당선작 독서로 달래는 기간까지 마련되고 있는 실정이다.

신춘문예 역사 80년이 이처럼 굳건하게 된 까닭이 무엇일까. 첫째, 당선만 되면 단번에 확실한 공인 작가가 될 수 있다는 점이 크게 작용했다고 볼 수 있다. 일간 신문 이상 가는 문학 홍보 매체가 없는 상황에서 연례적으로 열리는 신춘문예의 '등단 공인' 위력은 실로 크다. 신춘문예 출신의 50% 이상이 휴면 작가로 남는다는 통계를 근거로 '등단 공인'의 의미가 이미 퇴색되었다고 주장하는 사람도 많지만, 그러나 어찌 되었든 신춘문예 출신에게는 각 문예지에서 그 해 신춘문예 당선자 특집을 마련하는 등 '등단 작가'로 활약할 수 있는 기회가 자주 주어진다. 작가를 꿈꾸는 사람에게는 작품을 발표할 지면의 확보가 무엇보다 필수적인 것이다. 일반 독자를 포함해 가족, 친지, 직장이나 학교, 그리고 문학지면 관리자들에게까지 '공인 작가'로 각인되는 그 순간을 꿈꾸지 않은 예비 작가는 없을 것이다.

다음으로, 고액 상금이 아니었다면 신춘문예가 오늘날과 같은 인기를 유지할 수 없었으리라는 것이 중론이다. 신춘문예 당선 작가 중에 모르긴 해도 당선 이후 그만한 고료를 받아보지 못하는 사람이 90% 이상일 것이다. 실례로, 2004년 신춘문예의 시 당선 상금이 최고 5백만 원인데, 이후 등단 시인이 출간하는 시집의 초판 인세는 많아야 2백만 원이다. 시 한 편 고료는 십만 원이면 최고액이다. 신춘문예에 당선이 되었다 해도 그런 인세나 고료를 받을 수 있는 시인이 된다는 보장이 있는 것도 아니다. 이렇게 되니 신춘문예 상금은 작가 후보생이면 누구든 탐을 내지 않을 수 없는 액수로 눈앞에 제시되어 있는 셈이다.

다음으로, 투고 절차가 간편하고 투고자의 익명성이 보장된다는 점도 신춘문예의 큰 매력이다. 원고에다 이름과 주소만 달아 투고하면 그뿐, 당선이 되면 아무리 바빠져도 좋고, 당선되지 않아도 직접적으로 손해보거나 귀찮아질 것이 아무 것도 없다. 투고했다는 사실은 본인이나 극소수의 주변인만 알 뿐이다. 투고작은 많고 심사 기간은 제한되어 있다는 점이 또한 심사의 공신력을 높이는 데 일조한다는 점도 재미있다. 심사위원을 찾아가 볼까 어쩔까 고민할 필요도 없고, 또 심사위원급 사람들을 찾아가 레슨이다 뭐다 받을 방도도 없다. 실제로 심사 과정에서 잡음이 없기로 소문난 문화 경연대회가 신춘문예다. 특정 투고작을 잘 봐 주려고 해 봐야 산더미처럼 쌓인 원고에서 그걸 찾고 어쩌고 할 상황은 연출되지 않는다.

이런 매력 덕분인지 그동안 신춘문예는 한국문학사에 혁혁한 공을 세울 수 있었다. 우선 어떤 지면보다 확실한 신인 등용문 구실을 했다. 이 자리에 신춘문예로 등단한 한국 대표 작가의 이름을 한 사람이라도 적는 것이 무의미할 정도다. 그 등단작 또한 상당수가 문학사에 편입되었다. 문학계에 우수작과 우수 작가를 공급한 일로만 쳐도 우리나라 신문사가 문화 창달에 기여한 바는 상당하다고 할 수 있다.

반면에, 신춘문예가 이처럼 문학계에 미친 영향력이 큰 만큼이나 무용론 또는 개선론이 만만치 않게 제기되어 왔다는 사실에 대해서도 주목해야겠다. 무용론의 핵심은 신문사의 신춘문예가 시대에 맞지 않는 제도라는 점이다. 등단 제도는 이미 무수한 문학 잡지들이 담당하고 있는데 신문사마다 이를 고집하는 것은 신문사의 안이한 문예진흥 정책의 소산이란 지적이다. 신춘문예의 전통적인 명성과 현실적인 인기에 기대 자사의 홍보 수단으로만 인식하는 경향이 짙고 오히려 문학을 관리화하는 측면마저 보인다는 점(이 점 일부 유수의 신문사가 행하는 문학상에도 영향을 미친다는 주장도 제기된다)도 지적사항으로 잇따르고 있다.

공식적이거나 암묵적인 원고 분량의 제한이나 신년 벽두부터 신문에 게재된다는 특수성, 그리고 비슷비슷한 문학 권위자들이 해마다 심사위원이 되는 관행 등이 결과적으로 '신춘문예용 작품'이라는 범위를 설정케 해서 문학을 제한시킨다는 지적도 피해가기 어려운 게 현실이다. 문화적으로 볼 때도 당선권에 드는 상당수가 대학의 문예창작과나 문화센터에서 집중적인 신춘문예 당선 전략 속에서 양성되고 있다는 점도 큰 문제로 지적된다. 최근 대학 입학을 위해 입상 실적을 쌓으려는 입시생들이 별도의 창작 과외를 하고 있는 풍토가 생겨난 데서 보듯, 일단 당선하고 보자는 '일회주의'가 신춘문예 언저리에 만연되고 있다는 사실을 외면할 수 없다.

'신춘'이라는 말에 이미 모순이 있듯이, 시행 시기를 조정해야 한다는 지적도 의미 있다. 투고작은 폭증했는데, 심사 기간이나 심사 형태는 변함이 없는 데서 오는 '졸속 심사'나 시행 착오도 예견되는 바이고, 전 신문사가 동시에 행하는 데서 생기는 '중복 투고 방지책'이 무슨 법조문처럼 적용되는 일도 잡음의 불씨로 항상 살아 있게 된다. 또, 일간지의 특성상, 글자 한 자 한 자에 혼을 불어넣은 작품에 대해 바른 맞춤법과 띄어쓰기 원칙으로 대응하지 못해 결과적으로 '정확하게 쓰지 않아도 괜찮다'는 인식을 낳아 오히려 '문학 수준 하향화'를 부추긴다는 호된 지적도 한다.

모집 장르에 대한 지적도 긴요한 것이 많다. 신춘문예는 척박한 문화

환경에 문학의 불을 지피는 구실을 단단히 했다. 이즈음 한국은 문학 출판이 다양화, 대량화되고 문예지나 문학상이 남발되는 지경이다. 신문으로서 정통문학 또는 순수문학을 지원하는 방법을 다른 차원에서 만들고, 신춘문예를 통해 문학 중에서도 보다 '공적인 관례'로 주목받아 마땅할 장르를 선도하는 것이 좋다는 지적이다. 예를 들어, 문학을 세계화한다는 취지에서 '어린이책 원고'나, 문화 다원화 시대에 걸맞은 비평가를 뽑는 '문화 에세이' 부문 같은 것을 신설해야 한다는 소리가 높다.

이 같은 지적에 대해 이미 몇 신문사에서는 나름대로 변화를 꾀해 답하고 있었다. 몇 가지 사례를 소개할 수 있겠다. 한 일간지의 경우, 신춘문예가 한국소설계를 지나치게 단편 중심으로 이끌어 온 점을 반성하고 중편소설 분야를 새롭게 시도해 상당한 성과를 얻었다. 한 일간지는 아예 시행 시기를 가을로 옮겨 신춘문예 대신 '신인문학상'으로 거듭났다. 또 한 일간지에서는 올해 처음으로 창작 만화를 모집 장르에 포함했다.

이어 여러 가지로 개선책을 강구할 만하다. 전 장르를 두루 모집하는 일간지의 경우, 연간 2, 3회 장르별 신춘문예(이 경우 명칭도 연계성 있게 변경해야 할 것이다)로 개편할 것을 제안한다. 예를 들어, 1월에 시, 소설 중심의 본격 문학 장르, 5월에 동화나 그림책 중심의 어린이책 장르, 9월에 희곡이나 시나리오, 영화평론 등의 대중문화 장르 등으로 분산 시행하면 각 장르마다 질적인 집중도를 높여 한국문화 전반에 탄력적으로 대응하는 제도로 탈바꿈할 수 있을 것이다(재정 적자 등에 허덕이는 몇 신문사, 특히 지방 신문사들이 이와 같은 내용을 분담하는 방식으로 운영하면 효과적일 것이다).

또 자사의 해외판 신문과 연계해 번역문학을 한 부문으로 채택하거나, 인터넷과 연계해 투고작 전체를 일반 독자들이 함께 읽고 평하는 쌍방향 심사로 운영하는 신춘문예도 생각할 수 있겠다. 전통과 권위라는 명목으로 우수한 신인 등용이란 점을 지나치게 선전하기에 앞서 문학에 대한 더욱 진정성 있는 지원과 옹호를 통해 현대 문화에 기여할 수 있는 신춘문예 제도의 시행을 다시금 기대해 본다. (2004)